PREMIÈRES LEÇONS
D'ÉCONOMIE DOMESTIQUE

TENUE DU MÉNAGE, DE LA FERME, DU JARDIN
ET DE LA BASSE-COUR
CUISINE, HYGIÈNE, TRAVAUX A L'AIGUILLE, COUPE ET CONFECTION

A L'USAGE
des écoles et des pensionnats de demoiselles

PAR

Mlle ERNESTINE WIRTH

Auteur de plusieurs ouvrages d'instruction et d'éducation

ET

Mme E. BRET

Professeur d'ouvrages manuels au lycée de jeunes filles
et au cours d'enseignement professionnel de Lyon

SIXIÈME ÉDITION

PARIS
LIBRAIRIE HACHETTE ET Cie
79, BOULEVARD SAINT-GERMAIN, 79

8° K.
16454

PREMIÈRES LEÇONS
D'ÉCONOMIE DOMESTIQUE

LIBRAIRIE HACHETTE ET Cie

OUVRAGES DU MÊME AUTEUR

Le livre de lecture courante des jeunes filles chrétiennes :

1re *partie*, à l'usage de la division élémentaire. 1 vol. in-16, avec gravures, cartonné.   90 c.

2e *partie*, à l'usage de la division supérieure. 1 vol. in-16, cart.   1 fr. 40

La Future Ménagère. Lectures et leçons sur l'économie domestique, la science du ménage, l'hygiène, les qualités et les connaissances nécessaires à une maîtresse de maison (*Cours supérieur*), 6e édition. 1 vol. in-16, cartonné.   1 fr. 80

PREMIÈRES LEÇONS
D'ÉCONOMIE DOMESTIQUE

TENUE DU MÉNAGE, DE LA FERME, DU JARDIN
ET DE LA BASSE-COUR

CUISINE, HYGIÈNE, TRAVAUX A L'AIGUILLE, COUPE ET CONFECTION

A L'USAGE
des écoles et des pensionnats de demoiselles

PAR

Mlle ERNESTINE WIRTH

Auteur de plusieurs ouvrages d'instruction et d'éducation

ET

Mme E. BRET

Professeur d'ouvrages manuels au lycée de jeunes filles
et au cours d'enseignement professionnel de Lyon

SIXIÈME ÉDITION

PARIS
LIBRAIRIE HACHETTE ET Cie
79, BOULEVARD SAINT-GERMAIN, 79

1897

Droits de traduction et de reproduction réservés.

PRÉFACE

La Future Ménagère, que nous avons fait paraître il y a peu de temps, a été bien accueillie des maisons d'éducation, et a eu un véritable succès, non seulement en France, mais encore en Belgique et en Suisse, où elle a obtenu l'approbation de la presse pédagogique. Comme ce livre s'adresse d'une manière particulière aux établissements d'enseignement secondaire, aux écoles supérieures, aux pensionnats et aux écoles des villes, beaucoup d'institutrices nous ont demandé un traité d'*Économie domestique* à l'usage des écoles primaires proprement dites, un livre fait spécialement pour les jeunes filles de la campagne et donnant une large part aux ouvrages manuels.

C'est pour répondre à ce vœu que nous publions aujourd'hui les Premières Leçons d'Économie domestique.

Dans cet ouvrage nous avons suivi en tous points les prescriptions si sages des programmes officiels des écoles primaires : *Le travail manuel des filles, outre les ouvrages de couture et de coupe, comporte un certain nombre de leçons, de conseils, d'exercices, au moyen desquels la maîtresse se proposera, non pas de faire un cours régulier d'économie domestique, mais d'inspirer aux jeunes filles, par un grand nombre d'exemples pratiques, l'amour de l'ordre, de leur faire acquérir les qualités sérieuses de la femme de ménage, et de les mettre en garde contre les goûts frivoles ou dangereux.*

La PREMIÈRE PARTIE comprend des *notions sur la direction morale et matérielle, et sur l'administration économique d'une maison, notions qui permettront à l'institutrice de donner des leçons pratiques sur la tenue de la ferme, l'hygiène, la cuisine, le blanchissage et l'entretien du linge, le jardin et la basse-cour.*

La SECONDE PARTIE est consacrée entièrement aux *travaux manuels*, cette branche si importante de l'éducation des filles, et comprend un cours aussi complet que possible de coupe et d'assemblage.

L'enseignement de la coupe et de la confection est organisé aujourd'hui avec succès en France. Partout on s'efforce de revêtir de la forme didactique et de soumettre à des règles les notions de la couture, restées si longtemps du domaine de la pratique et du métier et, disons-le, de la routine. On a pensé, avec raison, qu'il n'était pas besoin d'être *lingère* pour savoir coudre et raccommoder, *couturière* pour couper et assembler un vêtement, et la science des travaux à l'aiguille, introduite dans le programme des écoles primaires, a aujourd'hui ses professeurs et ses méthodes.

« Répandre dans les masses les moyens de s'habiller économiquement, apprendre la coupe au moyen de procédés faciles et d'un petit nombre de règles claires et applicables à tous les cas » : tel est le but qu'on doit se proposer.

Chacun croit à la possibilité d'un enseignement méthodique de la couture, de la coupe et de l'assemblage ; plusieurs méthodes ont paru en France dans ces dernières années. La méthode dite *géométrique* commence à l'emporter sur la méthode *proportionnelle* ; c'est aussi celle qui est adoptée de préférence dans les écoles.

« Les méthodes de coupe, dit le *Dictionnaire de pédagogie* de M. Buisson, diffèrent entre elles par la forme et les procédés ; mais tous les auteurs poursuivent uⁿ même but, celui de faire promptement, facilement, exactement. Leurs efforts sont-ils couronnés de succès ? Oui, si l'on se contente d'un résultat approximatif, en somme très satisfaisant. Non, si l'on prétend à la perfection immédiate, ce qui est naturellement impossible, car il faut compter d'une part avec les imperfections du corps humain, qu'on ne saisit pas toujours à première vue, et de l'autre avec le peu d'habileté, d'expérience ou d'intelligence des élèves. »

Le problème est donc loin d'être résolu. Rien d'étonnant si l'on cherche encore les moyens de rendre cette étude plus facile, et si l'on réclame une méthode simple, claire, à la portée des élèves de nos écoles, en un mot un traité réellement primaire. Une méthode savante, faite pour des confectionneuses ou des élèves d'écoles professionnelles, ne saurait convenir aux écoles primaires ni aux pensionnats, le temps dont on dispose dans ces établissements pour l'étude de la coupe étant très limité.

Apprendre à bien coudre, initier la jeune fille à l'art si difficile et d'ailleurs si important du raccommodage : tel est le double but poursuivi dans la première partie de la méthode. Pour l'atteindre, nous avons placé auprès d'une explication courte et précise une figure qui, parlant aux yeux, facilite l'exécution du travail. Les règles telles qu'elles sont formulées dans cette partie constituent une véritable innovation.

Le problème se complique quand il s'agit de la coupe. Ici nous trouvons une méthode générale qui consiste à encadrer le patron dans un dessin géométrique; mais il faut compter avec les exigences de la mode et ses brusques revirements. Une méthode de coupe doit donc prévoir ces variations et permettre d'opérer, quelle que soit la méthode régnante. C'est pourquoi, à côté de rapports constants des mesures entre elles, nous plaçons des règles générales qui permettent de modifier les patrons.

Tels sont les deux points nouveaux qui distinguent la méthode que nous suivons. Mme Bret l'applique avec succès à l'enseignement de la couture, de la coupe et de l'assemblage, dont elle s'occupe depuis de longues années. Sa méthode, fruit de vingt ans d'études et d'essais, donne les meilleurs résultats. L'expérience démontre qu'elle est à la portée des jeunes filles de douze ans aussi bien que des adultes.

Bien que ce traité de coupe paraisse après plusieurs ouvrages écrits avec autorité, nous avons la confiance qu'il sera utile et facilitera la tâche des personnes chargées de cet enseignement.

Pour nous résumer, nous avons essayé de composer un ouvrage qui permette à l'institutrice de faire avec méthode un cours élémentaire et gradué d'économie domestique, d'hygiène et de travaux manuels, un véritable livre de classe qui puisse être mis entre les mains des jeunes filles sur les bancs de l'école, et qui ne soit pas oublié plus tard ni dédaigné par elles, mais qu'elles aiment à consulter lorsqu'elles seront aux prises avec les difficultés et les soucis du ménage.

E. WIRTH.

PROGRAMMES OFFICIELS
du 27 juillet 1882.

I. ÉCONOMIE DOMESTIQUE. — Notions très simples d'économie domestique et application à la cuisine, — au blanchissage et à l'entretien du linge, — à la toilette, — aux soins du ménage, du jardin, de la basse-cour. — Exercices pratiques à l'école et à domicile.

II. HYGIÈNE. — *Cours élémentaire*. Conseils pratiques et donnés, soit en commun, soit en particulier, sur l'alimentation, le vêtement, la tenue du corps et des habits.

Cours moyen et cours supérieur. Suite des mêmes moyens d'instruction et d'éducation.

III. TRAVAUX MANUELS POUR LES FILLES. — *Cours élémentaire*. Tricot et étude du point; mailles à l'endroit, à l'envers, côtes, augmentations, diminutions. — Point de marque sur canevas. — Éléments de couture; ourlets, surjets.

Cours moyen. Tricot et remmaillage. — Marque sur canevas. — Éléments de couture : point devant, point de côté, point arrière, point de surjet. — Couture simple, ourlet, couture double, surjets sur lisière, sur plis rentrés. — Confection d'ouvrages de couture simples et faciles (essuie-mains, serviettes, mouchoirs, tabliers, chemises), rapiéçage.

Cours supérieur. Tricot de jupons, gilets, gants. — Marque sur la toile. — Piqûres, froncis, boutonnières, raccommodage de vêtements, reprises. — Notions de coupe et confection des vêtements les plus faciles.

PREMIÈRES LEÇONS
D'ÉCONOMIE DOMESTIQUE

PREMIÈRE PARTIE

NOTIONS PRÉLIMINAIRES
ORGANISATION MORALE DE LA MAISON
ET QUALITÉS D'UNE BONNE MÉNAGÈRE

I

Étude de l'économie domestique.

Vous allez à l'école, mes enfants, pour acquérir de l'instruction et compléter l'éducation que vous recevez dans votre famille. Tout ce que vous apprenez a pour but de vous inculquer les connaissances et de développer les aptitudes dont vous aurez besoin un jour, lorsque vous serez plus grandes, soit pour aider votre mère dans les différents travaux de la maison, soit pour diriger le ménage dont vous-mêmes serez chargées.

Il est indispensable que vous soyez instruites, que vous sachiez lire, écrire et calculer, que vous connaissiez votre langue, l'histoire et la géographie, au moins celles de votre pays. Mais il est non moins utile que vous soyez familiarisées avec les ouvrages manuels, avec l'ordre, la prévoyance, la propreté, l'amour du travail, le bon emploi du temps, en un mot avec la connaissance usuelle et pratique de tout ce qui concerne la bonne direction d'une maison.

L'ensemble de ces connaissances, nécessaires à toutes les femmes, forme ce qu'on appelle l'*économie domestique* ou la *science du ménage*. En d'autres termes, l'*économie domestique* a pour but d'apprendre aux futures ménagères à tenir convenablement un intérieur, une maison, à y faire régner l'ordre, la propreté, le bien-être, à ne faire aucune dépense inutile, à savoir conserver ce que l'on a, et à tirer le meilleur parti possible des ressources dont on dispose. Cette science s'étend aux plus petits détails; elle se mêle à toute la vie domestique; elle est indispensable à la paix et à la prospérité des familles.

Dans une famille, l'homme est chargé des travaux du dehors, tandis que l'administration intérieure de la maison, le gouvernement du ménage, reviennent à la femme. C'est au père à pourvoir aux besoins de la famille; c'est à la femme à bien employer les ressources dues au travail du mari, à faire régner dans la maison l'abondance et le bonheur, par une direction sage et intelligente.

La connaissance de tout ce qui concerne la science du ménage est d'une nécessité absolue pour les femmes. Une mère de famille doit savoir exécuter ce qu'elle ordonne. Il n'y a pas de position sociale qui puisse dispenser la femme de faire un jour sa cuisine, de s'occuper des approvisionnements de la maison, d'entretenir avec soin le linge et les habillements de la famille, de soigner ses appartements, le jardin ou même la basse-cour. La nature l'a faite la pourvoyeuse, l'institutrice, la garde-malade de tous les siens. Elle ne pourrait donc, sans faire preuve d'une mauvaise éducation, négliger les devoirs importants qui lui sont dévolus, et dont l'accompiissement lui vaut la reconnaissance et le respect.

Du savoir-faire de la ménagère dépendent la prospérité et le bonheur d'une maison ; de même que la ruine et la misère peuvent résulter de son incapacité ou de sa négligence.

A quel âge les jeunes filles doivent-elles commencer à apprendre l'économie domestique? Le bon sens indique que ce doit être dès les premières années : la science du ménage consistant surtout dans des habitudes d'ordre, de travail et de prévoyance, lesquelles ne peuvent être contractées que dans le jeune âge.

Certaines femmes sont de bonnes ménagères dès le début. Tout leur réussit, parce qu'elles possèdent toutes les qualités sans lesquelles il n'est pas de véritable maîtresse de maison. On en voit d'autres, au contraire, qui, tout en se donnant beaucoup de mal, n'arrivent à aucun résultat sérieux, parce que leur travail n'est secondé ni par la réflexion ni par l'esprit d'ordre. Enfin, il y en a qui, ne sachant absolument rien faire, deviennent la cause du malheur et de la ruine de leur maison.

D'où provient cette différence? C'est que les premières ont été familiarisées dès l'enfance avec les détails et les travaux du ménage qui sont devenus un besoin pour elles, tandis que les autres ont attendu un âge plus avancé, lorsqu'il était trop tard pour apprendre et pour se corriger d'habitudes mauvaises ou routinières.

Il n'en est pas une parmi vous, mes petites amies, qui ne connaisse au moins de vue les travaux du ménage. La plupart d'entre vous y prennent part pendant les loisirs que leur laissent les heures de classe. Vous prenez plaisir à partager les occupations de votre mère; vous êtes fières lorsqu'elle vous confie de petites choses à faire à la lingerie, à la cuisine ou au jardin. Par une observation et une pratique quotidiennes, votre esprit s'habitue peu à peu, et sans contrainte aucune, à ces occupations si naturelles à votre sexe.

Il dépend de vous seules de devenir un jour de *bonnes femmes de ménage*. Il suffit pour cela que vous ayez de la bonne volonté, de la persévérance, et que vous écoutiez avec attention les leçons qui vous sont données par votre mère et votre institutrice.

Si un jour on dit que vous êtes une excellente ménagère, ce sera le meilleur éloge qu'on puisse faire de vous.

II

Conseils d'une grand'mère à ses petites-filles.

1. — Lorsque, un jour, vous serez placées à la tête d'un ménage, n'oubliez jamais, mes enfants, que de votre sagesse, de votre savoir-faire, de votre activité dépendront le bonheur ou le malheur de votre famille, la prospérité ou la ruine de votre maison, la santé ou la maladie des vôtres. Tâchez donc d'acquérir le plus tôt possible les qualités et les connaissances qui vous seront indispensables alors.

2. — Il est nécessaire que vous connaissiez votre maison, tout ce qu'on y fait et tout ce qui s'y passe. Ne prenez des domestiques qu'après vous être renseignées sur leur moralité, leur probité, leur capacité. Exercez sur elles une surveillance active, mais pleine de bonté.

3. — Que rien ne vous échappe. Sachez prévoir et

empêcher. Point de bruit, point de paroles imprudentes ou blessantes; une action ferme, lente et douce. C'est en ces conditions que la vigilance de la maîtresse de maison est acceptée sans difficulté. J'ai employé ce moyen, et il m'a toujours réussi.

4. — La vie de la ménagère doit être une activité perpétuelle. Cette activité est la source de l'ordre, de la prospérité et du bonheur. La paresse, au contraire, est la mère de tous les vices, l'origine de tous les malheurs. Sans l'activité et le travail de corps ou d'esprit, votre maison ressemblera bientôt à un champ couvert de ronces et d'épines.

5. — La *femme forte* ne mange pas son pain dans l'oisiveté; on ne la voit jamais une minute sans rien faire. Levée de grand matin, elle entretient l'ordre partout; elle distribue l'ouvrage à tous ses gens, les excitant par son propre exemple.

Il est des femmes dont l'oisiveté semble être la vie. Chaque instant du jour les trouve inoccupées; elles redoutent tout effort. Il n'y a qu'une chose qui agisse constamment chez elles : c'est la langue. Évitez comme la peste la compagnie de ces personnes.

6. — Prenez de bonne heure l'habitude de l'*économie* et de l'*ordre* : ce sont deux qualités presque inséparables. L'économie sans l'ordre, la propreté et la régularité, ne serait plus de l'économie. Rappelez-vous que les petits ruisseaux font les grandes rivières; les petites économies conduisent aux grandes, et celles-ci à l'aisance.

L'ordre, chez une femme est la première richesse de la maison. « La goutte d'eau, en tombant constamment, finit par creuser le rocher. » Il en est de même du manque d'ordre dans un ménage.

Les femmes *font* et *défont* les maisons; cela s'applique surtout à la femme soigneuse et à celle qui manque d'ordre. Tâchez donc d'avoir de l'ordre et de la méthode en tout et partout : *ordre dans les choses, ordre dans les occupations, ordre dans la manière de vivre.*

7. — La ménagère est la *gardienne du foyer* : elle doit toujours être là pour veiller sur les grandes comme sur les petites choses. Le mari vaque aux affaires et aux occupations du dehors ; la femme veille au ménage et aux occupations intérieures. Elle doit avoir l'intelligence des détails, l'aptitude pour les prévoir et les combiner avec sagesse.

8. — C'est par l'*amour du travail*, la *sobriété* et la *tempérance*, ainsi que par le *calme* et la *sérénité* que j'ai su entretenir dans mon âme, que je suis parvenue à une vieillesse avancée, sans avoir presque connu la maladie et les infirmités. Ne l'oubliez jamais.

9. — Habituez-vous à vous *coucher de bonne heure* et à vous *lever matin* : c'est le premier précepte de l'hygiène morale et physique. Tout y gagne, la santé et les affaires. N'intervertissez jamais les heures préparées par la nature, en faisant de la nuit le jour, et du jour la nuit : ce serait un moyen infaillible de ruiner votre tempérament. Je n'ai jamais vu prospérer de maison où la maîtresse se levait tard.

III

LECTURE

Une petite ménagère.

Mariette, l'enfant de ma voisine, est sans contredit la petite fille la plus laborieuse de tout le pays. Le matin, elle est debout de bonne heure, et se met aussitôt à la disposition de sa mère pour l'aider dans les différents travaux de la maison.

Vous croyez peut-être qu'une petite fille de dix ans, qui fréquente encore l'école, ne sait pas faire grand'chose dans un ménage? Détrompez-vous.

Fig. 1. — Mariette réussit aussi bien dans les travaux à l'aiguille.

Mariette est d'un grand secours à sa mère. Tous les matins, je la vois, un panier au bras, faire emplette chez le boulanger de petits pains frais pour le déjeuner de la famille.
Ensuite elle met la table, et donne à chaque objet la place qui lui convient. Tout est rangé avec ordre et goût.
Après le repas, elle aide à desservir. Elle ne casse jamais rien, car elle fait tout avec attention et mesure.
Les jours de congé, ou au retour de l'école, la plus grande

joie de Mariette est d'accompagner sa mère au jardin. Là elle arrose les plantes et les fleurs, ramasse dans un panier la salade, les légumes et les fruits qu'elle a cueillis, ou met dans un cornet les graines ou les semences mûres qui doivent être conservées pour servir l'année suivante.

Tantôt elle lie les plantes avec du fil ou de l'osier, tantôt elle sarcle les carrés de légumes, ou elle cueille des fleurs pour en faire un bouquet. Elle connaît les noms de toutes les plantes du jardin et leurs propriétés particulières. Studieuse et laborieuse à la fois, la gentille enfant observe attentivement ce que fait sa mère, demandant l'explication de ce qu'elle ne comprend pas, et cherchant toujours à imiter tout ce qu'elle voit exécuter d'utile sous ses yeux.

Mariette n'est pas moins active dans l'intérieur de la maison. Je n'ai jamais vu ce qu'elle fait à la cuisine, mais elle y est souvent, car son bonheur est d'être avec sa mère. Tout ce que je sais, c'est que le tablier de cuisine lui va à ravir. Suivant avec attention les travaux qu'elle voit exécuter, elle est déjà très adroite à laver et à ranger la vaisselle; elle sait même déjà préparer certains mets.

Mariette réussit aussi bien dans les travaux à l'aiguille. C'est un plaisir de la voir tricoter : elle manie les aiguilles avec adresse et agilité; jamais sa mère ni son institutrice n'ont été obligées de lui défaire un seul point. Mariette est également adroite pour la couture; elle sait déjà ourler les mouchoirs, marquer le linge, et faire le trousseau de sa poupée.

Son père dit souvent à sa mère : « Mariette est une petite fille bien travailleuse et bien adroite; elle n'a pas sa pareille dans tout le village.

— Tu as raison, répond la mère, elle sera un jour une bonne ménagère. Je remercie le Ciel de nous avoir donné une enfant si docile et si gentille. »

« C'est tout le portrait de sa mère », disent les voisines.

Mariette entendant ces éloges n'en est pas plus fière pour cela, car elle est aussi modeste que laborieuse.

J. WIRTH.

IV

Conseils d'une grand'mère à ses petites-filles (suite).

10. — Dans vos achats et vos ventes, soyez prudentes, circonspectes. N'achetez rien à la légère et sans payer comptant; évitez les dépenses inutiles, défiez-vous de ce qui est plus brillant que solide.

C'est une plaie de notre époque de dépenser en acquisitions souvent inutiles ses revenus et son capital.

11. — C'est une autre plaie que de vouloir s'enrichir trop vite. En tout et toujours ayez de la probité. « Bien mal acquis ne profite jamais », alors même que tout paraîtrait réussir à l'extérieur. Les événements de la vie se chargent souvent d'anéantir les fortunes amassées par des moyens déshonnêtes, et le bonheur est incompatible avec le bien mal acquis.

N'oubliez jamais qu'il vaut mieux, pour le bonheur et la paix de la famille, avoir une fortune médiocre, avec le contentement du cœur et la sécurité de l'avenir.

12. — Les pères et les mères de famille doivent s'occuper à améliorer sagement leur fortune, et songer à l'avenir de leurs enfants. C'est un devoir sacré pour eux. Ils doivent, par des moyens honnêtes et licites, par une sage prévoyance, travailler tous les jours à faire des économies, à augmenter leur patrimoine, à préparer une position convenable à leurs enfants.

13. — Voulez-vous connaître la valeur d'une ménagère : pénétrez dans l'intérieur de sa maison pour en examiner les moindres détails. Si tout est en ordre, propre et entretenu, si tout y est prévu, s'il y a une place pour chaque chose, et que chaque chose soit à sa place, c'est que la maîtresse du logis est ce qu'on appelle une *maîtresse femme*. Mais si, au contraire,

vous remarquez partout le désordre, l'incurie et l'imprévoyance, c'est que la maîtresse de la maison n'a pas les qualités d'une bonne ménagère. Jamais l'aisance ni la fortune ne pénétreront dans ce foyer.

14. — Faites-vous une règle d'examiner, avant de vous coucher, vos diverses actions de la journée. Dites-vous : « Qu'ai-je fait? En quoi ai-je manqué? Comment aurais-je dû faire? Qu'aurai-je à faire demain? » Rien de plus profitable à l'âme, ainsi qu'à la gestion des affaires domestiques, que cette habitude de récapituler les différents actes de la journée.

V

La femme économe.

On ne se rend pas assez compte de ce que peut la main de la femme, de ce qu'elle *fait* et, hélas! de ce qu'elle *défait*. Aucune fortune ne résiste à la négligence ou au luxe; nulle misère ne dure devant le travail et l'économie.

Mais qu'est-ce que le *travail*? Qu'est-ce que l'*économie*? Il y a des maîtresses de maison qui négligent leur ménage pour refaire le réseau d'une dentelle; d'autres assistent les malades et ne savent pas prévenir la maladie.

Le *travail*, c'est la *production utile*; l'*économie*, c'est la *conservation*.

L'économie doit être la caissière de la maison, la gardienne de la bourse et une maîtresse absolue à laquelle tout le monde obéit.

Ce n'est pas seulement dans l'emploi sage et sévère de l'argent que l'économie doit s'exercer; elle trouve encore son application ordinaire dans les habitudes d'ordre et de travail, dans les soins qu'une femme prend de tout ce qui appartient au ménage : meubles ou articles de toilette. Il ne faut pas oublier que l'*ordre* est la base de l'*économie*; tout ce qui est propre et bien entretenu dure plus longtemps, et par conséquent a moins souvent besoin d'être remplacé, que ce qui est mal soigné.

L'économie comprend encore, on ne saurait trop le répéter aux jeunes filles, la *manière de bien faire la cuisine*. Elle consiste à ne faire que le nombre de repas reconnus suffisants pour la santé, et à choisir pour nourriture des aliments qui, tout en étant moins chers, sont plus fortifiants que d'autres.

La femme économe est une vraie providence pour sa maison : non seulement elle veille aux dépenses et entretient avec soin les vêtements et le mobilier, mais elle sait encore trouver mille ressources pour augmenter le budget et, par suite, le bien-être de la famille. Elle conserve, par exemple, tout ce qui, n'étant plus propre au service, peut être revendu, même pour une somme minime.

L'épargne peut encore être considérable sur les provisions de ménage : aliments, linge, combustible, éclairage, etc. Il est nécessaire pour cela que la femme connaisse, par une expérience journalière, la valeur et le prix des choses. Elle ne doit pas craindre de prolonger sa course, s'il le faut, pour acheter à un sou meilleur marché. Ces sous répétés, s'ils sont journellement mis de côté, finiront par produire une somme importante et faire dans vingt ans la position d'un des enfants.

Une maîtresse de maison doit être économe de son temps comme de son argent. Gaspiller le temps, c'est laisser sur la route de l'argent qu'on ne se donne pas la peine de ramasser; dépenser de l'argent mal à propos, c'est faire acte de folie. Que de femmes pourtant achètent à la légère et sans calculer des objets inutiles ! Elles sont bien coupables à cause des conséquences que leur imprévoyance peut avoir pour l'avenir de leurs familles.

Persuadez-vous bien que les habitudes d'économi valent mieux qu'une dot considérable.

Une femme économe est un trésor : c'est elle qui fonde l'aisance, le contentement et l'union du foyer. C'est une fée à laquelle on pourrait appliquer le vers de Boileau :

> Tout ce qu'elle touche se convertit en or.

Une ménagère économe fait elle-même toutes sortes de travaux : elle est un peu couturière pour ses robes et les vêtements de ses enfants, un peu modiste pour les bonnets et les chapeaux, tailleuse pour les habits de son mari ou de son fils, repasseuse et lingère pour l'entretien du linge. A la campagne, elle tire parti de son potager, de son verger, de son étable et de sa basse-cour, et contribue ainsi largement à la prospérité et au bien-être de sa maison.

Soyez donc, vous aussi, *laborieuses*, *réfléchies*, *économes* dans l'achat et l'emploi de toute chose. Apprenez de bonne heure à *calculer* et à connaître la valeur de l'argent; n'oubliez pas que l'aisance est toujours le fruit de l'économie, mais d'une économie bien entendue et pratiquée chaque jour.

VI

LECTURE

Nos domestiques.

1. — Une dame achevait de demander des renseignements sur une cuisinière :

« Est-elle discrète ?

— Comme la tombe !... Elle casserait toute la vaisselle, qu'elle n'en dirait pas un mot.

— Est-elle adroite ?

— Oh ! sous ce rapport elle est de première force. Jugez-en : pendant trois ans elle a fait *danser l'anse du panier* dans la maison qu'elle vient de quitter, et la maîtresse ne s'en est jamais aperçue. »

2. — Henri Monnier, le célèbre satirique, ne perdait aucune occasion de faire des études de mœurs dans les rues de Paris, et de recueillir des observations dont il se servait pour ses articles.

Un jour, notre écrivain s'était arrêté près de deux *bonnes*, et avec joie il les écoutait débiter leurs absurdités et leurs bavardages.

L'une d'elles, la plus vieille, disait à l'autre : « Mais dis-moi donc d'aller faire ma soupe ».

Cependant, sans attendre cette injonction qui ne se produisait pas, elle recommençait de plus belle ses cancans et ses coq-à-l'âne. Les deux bavardes se quittèrent enfin.

Mais, quelques pas plus loin, l'une des bonnes abordait une autre *camarade* et s'apprêtait à recommencer une conversation sans fin. Monnier s'approcha d'elle et, d'une voix grave, lui dit : *Allez donc faire votre soupe.*

Abasourdie par cet ordre, la bonne se sauva sans rien dire.

Que de choses iraient mieux dans une maison, si une voix sévère faisait entendre de temps en temps ce conseil à la ménagère : « Allez faire votre soupe ! »

VII

Proverbes du ménage.

1. — Qui ne sait pas faire ne sait pas commander.
2. — Celui qui ne se lève pas assez tôt est tout le jour en retard pour ce qu'il doit faire.
3. — Un jour en vaut trois pour qui fait chaque chose en son temps.
4. — Le ménage est un composé de détails. Négligez les plus petits, vous négligerez bientôt les grands.
5. — Une maison mal tenue est une maison perdue.
6. — Voulez-vous juger de la valeur d'une ménagère : regardez la toilette de sa maison.
7. — Grasse cuisine a pauvreté pour voisine.
8. — Le velours et la soie éteignent le feu de la cuisine.
9. — Les bijoux sont la dernière chose qu'on achète et la première chose qu'on vend.
10. — Allez-vous coucher sans manger, plutôt que vous lever avec des dettes.
11. — Il manque beaucoup à la maîtresse de la maison qui ne sait pas calculer, et qui ne connaît pas la valeur des choses.
12. — Habituez les enfants à tout serrer : cela s'apprend aussi bien que gaspiller.
13. — Mauvaise marchandise n'est jamais bon marché.
14. — Surveillez vos domestiques : l'œil du maître engraisse le troupeau, et le maître fait plus de l'œil que de la main.
15. — L'habit rapiécé fait honneur à la femme de celui qui le porte.
16. — Il vaut mieux raccommoder un jour que de filer un an.

DEUXIÈME PARTIE

ORGANISATION MATÉRIELLE ADMINISTRATION ÉCONOMIQUE DE LA MAISON ET TRAVAUX DE LA MÉNAGÈRE

I

La pratique du ménage.

Au début de la journée, la petite ménagère, se rappelant que la propreté est la source de la santé, balaye jusqu'aux moindres coins du logis ; elle a soin d'ouvrir toutes grandes les portes, les fenêtres et les alcôves, pour renouveler l'air dans les appartements. Pour épousseter, elle attend toujours que la poussière soit tombée : elle a lu qu'il est inutile d'épousseter immédiatement après avoir balayé, parce qu'alors la poussière est encore répandue dans l'air. Quand la poussière est tombée et fixée, elle essuie les meubles avec un torchon et elle passe le plumeau sur les tableaux et les menus objets.

Après avoir purifié la maison, elle s'occupe de l'approvisionnement de l'eau, puis, ayant fait les lits, rétabli l'ordre dans l'ensemble des meubles, elle va dans la cuisine veiller à la préparation des repas. Tout en mettant la main à l'œuvre, elle observe et se rend compte de tout ce qu'elle voit faire. Elle ne perd jamais de vue que l'absolue propreté des ustensiles de cuisine est de rigueur, si l'on veut éviter des accidents, et que le sage emploi des matériaux est également nécessaire, si l'on veut se mettre en garde contre la ruine.

Notre petite ménagère prend part avec le même intérêt aux travaux de la lessive, à l'entretien du linge, aux occupations du jardin et de la basse-cour.

Elle apprend encore, par l'exemple de sa mère, que le devoir d'une femme consiste, non seulement à rendre sa maison saine en lui faisant prendre des bains d'air et de soleil et en la tenant propre, mais à la rendre agréable en y multipliant, par sa sagesse et son habileté, les trésors et les ressources de l'esprit et du cœur.

Chaque jour, notre petite ménagère acquerra les connaissances qui aident à la prospérité et celles qui procurent le bien-être. Vous rendez-vous bien compte, mes enfants, de ce qu'on entend par ce mot : le *bien-être*? C'est une sorte d'harmonie existant entre les individus et les choses, que beaucoup de maisons luxueuses ne connaissent pas, tandis qu'il existe dans de modestes ménages. Il est essentiellement l'œuvre de la maîtresse de la maison.

Une maison où le bien-être existe ne se fait pas seulement remarquer par la propreté, qui assure la santé, et par l'ordre, source de l'économie et de l'aisance; elle se distingue surtout par un charme tout particulier, qu'on rencontre partout, qui attire et force en quelque sorte à s'asseoir à ce foyer, où l'on est mieux que partout ailleurs. C'est que la maîtresse du logis, en joignant la bonté et la prudence au savoir-faire, a su tout prévoir, tout équilibrer et, par suite, rendre tout agréable.

N'oubliez jamais qu'il dépendra de vous d'introduire le bonheur dans vos familles, en y établissant ce bien-être dont nous venons de parler.

II

LECTURE

Deux sœurs.

Qui n'a vu, dans quelque visite matinale, l'étrange contraste que présentent parfois deux sœurs dans une même famille ?

L'une d'elles, levée dès l'aurore, a déjà fait sa toilette, arrangé sa chambre, nettoyé et mis en ordre ses effets, rempli enfin les mille petits devoirs qui suivent le réveil d'une jeune fille. Il y a dans sa figure fraîche et rose, dans sa chevelure peignée et relevée avec soin, dans ses vêtements et dans tout ce qui l'environne, un parfum de pureté qui attire irrésistiblement.

Sa sœur, éveillée en même temps, n'a pas trouvé le courage ni la force de sortir de son lit : elle rêve ou se rendort. Quand enfin elle se décide à se lever, c'est en se traînant mollement, la tête alourdie par un sommeil prolongé, les yeux troublés, ne se sentant pas le courage de faire la moindre chose.

Le contact de l'eau lui répugne ; elle se coiffe avec nonchalance, et s'habille en bâillant après avoir cherché partout ses vêtements, qu'elle a jetés dans tous les coins avant de se coucher. Sa chambre, comme toute sa personne, présente l'image du désordre et de la négligence.

Autant on éprouve de plaisir à voir la première de ces jeunes filles, autant on est attristé à la vue de la seconde. La première est toujours active, gaie et de bonne humeur. Le travail est un bonheur pour elle ; comme elle fait tout avec plaisir, elle réussit dans tout ce qu'elle entreprend. Sa sœur, au contraire, paraît toujours languissante ; elle est triste et maussade. Elle n'est disposée à rien, car tout l'ennuie et elle ennuie tout le monde. Que ferait-elle, d'ailleurs ? Le travail lui est à charge et elle ne sait rien faire.

L'une d'elles a su prendre dès son jeune âge l'habitude de l'ordre, de la propreté et du travail. Ses yeux ne peuvent voir, sans en être choqués, des objets et des vêtements traînant çà et là, ou des meubles couverts de poussière, tant l'ordre et la régularité sont devenus un besoin pour elle. Les travaux multiples qu'elle voit exécuter sous ses yeux l'ont toujours intéressée; son plus grand plaisir est d'y prendre part. Pour l'autre jeune fille, au contraire, la malpropreté, le désordre et l'inaction semblent être passés à l'état d'habitude. Elle est indifférente à tout ce que l'on fait dans la maison, car les occupations sérieuses ont été, de tout temps, une charge pour elle.

Que deviendront dans quelques années ces deux sœurs d'un caractère si différent? On peut, sans crainte de se tromper, prédire le sort qui leur est réservé. Placées à la tête d'un ménage, elles seront les mêmes qu'à présent. On pourra remarquer alors le même contraste qu'aujourd'hui dans la tenue de leur maison, dans l'éducation de leurs enfants, dans la prospérité de leur famille.

J. Wirth.

III

De la propreté dans la maison.

Il est universellement reconnu qu'au point de vue de l'aisance et de la moralité il n'y a pas de population qui puisse être comparée aux habitants de l'Écosse et de la Hollande. Il n'est guère de contrée où l'homme né dans les classes populaires rencontre plus de chances favorables pour être honnête, heureux et dans une situation de fortune suffisante. Ce qui frappe surtout les voyageurs qui parcourent ces pays, c'est l'excessive propreté qu'on remarque dans l'intérieur des maisons, comme sur les vêtements des habitants.

La propreté devrait être le luxe de toutes les ménagères en général et de la fermière en particulier. Partout où elle règne, on se sent attiré vers les personnes et satisfait de la vue des choses. Une fois établie et passée dans les habitudes, la propreté n'exige ni nettoyages extraordinaires, ni entretien spécial. Elle se maintient comme d'elle-même.

Fig. 2. — Une chambre bien rangée.

La maîtresse de la maison y trouve de grands avantages : économie, santé, contentement d'esprit.

Semblable à une bonne fée, la propreté transforme et embellit tout ce qu'elle touche; aussi les jeunes filles ne devraient-elles rien négliger pour acquérir une qualité qui leur sera si utile, et contribuera si puissamment au bonheur domestique.

Les femmes de nos campagnes, surtout, devraient s'efforcer d'acquérir par leurs bonnes qualités une heureuse influence sur les hommes. Si l'ordre et la propreté régnaient en souverain dans leur intérieur, il deviendrait si agréable à habiter que leur mari et leurs fils y passeraient volontiers le temps que ne réclament point les travaux des champs.

Quand on rencontre un village où règnent l'ordre et la propreté, on peut être sûr que ce résultat est dû à l'heureuse influence d'une femme, humble paysanne ou modeste institutrice, qui a ainsi plus contribué à la civilisation que n'auraient pu le faire les livres les mieux écrits.

IV

Entretien de la maison.

Deux choses, avons-nous dit, retiennent les gens au logis et font aimer le foyer domestique : les qualités aimables de celle qui doit en être l'âme, l'art et le soin avec lesquels elle forme et entretient ce foyer. L'élégance ou la commodité d'un appartement ne consiste pas dans sa richesse, mais bien dans le goût avec lequel il est arrangé et plus encore dans l'ordre, la propreté et l'harmonie qu'on y fait régner. C'est donc avec raison qu'une femme est jugée d'après la tenue de sa maison : qu'elle ait ou non des domestiques, c'est elle qu'on rendra responsable du désordre ou du défaut de propreté qu'on pourra y remarquer.

Parmi les opérations destinées à entretenir la maison, à la rendre plus saine et plus agréable à habiter, il faut citer en premier lieu

LE BALAYAGE.

Les balais dont on se sert communément sont de deux sortes : les balais en crin et les balais en matière végétale. Les plus en usage pour l'entretien de la maison sont le balai en crin, le balai végétal et le balai à main. Avec le premier on enlève la poussière des murs, et l'on balaye le plancher; avec le second on balaye les dalles, les briques, le sol non carrelé ni planchéié; avec le troisième on balaye les coins et le dessous des meubles, et l'on ramasse la poussière sur la pelle.

Balayage des appartements. — La chambre d'habitation doit être balayée tous les jours. Il faut avoir soin

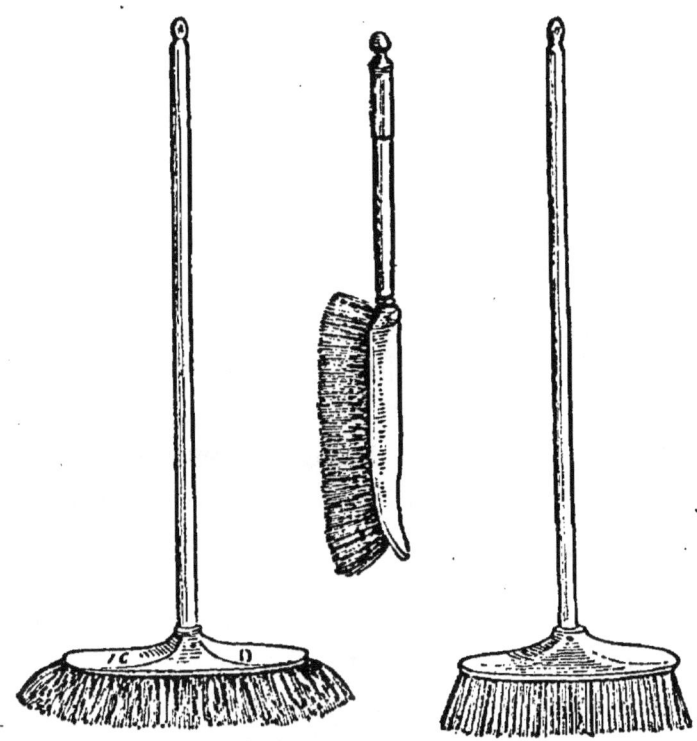

Fig. 3. — Balais.

d'abord d'ouvrir les fenêtres pour chasser l'air vicié et le remplacer par l'air pur. Pour faciliter le travail du balayage dans les pièces où il y a beaucoup de meubles, on se débarrasse des petits meubles en les portant dans une pièce voisine ou dans le corridor. On fait ensuite tomber la poussière et les toiles d'araignée du plafond et des murs au moyen d'une *tête de loup*; on promène avec soin le petit balai dans les coins et les angles, sous les lits et les meubles; puis on balaye la chambre, on réunit la poussière en un tas, qu'on enlève dans le panier à ordures. Pendant cette opération il faut procéder doucement, sans lever beaucoup le balai de terre, afin de soulever le moins possible de poussière.

La chambre balayée, il reste encore de la poussière sur le plancher; aussi est-il plus propre et plus sain de promener après, dans toute la pièce, ainsi que sous les lits et les meubles, le balai entortillé dans un épais chiffon de laine. La poussière *s'est posée*, comme on dit, lorsque les meubles sont recouverts de poussière et que l'air est devenu pur. C'est alors le tour du plumeau pour les objets délicats et du *torchon* pour les autres. Le meilleur torchon est celui qui est fait d'un morceau de *toile de coton*. On frotte les meubles en serrant bien le chiffon pour que la poussière ne puisse pas s'en détacher; dans ce nettoyage il ne faut pas oublier les pieds des tables et des chaises. Lorsque le torchon est plein de poussière, on le secoue par la fenêtre, en ayant soin que ce soit dans un moment où il ne passe personne.

La *chambre à coucher* ne doit être balayée que lorsque les lits ont été faits. On procède de la même façon que pour les autres pièces. Si le lit est occupé par un malade que la poussière pourrait incommoder, on humecte le chiffon, qu'on promène au bout du balai sous les meubles et le lit. Mais il ne faut pas le passer sur le plancher, qui se tacherait. On peut également répandre de la sciure de bois bien propre, un peu mouillée, et la balayer ensuite.

Pour nettoyer les *tapisseries* des murs, on y passe simplement le balai couvert d'un morceau de drap bien propre. On nettoie ensuite les tableaux, dont on lave les verres, en ayant soin toutefois que l'eau n'atteigne ni les dorures ni les gravures. Si les tableaux sont des peintures non recouvertes de verre, il faut passer légèrement le plumeau. Lorsque la poussière s'est posée, on nettoie les boiseries, les portes et les croisées, et l'on termine par le plancher.

Les boiseries se lavent à l'eau de savon: on frotte le bois avec une éponge, afin de ne pas détruire le brillant ou vernis. On se hâte de les essuyer avec un chiffon bien sec, ce qui empêche la peinture de se crevasser.

Quant aux *vitres* des fenêtres, on les lave avec une éponge trempée dans de l'eau, et on les essuie immédiatement d'abord avec un torchon, et ensuite avec une peau de daim, pour les rendre plus brillantes. La peau de daim se nettoie elle-même au savon et à l'eau tiède. Il faut avoir soin de ne pas nettoyer les fenêtres tant que les rayons du soleil y donnent, car le verre se ternirait.

Pour nettoyer le *plancher* non ciré, on enlève d'abord les taches avec du savon vert et de la potasse, en brossant toujours dans la direction du bois. On mouille ensuite modérément les planches, on y répand du sable, et l'on frotte avec une brosse de chiendent, jusqu'à ce que le bois soit partout d'égale blancheur. Le sable est ensuite enlevé avec une toile d'emballage bien mouillée, et le plancher séché avec la serpillière, qui aura été préalablement bien tordue. Dans certains pays on lave à pleine eau le carrelage ou le pavé en briques. Ce procédé est peu hygiénique, car l'eau, pénétrant dans les joints, produit de l'humidité dans les appartements. Pour le même motif il faut ménager l'eau lorsqu'on nettoie un plancher, surtout aux étages supérieurs : l'eau, en s'infiltrant à travers les plafonds, ne tarderait pas à les détériorer.

Lorsque la chose est possible, il est préférable d'avoir des pièces parquetées, le parquet étant plus sain et plus chaud que les carreaux. Le plus souvent on cire le parquet; quand on veut mettre un parquet à la cire, on se sert de la préparation suivante :

Dans 5 litres d'eau on fait fondre à chaud 500 grammes de cire jaune et 60 grammes de potasse blanche. Au bout d'une heure de cuisson on ajoute à cette masse épaisse 125 grammes de colle forte déjà dissoute; on remet le tout au feu durant un quart d'heure encore. Quand cette composition est à peu près refroidie, on l'étend sur le plancher au moyen d'un pinceau; on la laisse bien sécher, puis on frotte le parquet, qui devient clair et brillant.

A la campagne, où il est plus difficile d'entretenir proprement les appartements, on préfère appliquer sur le parquet deux ou trois couches de peinture à l'huile, de couleur bois, permettant de le nettoyer aussi souvent que cela est nécessaire, soit avec une eau de lessive faible, ou bien en le cirant à la brosse dure.

Une fois par semaine il faut faire le nettoyage à fond de son appartement; l'entretien journalier en devient plus facile. Il ne s'agit pas seulement des chambres et des meubles, mais aussi du nettoyage de la cuisine, du cuivre, de l'argenterie.

Au moins une fois par mois on lave les vitres et on renouvelle les petits rideaux des fenêtres ; cela donne à un appartement du jour et, partant, de la gaieté et de la vie.

En été il faut de temps en temps décrocher les grands rideaux, les secouer et les battre au grand air pour en enlever la poussière.

V

LECTURE

Essuyez, n'époussetez pas.

Que de fois, sans y prendre garde, les ménagères ont provoqué la maladie autour d'elles, par routine, par indifférence ou par ignorance.

Presque toutes ont la manie d'épousseter, sous prétexte de propreté. Le plumeau est promené sur les meubles, sur les tentures, sur les murailles, sur les plafonds; il fait rage tous les matins, ce maudit plumeau !

Pénétrez dans l'appartement que l'on vient de faire : est-ce assez reluisant, assez coquet. En apparence, tout est bien, les meubles sont superbes : plus de poussière !

Ah ! certes, l'acajou reluit, le vieux chêne brille. Mais, en réalité, la poussière qui était sur les meubles, où est-elle ? Personne ne l'a brûlée, ni supprimée, ni anéantie; où est-elle donc ?

Où est-elle ? Elle est dans l'air ! Vous l'avez chassée d'ici pour la mettre là. Et tout observateur à sens olfactif un peu développé vous dira bien tout de suite qu'on « vient de faire l'appartement ». Il le sent parfaitement, heureux même quand il n'éternue pas. Les meubles sont propres, mais l'air est sale. On ne respire pas les meubles, mais bien l'air. La poussière était tranquille à sa place sur les murs, sur les livres, maintenant vous l'avez amenée à portée de vos poumons; de l'appartement, vous l'introduisez chez vous, dans vos voies respiratoires, au milieu de vos tissus. Quelle intelligente pratique !

Où est le mal ? la gorge est un peu prise; après, qu'importe ? Oh ! la routine ! La poussière n'est pas seulement formée de matériaux inertes, débris de roches, filaments, etc., elle se forme encore des quantités innombrables de spores, d'œufs en suspension, de germes de toute nature.

Depuis les travaux de M. Pasteur il paraît démontré qu'un certain nombre de maladies très graves ont pour point de départ des germes infiniment petits qui échappent à nos regards, des germes assassins qui, en pénétrant dans l'organisme, l'envahissent et peuvent donner la mort.

Vous époussetez sans malice, et savez-vous ce que vous introduisez dans votre corps ? Un germe dangereux peut s'être glissé sur le haut du bahut, sur la planche d'étagère ; un germe épidémique a pu rester sur la muraille depuis des années ; il était là à votre insu et comme stérilisé, et vous, par mesure de propreté mal comprise, vous allez le faire voltiger au milieu du salon.

On loue un appartement. Savez-vous qui l'a habité, ce qui s'y est passé, il y a un an, dix ans même ? Une maladie épidémique n'y a-t-elle pas fait des victimes ? La fièvre typhoïde, le choléra, l'angine couenneuse, etc., n'ont-elles pas passé par là ? qui le dirait ?

Et bien vite vous époussetez chaque matin. Le germe était là-haut, dans une encoignure du plafond peut-être, et vous vous complaisez à l'introduire dans vos voies respiratoires ou digestives. Il peut descendre lentement sur les mets, sur la viande au moment du déjeuner, entrer dans le buffet, etc. C'est si microscopique, un germe qui tue sans pitié !

Et c'est ainsi qu'il a suffi d'un coup de plumeau imprudent pour vous empoisonner, vous et votre voisin. On ne saurait donc trop se défier du plumeau. Il est peut-être aussi dangereux à manier qu'un revolver chargé.

Et puis, au fond, la belle affaire quand vous époussetez. Quel travail de Pénélope ! Regardez donc les meubles une heure après ; tout est à recommencer. La poussière, chassée dans l'air, retombe tout doucement et reprend sa place : ce que l'on a fait et rien c'est absolument la même chose. Il faut au moins quarante-huit heures pour que l'air d'un appartement dans lequel on ne pénètre pas se débarrasse entièrement de la poussière qu'il tient en suspension ; on respire donc de l'air souillé continuellement quand on se sert du plumeau chaque matin, et l'on étale la poussière sur les meubles, loin de s'en débarrasser. Le moindre rayon de soleil qui passe à travers les rideaux trahit le tourbillonnement incessant des innombrables poussières d'un appartement.

Il ne faut pas déplacer la poussière, il est nécessaire de l'enlever, et le moyen le plus pratique, à défaut de mieux, c'est d'essuyer. Les germes s'attachent au linge, surtout s'il est légèrement humide, et ne courent plus dans l'air.

On n'enlève pas tout : impossible de se débarrasser de la poussière; mais on atténue le danger au lieu de l'exagérer. Les tentures, les rideaux peuvent être toujours essuyés comme les meubles. Les personnes récalcitrantes qui tiendraient absolument à perdre leur temps en époussetant, devraient au moins procéder à l'opération, non pas le matin, mais le soir, dans les pièces où l'on ne couche pas. Pendant la nuit les germes retombent, et l'air est moins souillé quand on pénètre de nouveau dans l'appartement.

Dans tous les cas, nous ne saurions trop le répéter, et la conclusion est formelle : *N'époussetez pas, essuyez.*

De Parville.

VI

Entretien du mobilier.

Une bonne maîtresse de maison doit mettre toute son ambition à maintenir dans un constant état de fraîcheur et de propreté les *meubles* de son habitation; fussent-ils vieux ou démodés, ils feront plaisir à voir s'ils sont bien entretenus.

Il faut préserver les meubles de trois ennemis qui, si on n'y prend garde, les abîmeront promptement. Ce sont : l'*humidité*, la *chaleur* et la *malpropreté*.

L'humidité ne compromet pas seulement la santé, elle détériore les meubles, les vêtements et les provisions. L'humidité peut provenir de plusieurs causes, dont les plus communes sont : la mauvaise exposition du bâtiment, les mauvais matériaux employés, le peu d'élévation des plafonds et du plancher, le nombre insuffisant d'ouvertures. Les maisons récemment bâties n'étant pas suffisamment sèches, il est imprudent de les habiter. Quand on le peut, il ne faut jamais acheter ni louer une maison portant des traces d'humidité; mais, si on y était obligé, il ne faudrait négliger, quoi qu'il en pût coûter, aucun moyen pour préserver de ce fléau les appartements. Dans les pièces humides, qui doivent être toujours bien chauffées, il faut avoir soin de maintenir une certaine distance entre les murs et les meubles, afin que l'air puisse circuler librement. Les chambres situées à l'étage supérieur étant le plus à l'abri de l'humidité, c'est là que le linge et les vêtements doivent être conservés, dans des placards bien secs.

Tous les *meubles*, et en général ceux qui sont plaqués, doivent être éloignés des poêles et de la cheminée, ou placés hors de la portée des rayons directs du soleil. Une chaleur trop vive soulève le placage et y forme des bosses et des fentes; une trop grande chaleur détériore et fait *passer* la couleur des étoffes de l'ameublement.

Les meubles ne tardent pas à être altérés par les *mouches* et la *poussière*, deux fléaux domestiques dont il n'est pas toujours facile de se garder.

Par les taches innombrables dont elles couvrent les objets sur lesquels elles se posent, les mouches deviennent, en été surtout, une véritable calamité pour la ménagère soigneuse. Pour les détruire, on emploie ordinairement le papier *tue-mouches*; mais ce procédé n'est pas sans danger, parce que les mouches empoisonnées peuvent communiquer leurs propriétés nuisibles aux mets ou aux boissons dans lesquels elles tombent. Il est préférable d'employer un verre ou une cage *tue-mouches*, duquel ces insectes ne peuvent plus sortir lorsqu'ils y sont entrés; à moins pourtant que l'on emploie un moyen plus radical, absolument efficace, qui consiste à tendre l'ouverture des fenêtres d'une toile métallique très fine qui n'intercepte ni l'air ni la lumière, mais qui empêche les mouches d'entrer dans les chambres.

Contre la *poussière* il n'y a d'autre remède que l'usage fréquent du torchon, de l'éponge humide sur les dalles ou sur le parquet non ciré. On remarque fréquemment qu'il se produit peu de poussière dans un appartement dont les cheminées tirent bien, et où l'on a soin de tenir, pendant le balayage, les portes et les fenêtres ouvertes. Pour diminuer la poussière, il est bon également de placer des paillassons devant les portes, et des décrottoirs à l'entrée de la maison.

Pour garantir certains *meubles*, on les recouvre de housses durant l'été ou quand on va en voyage ; mais il ne faut pas les laisser recouverts trop longtemps, car les housses tamisent et cachent la poussière. En tout cas il faut les enlever souvent pour battre les meubles ; c'est aussi un moyen d'empêcher les vers de détériorer l'étoffe ou le bois.

Les meubles qu'on peut facilement déplacer, comme les chaises, fauteuils, canapés, se battent et se brossent fréquemment et en plein air, si c'est possible. On emploie pour les battre une espèce de fouet garni de lanières, et non pas une canne ou un jonc, qui peuvent casser les ressorts et abîmer les étoffes. Pour épousseter les gros meubles, un torchon suffit ; mais pour les objets délicats, tels que les tableaux, les cadres, les vases, etc., il vaut mieux employer un linge fin ou un plumeau.

Pour rendre leur brillant aux meubles vernis, il faut les frotter avec un chiffon de laine ou une peau douce sur lesquels on a étendu un mélange d'huile de lin et d'alcool. On nettoie les meubles *polis* en les frottant avec de l'*encaustique* [1] et un morceau de flanelle.

La *literie* est une des parties les plus importantes

---

1. Préparation composée de cire jaune ou blanchie, fondue dans de l'essence de térébenthine.

du mobilier. Son entretien est facile : le lit doit être fait et mis à l'air chaque jour. De temps à autre il faut secouer et aérer les couvertures de laine. Pour qu'un lit soit bon, il faut retourner les matelas tous les jours et les faire battre une fois par an.

Pour rendre les *glaces* propres et brillantes, on les lave avec une éponge humectée d'eau et d'un peu d'eau-de-vie. Lorsqu'elles sont sèches, on les polit en les frottant avec une peau de daim et du blanc d'Espagne en poudre très fine, pour qu'aucun grain pierreux ne les raye. Les *tapis* se nettoient très bien avec du fiel de bœuf mélangé dans de l'eau, mais on doit, au préalable, les débarrasser de la poussière qu'ils contiennent en les battant vigoureusement. Pour les conserver intacts durant l'été, il faut les remplir de feuilles de thé humides ou d'herbe fraîche et les placer dans un endroit sec.

On nettoie parfaitement les *dessus de marbre* des meubles ou des cheminées, en les lavant avec de l'eau de potasse ou du savon noir. Pour rendre au marbre tout son brillant, il suffit de le frotter avec un morceau de flanelle imbibée d'huile ou mieux d'encaustique; seulement il faut employer de la cire blanche au lieu de la cire jaune. Il faut éviter de poser sur les marbres des tranches de citron ou d'y laisser tomber des gouttes de tout autre acide : il en résulterait des taches que nul frottement ne saurait faire disparaître.

Les boutons de portes, les plaques de métal, les sonnettes deviennent propres et brillants au moyen du *tripoli*. Les chenets de la cheminée, les pelles et les pincettes, en fer ou en acier poli, se frottent avec du papier de verre.

VII

De l'entretien de la cuisine et de ses accessoires.

Une cuisine doit être *aérée* et bien *éclairée* ; la *cheminée* et les *fourneaux* doivent bien fonctionner. Si la cheminée fume, non seulement le séjour de la cuisine devient insupportable, mais il est impossible de tenir propre cette pièce : les murs, les vitres et les ustensiles se ternissent et se détériorent en peu de temps.

Il faut veiller également à ce que les fourneaux ne soient pas de trop grandes dimensions et qu'ils tirent bien. Dans le premier cas, ils brûleraient inutilement du charbon ; s'ils tirent mal, la vapeur de charbon se répandrait dans les appartements et les mets.

Une *propreté* rigoureuse est indispensable à la cuisine plus que partout ailleurs, non seulement comme ordre, mais encore au point de vue de l'hygiène. Le manque de soin dans cette pièce offre des inconvénients et même des dangers. Dans bien des cas, la malpropreté de la cuisine ou de ses ustensiles peut compromettre, outre la saveur des mets, la santé de toute la famille.

Fig. 4. — Intérieur d'une cuisine bien rangée.

Une cuisine bien entretenue doit être lavée fréquemment : une fois par semaine durant l'hiver, et tous les jours pendant l'été.

Le *carreau* de la cuisine et de l'office se lave à grande eau avec un balai ou une brosse dure. Bien des ménagères, pour conserver plus longtemps propre la cuisine, répandent, quand le carreau est sec, une couche de sciure, qu'elles renouvellent tous les jours.

Pour empêcher la mauvaise odeur, il faut veiller à ce que la *pierre à évier* soit toujours d'une propreté excessive; il suffit pour cela de la laver quotidiennement au savon noir et à l'eau chaude, et de la rincer avec le plus grand soin. L'évier est scellé au mur et placé près d'une fenêtre; le mur qui l'entoure doit être garni de carreaux de faïence, pour que les éclaboussures ne laissent pas de traces et soient faciles à enlever.

Les *fourneaux* de fer doivent être grattés et nettoyés souvent; on les fait briller en les frottant d'abord avec un oignon cru, et en les brossant ensuite avec de la mine de plomb; on agit de même pour les autres ustensiles en fonte.

On frotte avec du savon délayé dans de l'eau les *tables de cuisine* et les *planches,* qui doivent être bien blanches.

Le travail de la cuisine terminé, il ne faut pas négliger d'ouvrir toutes grandes les fenêtres, afin de renouveler entièrement l'air. Une cuisine bien tenue ne doit pas, lorsque les fourneaux sont éteints, être plus odorante qu'une salle à manger. Quant aux ustensiles journaliers, et notamment aux *casseroles*, il faut les visiter chaque jour et se hâter de faire étamer celles qui ne sont plus en bon état ou qui commencent à rougir : la santé de la famille en dépend. D'ailleurs, si elles ne sont pas pures, il est impossible de faire rien de bon en cuisine. On nettoie ordinairement les *casseroles* ou *autres objets* de cuivre en les frottant avec de l'eau de cuivre; mais, comme cette eau est dangereuse à manier, il est préférable de les nettoyer à l'extérieur avec du tripoli mêlé à du vinaigre et à l'intérieur avec du grès fin. Les ustensiles de fer se récurent avec de la cendre et de l'eau.

Pour laver les plats, les assiettes et en général tout ce qui compose la *vaisselle*, il faut se servir d'une *lavette*, sorte de pinceau fait avec de la petite ficelle; mais il faut nettoyer souvent cet ustensile et l'imbiber de vinaigre pour en enlever la mauvaise odeur.

Il est indispensable que l'eau qui sert à laver la vaisselle soit très chaude, pour enlever facilement les corps gras; elle doit être bien propre et renouvelée plusieurs fois durant l'opération. On ne saurait trop blâmer l'usage malpropre de bien des cuisinières, qui emploient la même eau pour laver toute la vaisselle d'un repas. Il en résulte une eau grasse, épaisse, qui ne nettoie pas bien et qui communique aux assiettes et aux plats un goût des plus désagréables.

Les assiettes lavées, on les dépose pendant quelque temps sur l'*égouttoir*, sorte de petit râtelier en bois blanc placé au-dessus de la pierre à évier. C'est une mauvaise habitude de les essuyer aussitôt après leur sortie de l'eau, car elles conservent toujours un peu d'humidité graisseuse, qui nuit à leur propreté, puis on salit beaucoup plus de linge pour les essuyer. Il ne faut pas non plus attendre jusqu'au lendemain pour laver ou essuyer la vaisselle; il n'y a rien de plus difficile à enlever que les corps gras séchés.

Les *couteaux* se lavent dans un pot, juste assez profond pour pouvoir tremper les lames, sans mouiller les manches en ivoire ou en bois, qui s'abîment au contact de l'eau chaude. Il vaut mieux aiguiser les couteaux sur une pierre à repasser que sur la meule, qui les use rapidement.

Pour nettoyer les *couverts* en argent, et en général toute l'*argenterie*, on se sert de blanc d'Espagne, finement pilé, délayé dans de l'eau ou préférablement dans un peu d'alcool. On frotte avec cette bouillie les objets qu'on veut remettre à neuf; puis, quand ils sont secs, on les essuie avec de la peau douce et une brosse fine, pour enlever la poudre qui a pénétré dans les rainures.

Les *bouteilles* se nettoient bien avec du charbon de bois concassé et de l'eau ; après avoir agité fortement, on rince à l'eau claire. Si l'on veut en nettoyer une certaine quantité, on les met dans un chaudron, avec de l'eau froide et des cendres; on fait bouillir le tout ensemble, puis on rince les bouteilles lorsqu'elles sont refroidies.

Pour les *carafes* on introduit un peu de sable fin, avec des fragments de coquilles d'œufs et un peu d'eau ; après avoir agité en tous sens durant un certain temps, on vide rapidement et l'on rince la carafe avec de l'eau fraîche.

L'eau froide est préférable à l'eau chaude pour les *verres* et les *cristaux*; ils acquièrent plus de brillant et de clarté. Il en est de même pour les *plateaux vernis*, que l'eau chaude écaille. Quand les plateaux sont lavés et bien secs, il faut les polir avec un foulard de soie.

Les *lampes*, qui ont une place spéciale à la cuisine, doivent être soigneusement entretenues; c'est une condition indispensable pour qu'elles brûlent bien. Elles doivent être nettoyées et remplies le matin, d'abord parce qu'on y voit mieux pour couper la mèche bien à ras et verser l'huile, et surtout parce que, si l'on emploie du pétrole, il y a moins de danger que le soir à la lumière. Chaque semaine on procède à un nettoyage plus complet des lampes, en les frottant avec du tripoli si elles sont en cuivre, et en rinçant les verres dans de l'eau chaude contenant des cristaux de soude. Les chandeliers et flambeaux de cuivre sont également rendus brillants par le tripoli.

VIII

De la literie. — Comment on fait un lit.

La literie est assurément la partie la plus importante et la plus utile du mobilier. Le lit, ce meuble précieux, est indispensable pour reposer nos membres fatigués; on peut se priver, à la rigueur, d'une foule de meubles, on ne saurait se passer de lit.

Il n'est pas nécessaire qu'un lit soit luxueux ou élégant, mais il est indispensable qu'il soit sain et commode.

Les lits se fabriquent en bois ou en fer. Les bois les plus fréquemment employés sont : le palissandre, l'acajou et le noyer. Les lits de fer ont beaucoup d'avantages sur les lits de bois; ils tiennent peu de place, se démontent et se transportent facilement, et surtout ils offrent moins de refuge aux punaises.

Un bon lit garni se compose habituellement d'un sommier élastique, remplaçant avantageusement l'antique paillasse, d'un ou de deux matelas, d'un traversin et d'un oreiller. Pour qu'un matelas soit bon, il faut qu'une certaine quantité de crin soit mélangée à la laine, qu'il empêche de se tasser ou de se nouer. Les matelas, comme tous les objets constituant la literie, doivent être tenus avec une propreté excessive ; il faut les retourner chaque jour, les visiter fréquemment et les exposer le plus souvent possible au grand air ou au soleil ; enfin, les faire carder [1] annuellement. Dans certaines parties de la France on emploie encore le lit de plume, qu'il est utile de placer entre les deux matelas, la plume étant très chaude et possédant la propriété de garder la transpiration. Pour la même raison, l'oreiller de plume est moins sain que l'oreiller de crin.

Le lit est complété par les draps, les couvertures, parfois un édredon et un couvre-lit. Les couvertures doivent être légères et chaudes tout à la fois. Il ne faut pas se servir de lourdes couvertures ouatées : elles sont malsaines.

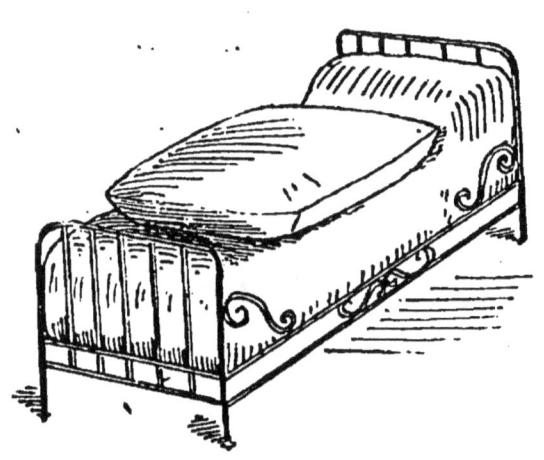

Fig. 5. — Lit de fer.

Pour qu'un lit soit bon, il est indispensable de le faire tous les jours. Cinq minutes suffisent pour cela.

Avant de sortir de sa chambre à coucher, il faut ouvrir les fenêtres, découvrir le lit ou, mieux, mettre à l'air les draps, les couvertures et les oreillers, afin de dissiper les émanations de la nuit. Rien n'est aussi malsain que de faire son lit en se levant : les draps et les couvertures, replacés tout de suite, ne perdent aucun atome de leur humidité malsaine. Que de ma-

---

1. Carder : peigner, démêler la laine avec une sorte de grand peigne nommé *carde*.

laises, de maux de toutes sortes doivent leur origine à la mauvaise aération des objets de literie! Dans les cas de maladie, cela seul peut être la cause de rechutes et même de transmission.

Quand la literie est suffisamment aérée, on commence à faire le lit. Après avoir bien secoué et retourné les matelas, on pose le drap du dessous, l'ourlet le plus large du côté de la tête, et le surjet bien au milieu, puis on le rentre de chaque côté et au pied dans le matelas. Il est nécessaire que le drap soit bien tendu et ne fasse aucun pli. On enroule ensuite le traversin dans la partie supérieure du drap et on le ramène au haut du lit. On pose ensuite le deuxième drap, avec lequel on borde de nouveau le matelas, mais jusqu'au bas du traversin seulement ; puis c'est au tour des couvertures de laine ou de coton; on les replie à l'envers sur le lit avec le drap supérieur à partir du traversin. Le lit fait, on le recouvre d'une courte-pointe ou couvre-lit, qui le garantit et lui donne un aspect plus agréable. On place ensuite l'édredon, qu'on a eu soin de bien battre. Les oreillers se mettent ordinairement sous l'édredon.

Il va sans dire que les fenêtres de la chambre à coucher doivent rester ouvertes, autant que possible, jusqu'à ce que l'humidité du soir se fasse sentir.

IX

Blanchissage du linge : lessive, savonnage, repassage.

Le *blanchissage* du linge est une des parties les plus importantes de l'économie domestique. Une bonne ménagère sait que le linge mal entretenu se détériore promptement, et combien il en coûte pour remonter une maison qui manque de linge; aussi l'entretient-elle avec un soin tout particulier.

Avant chaque lessive elle fait un double relevé de tout ce qu'elle donne à laver, afin que rien ne s'égare. Elle veille à ce qu'on n'emploie ni brosses, ni substances corrosives. Le linge blanchi, elle le compte et examine s'il est bien lavé, mettant à part ce qui doit être raccommodé, repassé ou immédiatement mis en place.

Linge sale. — Dans certaines maisons on traite le linge sale comme s'il ne devait plus servir : on l'enferme humide, on le traîne sous les pieds, l'abîmant souvent plus ainsi que par l'usage.

En attendant la lessive, il faut le conserver dans un grenier ou dans une pièce spéciale, étendu sur des cordes, à l'abri de l'humidité et des rongeurs. Si la lessive n'a lieu que deux ou trois fois par an, il vaut mieux passer à l'eau claire le linge trop malpropre, autrement il pourrirait; d'ailleurs les lessives à long intervalle sont nuisibles au linge; il est préférable de n'attendre qu'un ou deux mois.

La bonne qualité des substances employées dans la lessive du linge est un point essentiel pour la réussite du blanchissage : parlons-en donc un peu.

L'eau. — Pour qu'une eau soit bonne, il faut qu'elle dissolve promptement le savon : l'eau de pluie possède cette qualité, ainsi que les eaux courantes, les eaux des lacs, des fontaines, etc. Les eaux de puits et celles qui contiennent des substances minérales sont crues, dures et, par conséquent, mauvaises pour le blanchissage. On peut les améliorer au moyen de potasse.

Les cendres. — On emploie encore, à la campagne surtout, les cendres de bois préférablement à la soude. Les cendres contiennent de la potasse, laquelle a, comme la soude, la propriété de dissoudre les matières grasses. Les meilleures cendres (celles qui contiennent le plus de potasse) se reconnaissent à leur couleur bien cendrée et à leur forte odeur de lessive, lorsqu'elles sont mouillées. Les cendres extraites des fours de boulanger sont les plus recherchées.

Le savon. — Le meilleur savon est celui qui contient le moins d'eau et le plus de soude : tel est le savon de Marseille, d'un blanc mat marbré ou jaunâtre. Les ménagères doivent choisir du savon très sec, très dur et se dissolvant facilement. C'est pourquoi il est bon de s'en approvisionner pour toute l'année.

Coulage. — La première, l'une des plus importantes opérations de la lessive, est le *coulage*.

Après avoir posé le grand cuvier sur un trépied de bois, on y entasse le linge, en ayant soin de placer le gros par-dessous. Ayant étendu une grosse toile ou cendrier à la surface de la cuve, on y met les cendres bien tamisées, et on verse dessus de l'eau tiède qui, passant à travers les cendres et la toile, va s'échapper dans le bas du cuvier. Cette eau, recueillie, est réchauffée graduellement; on continue à la verser dans le cuvier pendant dix ou quinze heures, suivant la quantité de linge à laver. Quand la lessive est coulée, il faut retirer le linge du cuvier et le porter encore tiède à la rivière ou au lavoir, pour y être savonné et rincé.

Lessive à la vapeur. — Cette méthode de lessive, dont nous venons de parler, n'est plus guère employée actuellement, le blanchissage à la vapeur la remplaçant peu à peu et très avantageusement. Ce procédé est moins fatigant et plus économique : l'unique préparation nécessaire consiste à plonger le linge dans de l'eau tiède. Les lessiveuses à vapeur sont de toutes formes et de toutes grandeurs : les plus usitées se composent d'un cuvier, en zinc ou en tôle, muni d'un double fond et d'un couvercle, et pouvant s'adapter à n'importe quel fourneau. Quand le linge est égoutté, on le place dans le cuvier, et, après y avoir fait fondre des cristaux de soude, on verse autant de litres d'eau qu'il y a de kilos de linge et l'on allume. Peu à peu l'eau s'échauffe et la chaleur se répand dans le linge ; lorsqu'elle s'échappe à travers le couvercle, c'est-à-dire au bout de quelques heures, l'opération est terminée. Il ne reste plus qu'à rincer le linge à grande eau et à le sécher.

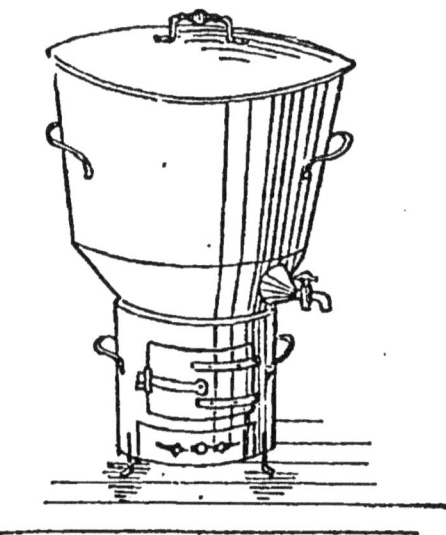

Fig. 6. — Lessiveuse mécanique.

Savonnage. — Le linge fin, comme les bonnets, mouchoirs, cols, jupons, etc., n'est pas toujours mis à la lessive ; la maîtresse de la maison le blanchit ou le fait blanchir chez elle. Voici comment on procède : Durant une nuit on laisse tremper dans de l'eau le linge qu'on a recouvert de savon ; le lendemain on reverse de l'eau chaude et l'on savonne pièce par pièce en frottant avec les mains, ou sur une planche avec une brosse douce. Le *décrassage* terminé, on frotte de nouveau le linge dans de l'eau chaude et on le rince à l'eau froide ; il ne reste plus qu'à le passer au bleu avant de le faire sécher.

Mise au bleu. — Le linge conserve quelquefois après la lessive une petite teinte jaunâtre ; pour la faire disparaître, on le passe *au bleu*, c'est-à-dire qu'on le plonge dans une eau dans laquelle on a fait dissoudre de l'indigo en boules. Il faut avoir soin de bien tordre et d'étendre le linge mis au bleu, pour empêcher qu'il ne se forme des raies bleues d'un aspect désagréable.

Empesage. — Avant d'être repassés, les cols, les manchettes, les chemises d'hommes et ce qu'on appelle en général la *lingerie* fine, doivent être empesés, c'est-à-dire plongés dans une sorte de pâte composée d'amidon et de très peu de sel de borax délayés dans de l'eau froide ou tiède, et propre à lui donner l'apprêt nécessaire pour qu'il devienne raide par le repassage.

Les objets empesés sont roulés dans des linges secs, en attendant le repassage.

Repassage. — On peut repasser sur n'importe quelle table, mais il est plus commode de se servir d'une planche spéciale, que l'on recouvre d'une couverture de laine et d'un vieux linge de toile. Il faut éviter de repasser sur des tables ou des planches trop élevées : la position que la repasseuse est obligée de prendre dans ces conditions peut occasionner des déviations de taille, comme le montre le docteur anglais Roth dans la figure ci-dessus (fig. 7).

Fig. 7. — Mauvaise attitude des repasseuses, en raison de la hauteur des tables.

Les fers à repasser ne doivent être ni trop chauds,

ce qui roussirait le linge, ni trop peu, ce qui le rendrait mou ; une autre condition, indispensable à la fraîcheur des objets repassés, c'est que les fers soient propres et bien unis. Le linge se plie toujours à l'endroit, la marque au-dessus ; les mêmes sortes sont pliées de la même façon, empilées régulièrement, puis placées dans l'armoire à linge.

X

Nettoyage des étoffes. — Taches.

Habituez-vous à avoir de la propreté et du soin, non seulement autour de vous, mais aussi sur vous. On est prévenu en faveur d'une jeune fille dont les vêtements sont brillants de fraîcheur et de propreté ; on juge mal, au contraire, celle qui porte des vêtements sales ou tachés.

Prenez donc toujours un soin tout particulier de vos habits ; évitez de faire des taches, et, si cette maladresse vous arrivait, sachez au moins la réparer en les enlevant.

Une jeune fille qui veut devenir une bonne ménagère doit s'efforcer de connaître les mille et un procédés employés pour nettoyer et détacher les étoffes, afin de pouvoir les mettre en pratique à l'occasion.

Une robe en *cachemire* ou en *mérinos* est-elle ternie et salie par l'usage : on fait macérer dans de l'eau froide, et pendant un jour tout entier, environ 250 grammes de bois de Panama. Après avoir décanté, on ajoute suffisamment d'eau chaude pour que l'étoffe baigne entièrement. Quand la robe a été bien lavée et rincée, il ne reste plus qu'à la faire sécher sans la tordre et à la repasser, encore humide, à l'envers.

Taches de graisse. — De la *bougie* a-t-elle coulé sur vos vêtements : enlevez d'abord avec l'ongle la matière solide, puis étendez sur la tache un bout de papier de soie et passez-y à maintes reprises un fer bien chaud, en ayant soin de changer de place le papier à mesure qu'il devient graisseux. Au bout de quelques minutes, la tache aura entièrement disparu.

Pour enlever les taches de *graisse*, d'*huile*, de *vernis*, de *peinture*, de *goudron*, de *cambouis*, on les imbibe avec de l'essence de térébenthine, de l'alcool ou de l'éther, en frottant légèrement avec une éponge; puis on couvre les parties touchées avec de la cendre tamisée ou de la terre de pipe en poudre; après quelque temps on enlève la terre absorbante et l'on brosse bien la place. Pour les taches peu résistantes sur les étoffes de laine on emploie du fiel de bœuf.

Taches d'encre et de rouille. — Lorsque les taches d'*encre* sont récentes, on les lave à l'eau de savon, afin de séparer les substances végétales; on enlève ensuite l'oxyde de fer avec de l'acide sulfurique ou chlorhydrique très étendu. Pour les étoffes *blanches* de lin ou de coton on emploie le sel d'oseille, en exposant la partie tachée à la vapeur d'eau bouillante. On fait disparaître la rouille des étoffes blanches avec le sel d'oseille ou la crème de tartre.

Taches de vin ou de fruits. — Quand le linge de table ou autre a reçu de ces sortes de taches, il faut étendre du suif de chandelle sur les parties maculées; grâce à cette précaution, les taches s'enlèveront plus facilement à la lessive. Pour faire disparaître les taches de vin ou de fruits, il faut recourir au soufrage. On allume quelques fragments de soufre, qu'on recouvre d'un entonnoir renversé. On tient l'endroit taché au-dessus de l'orifice : la vapeur ne tarde pas à faire disparaître la tache. Il faut prendre garde toutefois de brûler l'étoffe en l'approchant trop près du soufre.

Le *drap* taché et les *cols graisseux* des pardessus se nettoient parfaitement avec de l'alcali volatil, ajouté à de l'eau. Après avoir bien frotté avec ce mélange les endroits malpropres, on racle avec le dos d'un couteau pour enlever la crasse. On procède ainsi à plusieurs reprises jusqu'à ce que la lame n'amène plus de graisse, puis on rince à l'eau pure et l'on brosse lorsque le drap est sec.

La *flanelle* se durcit et se rétrécit au lavage; pour parer à cet inconvénient, on emploie le procédé suivant : Après avoir préparé un bain tiède d'eau de savon, on y ajoute une cuillerée à bouche d'alcali (ammoniaque liquide) par litre d'eau ; on plonge les flanelles dans ce bain et on les laisse tremper pendant douze ou quatorze heures. Après les avoir rincées à l'eau tiède, on les essore dans un linge et on les fait sécher à l'ombre.

XI

Entretien du linge.

RACCOMMODAGE — REMPLACEMENT — ARMOIRE A LINGE.

Un ménage bien organisé doit posséder du linge en quantité suffisante, sans en avoir pour cela des armoires encombrées; outre que le linge dont on ne se sert pas s'use à la longue, c'est laisser dormir un capital qui aurait pu rapporter ailleurs. Mais il ne faut pas non plus avoir trop peu de linge, car alors, étant obligé de le laver plus souvent, on n'a pas le temps de le soigner et il s'use promptement.

Avant et après chaque blanchissage, une bonne ménagère visite minutieusement le linge, l'examine à contre-jour et raccommode ou reprise tout ce qu'elle voit de mauvais. Un petit trou presque imperceptible, une seule maille échappée, deviendraient bientôt, s'ils étaient négligés, de grandes déchirures. Un drap commence-t-il à s'user dans le milieu, il faut découdre le surjet et le refaire sur les lisières du bord : en d'autres termes, le retourner.

Le linge bien entretenu doit être *marqué*; il est bon aussi de le numéroter, de façon que l'on puisse s'en servir dans l'ordre de son numéro.

Lorsque le linge est par trop déchiré, il vaut mieux le remplacer que de passer un temps infini à le raccommoder. Chaque année on remplace quelques vieilles pièces de lingerie par des neuves ; de cette façon le linge se trouve toujours au complet. Il faut l'acheter de bonne qualité et ne pas craindre d'y mettre le prix. Il faut aussi savoir choisir les tissus convenables : des draps trop gros ne valent rien; trop fins, ils s'usent promptement; pour les torchons, il est bon de choisir de la toile forte. C'est dans l'appréciation de ces détails que consiste le talent de la ménagère. Si l'on ne possède pas l'emplacement nécessaire pour constituer une lingerie, il faut du moins avoir une armoire spéciale pour renfermer et conserver le linge. Cette armoire doit être grande, large, bien sèche, à l'abri des rongeurs, et divisée en compartiments par des rayons parallèles.

Rien ne parle mieux en faveur d'une femme que l'aspect d'une armoire à linge entretenue avec soin. Le linge doit être rangé, espèce par espèce, en piles régulières et par ordre de numéro; celui qui revient de la lessive est placé en dessous, pour ne pas être employé tout de suite. Si la place le permet, on destine chaque planche à une sorte de linge différente : l'une, par exemple, pour le linge de maison, l'autre pour le linge de corps, etc. On recouvre le linge d'un vieux drap, pour le préserver de la poussière.

Une femme d'ordre place dans l'intérieur de l'armoire un état contenant le nombre et la qualité de son linge : elle doit le vérifier de temps à autre.

Le linge hors de service est soigneusement mis de côté pour les cas de maladie.

XII

Chauffage et éclairage.

Le *chauffage* peut être classé parmi les points les plus importants de l'économie domestique, par suite des dépenses qu'il entraîne dans un ménage.

Le choix des combustibles employés pour le chauffage varie suivant les contrées ou les localités. Les plus usités sont : le *bois*, combustible par excellence, s'allumant facilement, mais ne répandant pas une forte chaleur. La *houille* ou charbon de terre est plus avantageuse que le bois : elle coûte moins cher et donne une chaleur plus grande, mais elle a l'inconvénient de répandre de la fumée et de l'odeur. Le *coke*, qui n'est autre chose que le résidu de la houille, est à bon marché, et communique assez de chaleur; il a seulement le défaut de s'allumer plus difficilement que la houille, et de s'éteindre vite. Dans les villes, bien des ménages se servent du *gaz* comme chauffage et pour la cuisson de certains aliments. Son emploi est aussi commode qu'économique, mais il faut savoir diriger les appareils, de crainte d'abus ou d'accidents.

Les appareils de chauffage varient également suivant

les contrées : dans les pays boisés on emploie les poêles et les cheminées à bois ; le mode de chauffage par les *cheminées* est plus agréable peut-être, mais il est aussi le plus coûteux et le moins chaud. Pour la houille et le coke, qu'on brûle un peu partout, les meilleurs appareils sont les poêles ordinaires et les cheminées à la prussienne, qui, tout en donnant une chaleur douce et égale, peuvent se fermer et s'ouvrir à volonté, réunissant ainsi les avantages des cheminées et des poêles. Dans l'est de la France on emploie des poêles en faïence qui fournissent une bonne chaleur et se refroidissent difficilement ; enfin, dans les grandes maisons ou dans les monuments publics on se sert de *calorifères*, immenses poêles auxquels sont adaptés des tuyaux qui répandent de la chaleur dans toute la maison.

Il faut toujours proscrire, comme étant fort dangereux, les poêles mobiles qui n'ont pas de tuyaux d'échappement au dehors et qui dégagent à l'intérieur de la chambre les gaz délétères de la combustion.

Pour qu'une cheminée tire bien, il est nécessaire que le foyer soit placé le plus possible en avant, que les tuyaux soient longs, et que l'air entre par les ouvertures des portes et des fenêtres. Si l'on veut obtenir un bon tirage, surtout dans un petit appartement, il ne faut pas placer de bourrelets au bas des portes.

En général, pour allumer un feu, on met dans le poêle ou la cheminée des copeaux, du menu bois ou quelques braises ; on les recouvre d'un peu de houille et de coke, ou bien on place des bûches de différentes grosseurs (la plus grosse derrière) et l'on allume.

ÉCLAIRAGE

On s'éclaire avec la bougie et l'huile.

Autrefois on brûlait beaucoup la *chandelle*, mais aujourd'hui elle est remplacée avantageusement par

Fig. 8. — Une lampe.

la *bougie stéarique*, qui n'a pas besoin d'être mouchée, et dont le prix n'est pas fort élevé.

Pour l'éclairage au moyen des lampes *Carcel* ou *modérateur* on se sert d'huiles diverses : la meilleure est celle de colza. L'essence de pétrole est plus économique que l'huile ordinaire ; elle a également une flamme plus belle, et les lampes qu'on emploie pour son usage n'ont pas besoin d'être remontées comme les autres. Malgré ces avantages, le pétrole étant très inflammable est excessivement dangereux à manier et donne lieu à de fréquents accidents, bien souvent dus à l'imprudence. Pour les éviter, il faut toujours remplir et préparer les lampes à pétrole durant le jour et ne pas les laisser à la portée des enfants. L'éclairage au *gaz*, dont l'usage devient de plus en plus *fréquent*, est très économique ; il produit une lumière vive et brillante, mais, de même que le pétrole, il nécessite de grandes précautions. Aussitôt que la plus petite odeur de gaz se répand, il faut s'assurer si les becs sont bien fermés et s'il ne s'est pas produit de fuite. La *veilleuse* est indispensable dans une maison bien organisée, surtout lorsqu'il y a des enfants ou des malades. La *lanterne* est aussi un meuble bien utile, particulièrement dans une ferme, où tant d'incendies arrivent lorsqu'on se sert de lumière non abritée.

XIII

Réponses à quelques questions sur les travaux du ménage.

1. — *Quelles précautions faut-il employer lorsqu'on fait usage d'huiles minérales, telles que les huiles de schiste, de pétrole ou d'essence ?*

Il faut les conserver dans un bidon de métal hermétiquement bouché, et ne jamais s'en servir près d'une lumière. Pour éviter les explosions, il ne faut employer que des lampes dont le bec soit au moins à 6 centimètres de la surface du liquide et n'en allumer la mèche que lorsque le récipient est plein. En éteignant la lampe, on ne doit pas descendre complètement la mèche, mais seulement la baisser jusqu'à ce qu'elle ne présente plus qu'une petite flamme bleuâtre, sur laquelle on souffle. Pour éteindre ces huiles lorsqu'elles ont pris feu, il faut employer, non pas de l'eau, ce qui ne fait qu'activer les flammes, mais de la cendre, du sable ou de la terre.

2. — *Pourquoi n'est-il pas prudent de se servir de l'éclairage au gaz dans les petits appartements?*

Le gaz exige pour sa combustion une consommation considérable d'air, et dégage une grande quantité de chaleur. Un bec de gaz aurait bientôt dépouillé de son oxygène et chargé d'une proportion énorme d'acide carbonique une chambre étroite. C'est pourquoi ce mode d'éclairage doit être réservé pour les cours, les escaliers, les vestibules, les magasins, les vastes pièces où le renouvellement continuel de l'air peut fournir une proportion d'oxygène suffisant à sa combustion, et entraîner la grande quantité d'acide carbonique qui en résulte.

3. — *Que faut-il faire lorsque l'odeur du gaz se fait sentir dans une maison?*

Il est prudent d'éteindre les corps en ignition, de ne pas entrer avec une lumière dans un appartement où cette odeur est très prononcée, et d'ouvrir les fenêtres toutes grandes. Il serait dangereux de chercher la fuite du gaz dans un local fermé en promenant une lumière le long du conduit; il est préférable d'avertir immédiatement le gazier.

4. — *Quel est le meilleur procédé pour éteindre les feux de cheminée?*

Il suffit de prendre un drap de lit, de le plonger tout entier dans l'eau, puis, après l'avoir plié en double, d'en boucher immédiatement l'ouverture inférieure de la cheminée, de manière à intercepter toute communication avec l'air de l'appartement. Si l'opération est bien faite, le feu de cheminée s'éteindra de lui-même, l'air qui alimentait la combustion faisant défaut.

5. — *Par quel moyen peut-on débarrasser une chambre des cousins?*

A la nuit et sans prendre de lumière, fermez les portes et les fenêtres de la pièce que vous voulez débarrasser de ces insectes. Quelques heures avant d'aller y coucher, allumez-y une lanterne de verre que vous aurez frottée extérieurement avec du miel délayé dans du vin.

La clarté attirera les cousins, qui se prendront à l'enduit et ne pourront plus s'envoler.

6. — *Comment empêche-t-on les mouches de salir les cadres des tableaux et les bordures des glaces?*

Faites infuser dans un litre d'eau bouillante une botte ordinaire de poireaux, laissez refroidir le liquide, et passez-en légèrement une couche sur les dorures que vous voulez préserver; vous êtes assuré que les mouches ne s'y poseront jamais.

7. — *Quelles précautions doit-on prendre pour garantir pendant l'été les vêtements de laine et de drap et les fourrures?*

A l'approche de la bonne saison, il faut mettre soigneusement de côté les vêtements de laine et les fourrures pour les préserver des vers, teignes et autres insectes qui les attaquent et en rongent le poil ou le tissu. Après les avoir bien brossés et battus, on les saupoudre de *pyrèthre* et de camphre pulvérisés, et on les enferme dans des boîtes en carton ou en bois, hermétiquement closes, dont on a soin de coller les jointures avec du papier. Un moyen pratique, aussi efficace, d'empêcher les insectes de se mettre à la laine ou à la fourrure, c'est de visiter fréquemment les vêtements, de les secouer à l'air et de les réintégrer ensuite soigneusement dans leurs boîtes.

8. — *Comment faut-il s'y prendre pour nettoyer les gants de peau?*

Mettez vos gants et lavez vos mains gantées avec de la benzine ou de l'essence de térébenthine; lorsqu'ils sont propres, mettez-les sécher à l'air pour en dissiper la mauvaise odeur. Une autre méthode pour les nettoyer à sec, c'est de les frotter avec de la fine argile et les épousseter ensuite avec de la flanelle. Lorsqu'il n'y a plus de trace d'argile, on les frotte de nouveau avec un peu de blanc d'Espagne s'ils sont blancs, ou avec du son si ce sont des gants de couleur.

9. — *Quel moyen emploie-t-on pour bien nettoyer les brosses et les peignes?*

Pour nettoyer les peignes, les démêloirs, les brosses à cheveux ou à habits, on les fait tremper durant quelques heures dans de l'eau mélangée avec un peu d'ammoniaque. Quand on les sort, il ne reste plus qu'à les rincer à l'eau claire et les essuyer.

TROISIÈME PARTIE

NOTIONS SUR LA TENUE DE LA FERME DU JARDIN ET DE LA BASSE-COUR

I

Conseils d'une vieille fermière.

1° Je ne connais pas d'état qui convienne mieux à la femme, qui lui assure plus d'indépendance et de satisfaction, qui lui procure plus d'occasions de pratiquer les vertus les plus conformes à sa nature, que celui de fermière. La vie des champs est une vie de fatigues, sans doute; mais, par contre, que d'occupations et de distractions agréables, que de douces jouissances elle procure à la femme qui aime le travail!

2° *Sans fermière, pas de ferme.* — En général, c'est l'homme qui, par son travail, fournit l'argent à la maison, et c'est la femme qui se charge de l'employer aux dépenses ordinaires. Dans une ferme, au contraire, la fermière contribue, autant que le fermier, par son travail et son intelligence, à augmenter les ressources de l'exploitation; c'est elle seule qui règle les dépenses. Est-elle une femme de tête, la ferme prospère; dans le cas contraire, c'est la ruine.

3° Aimez et exigez l'ordre en tout et pour tout. L'ordre consiste à assigner une place convenable à chaque chose, à distribuer profitablement le service de la maison, à se rendre compte des produits comme des dépenses de la ferme. Sans un ordre rigoureux, le temps est perdu à chercher, l'ouvrage se fait mal, et tout contrôle devient impossible.

Voulez-vous savoir si une ferme est en bonne voie : regardez si l'ordre et l'économie règnent dans l'intérieur comme dans l'extérieur.

4° Dans une ferme bien dirigée, tout le monde a l'habitude de se lever de bon matin et à une heure réglée. *Lever retardé, journée manquée. Journée bien commencée semble bientôt passée*, disent deux proverbes agricoles.

5° La bonne tenue de la ferme est une marque qui ne trompe point. Lorsqu'elle ne prouve pas l'aisance, elle témoigne du moins l'intention d'y arriver. La malpropreté dans une ferme, c'est un signe de paresse, de désordre et de ruine.

6° Il ne suffit pas que la fermière soit économe. Il faut encore qu'elle fasse contracter l'habitude de l'économie à tous les gens de la maison, et surtout à ses enfants. Comme toutes les autres vertus, l'économie ne s'apprend bien que dans le bas âge et par l'exemple.

7° Le soir, la fermière doit donner ses instructions et ses ordres pour le lendemain, afin que chacun sache ce qu'il doit faire et puisse s'y préparer. Elle s'assure, avant de se coucher, si tout est bien fermé, si les précautions contre le feu ont été prises, si tout est en sûreté dans la ferme. « L'œil du fermier dans sa culture vaut du fumier ; l'œil de la fermière dans sa maison vaut de l'or. »

8° N'espacez pas trop les époques de la lessive. Surveillez avec soin le coulage du linge. Que de pièces se détériorent en peu de temps pour avoir été brûlées ou déchirées pendant la lessive, par des personnes négligentes ou maladroites!

9° Que votre premier soin et votre constante application aient pour but d'établir et de maintenir la bonne intelligence entre les personnes employées à la ferme, ainsi qu'une utile émulation. Pour obtenir ces résultats, deux choses sont essentielles : *Exemple* et *vigilance.* L'exemple, fondé sur l'esprit d'équité, exhorte et encourage à la fois; la vigilance qui s'étend à tout, au personnel comme aux choses, à l'intérieur comme à l'extérieur de la ferme, prévoit et empêche bien des fautes.

10° Pour diriger les domestiques, appuyez-vous sur leur dévouement et leur intérêt, deux puissants mobiles de la nature humaine.

11° L'intérêt de la ferme, aussi bien que l'humanité et la justice, demande que les domestiques et les ouvriers agricoles soient nourris convenablement. Les aliments qu'on leur sert doivent être sains, nutritifs et abondants. Nourrissez bien les gens de la maison, il vous sera rendu en proportion de ce que vous aurez donné. Les bons ouvriers ne prennent pas racine là où il y a une mauvaise table.

12° *Pas d'avoine, pas de cheval,* dit le proverbe. On pourrait ajouter : *Pas de forte nourriture, pas d'homme.* Le travail use les forces, la nourriture aide à les rétablir. Arrangez-vous de façon que les repas ne se fassent pas attendre. L'ouvrier qui a beaucoup travaillé, l'homme qui revient des champs, rapportent beaucoup d'appétit et peu de patience.

13° Il y a des fermières qui servent presque toujours les mêmes mets : c'est un système qui peut amener le dégoût et nuire à la santé. Variez les mets autant que possible; les ouvriers s'en trouveront mieux. Cela ne coûte pas plus de varier ainsi le service de la table, et tout le monde est content.

14° Faites-vous une règle de payer comptant toutes vos denrées. Vous serez moins empressée d'acheter, s'il vous faut immédiatement tirer l'argent de la poche, que lorsque vous remettez le payement à plus tard. On est trop porté à ne pas s'arrêter au prix des objets quand on achète à crédit. D'un autre côté, en payant comptant vous aurez le double avantage d'être mieux servie et d'avoir des marchandises à de meilleures conditions.

15° Inscrivez toujours vos recettes et vos dépenses. Aucune ferme ne peut prospérer sans une comptabilité régulière, et cette comptabilité incombe nécessairement à la fermière. Comment vous rendre un compte exact des bénéfices et des pertes sur chaque produit de votre exploitation, et comment trouver le moyen d'augmenter les uns et de diminuer les autres, sans des livres bien tenus? La comptabilité rurale est le flambeau à l'aide duquel le fermier peut voir clair dans ses affaires et éviter les opérations funestes. Sans elle il s'expose à de fâcheux mécomptes, à des pertes inévitables et souvent à la ruine. Que de fermes j'ai connues, qui ont ainsi acquis à leurs dépens ce qu'on appelle l'expérience!

16° Consacrez des soins particuliers au jardin de la ferme. Ayez la précaution d'y varier les semis et les plantations, afin d'avoir des légumes et des fruits en toute saison. Aimez les fleurs et inspirez ce goût à vos enfants. « Les fleurs qui environnent une maison d'habitation portent bonheur », dit un proverbe.

17° Si à proximité d'une ville vous disposez de terrains qui se prêtent à la culture des légumes et des fruits, vous avez intérêt à augmenter l'étendue consacrée aux plantes potagères dont vous vendrez les produits. Ces travaux sont de la compétence de la fermière, entre les mains de laquelle les potagers comme la basse-cour peuvent devenir une source de grands profits.

Si nous sommes arrivés à l'aisance par le travail, mon mari et moi, nous le devons en grande partie aux produits du jardin et de la basse-cour, dont les soins m'ont été confiés pendant près de vingt ans.

18° En automne accordez une grande attention aux provisions de l'hiver, tant pour les légumes, les fruits de la saison, que pour les fruits secs et même les plantes condimentaires. Elle ne mérite pas le nom de fermière, la femme qui ne sait pas faire de provisions, et elle s'expose à des soucis et à des déboires sans fin.

19° Une vigilance constante est une source de prospérité pour une ferme; c'est par elle qu'on prévient ces *coulages* nombreux qui entraînent à la longue la ruine des familles.

1° *Coulages dans le ménage* : Dépenses inutiles, achats irréfléchis, comptabilité rurale tenue irrégulièrement, défaut de surveillance des domestiques et des enfants;

2° *Coulages dans la ferme* : Gaspillage des fourrages, mauvais soins donnés aux bestiaux, nourriture de ces derniers rationnée au pesant, harnais et ustensiles de labour exposés à la pluie en toute saison, négligence de faire du terreau, perte du fumier et de l'engrais;

3° *Coulages dans la cuisine* : Trop d'abondance, apprêts dispendieux, mets mal préparés, restes négligés ou oubliés, ustensiles laissés en mauvais état, vaisselle brisée faute d'attention, combustible et luminaire prodigués;

4° *Coulages dans le linge* : Linge sale qu'on laisse entassé au lieu de le suspendre, linge qui traîne et se gâte, linge qu'on ne raccommode pas à temps ou qu'on use rapidement en le faisant servir à un usage pour lequel il n'était pas fait;

5° *Coulages dans le vêtement et la chaussure :* Habillements trop nombreux et mal tenus, qui ne sont pas nettoyés à temps et mis à l'abri de la poussière, qu'on néglige de faire raccommoder;

6° *Coulages dans les meubles :* Qu'on ne fait pas réparer à propos, qu'on laisse traîner et se détériorer, qui ne sont pas entretenus avec soin;

7° *Coulages dans la cave, le fruitier et la laiterie :* Vins et boissons dont la consommation est désordonnée faute de surveillance, fruits qui s'altèrent faute d'attention, lait qui se gâte par défaut de propreté des terrines, beurre qui rancit parce que la crême n'a pas été surveillée, fruits et légumes qui moisissent et se corrompent, et qu'on n'a pas vendus à temps;

8° Enfin *coulages dans l'emploi du temps :* Nombreux moments que l'on perd en s'occupant de toute autre chose que de ce qu'on devrait faire, temps qu'on a mal distribué pour les ouvriers, faute de prévoyance.

Pour éviter tous ces *coulages*, qui peuvent causer la ruine des meilleures maisons, une vigilance active et de tous les instants de la part de la fermière est indispensable.

II

Entretien de la basse-cour.

On désigne généralement sous le nom de *basse-cour* une cour annexée à une ferme, dans laquelle on élève les petits animaux domestiques : coqs et poules, oies, canards, pigeons, dindons, lapins, etc. Dans les fermes, la basse-cour peut donner une source de profits considérables, par la vente des œufs et par celle de la volaille; dans les maisons ordinaires, elle permet de garnir de temps en temps la table de mets sains et délicats.

Deux choses sont nécessaires pour réussir dans l'entretien de la basse-cour : établir le poulailler dans un endroit sec et sain en l'exposant au midi ou au levant, l'entretenir dans une grande propreté et avoir soin que l'eau n'y séjourne pas. D'un autre côté, il faut empêcher les volailles de sortir de la cour. Celles qui vont dans les champs coûtent trop cher, à cause des dégâts qu'elles causent aux récoltes. Dans la cour de

Fig. 9. — Basse-cour.

la ferme, au contraire, elles utilisent une grande quantité de débris de toutes sortes qui, sans elles, seraient perdus.

On garnit le poulailler de perchoirs, dont les échelons doivent être assez espacés entre eux pour que les poules y soient à l'aise, ainsi que de pondoirs, paniers ou nids, où elles vont déposer leurs œufs.

Il est nécessaire d'aérer le poulailler de temps en temps, et de le faire blanchir à la chaux, au moins une fois l'an, à cause de la vermine qui s'y ramasse.

Il est encore important que la partie du poulailler

destinée aux poules couveuses soit isolée, et communique avec une petite cour particulière, où les poules et leurs poussins aient seuls accès.

Il faut préférer comme couveuses les poules de trois à cinq ans; et l'on peut leur confier de quinze à vingt œufs, que l'on choisit parmi les plus gros et les plus frais.

Poules. — Lorsque les poules ont la liberté de courir dans les alentours de la ferme, elles trouvent assez de grains et de vermisseaux pour qu'une distribution de nourriture par jour suffise. Mais, si elles ne sortent pas de la basse-cour, il faut leur donner à manger au moins deux fois par jour.

Tous les grains peuvent servir de nourriture aux poules, mais il ne faut pas leur en donner exclusivement.

Les jeunes poussins demandent des soins particuliers. Pour le premier âge, le pain blanc émietté, le millet blanc, les œufs durs hachés sont les meilleurs aliments; le petit blé doit être donné un peu plus tard. Il en est de même des légumes ou des salades, qu'il est important de leur donner pour les rafraîchir.

Canards. — Le canard est facile à élever, à la condition de le placer dans le voisinage d'une mare ou d'un bassin dans lequel il puisse barboter et tremper ses aliments. Il existe beaucoup de variétés de canards. Les plus estimées sont celles de Rouen et de Toulouse.

Comme ils n'ont pas l'habitude de gratter la terre, ils font peu de tort aux jardins. On peut donc les y introduire de temps en temps, s'il ne s'y trouve pas de salades, car ils en feront disparaître en peu de temps les vers, limaces et insectes de toutes sortes.

Les canetons demandent, comme les poussins, des soins particuliers. Il ne faut pas les laisser aller à l'eau avant l'âge de cinq à six jours. Leur développement se fait rapidement, car ils sont d'une grande voracité.

Dans certaines parties de la France on les engraisse, de même que les oies, et la préparation de leurs foies gras forme une importante industrie. Cet engraissement se fait avec des farineux, des racines cuites, des glands concassés, etc.

Oies. — L'oie est un des oiseaux les plus utiles de la basse-cour. On en connaît dans notre pays deux variétés : l'oie commune et l'oie de Toulouse.

L'industrie de l'engraissement des oies à Toulouse et à Strasbourg est célèbre depuis longtemps.

La plume et le duvet de l'oie sont utilisés pour la literie. On les recueille avec soin. Les oies adultes sont plumées deux ou trois fois l'an.

Les oies ont besoin de circuler, mais leur passage dans les prés est nuisible à l'herbe. Il est préférable de les diriger par groupes dans les champs ou les terrains vagues, sous la conduite d'une gardeuse.

Dindons. — On élève le dindon pour sa chair. Cette volaille doit occuper dans la basse-cour un endroit spécial. La dinde est excellente couveuse ; on lui confie souvent des œufs de poule.

Les dindonneaux doivent être l'objet de soins particuliers, car ils craignent beaucoup le froid. On recommande de les fortifier avec du vin. La meilleure nourriture qui leur convient est l'avoine, le sarrasin, ainsi que le pain trempé et les œufs durs écrasés.

Lapins. — Le lapin fait partie de toutes les basses-cours, et surtout de celle du petit cultivateur. C'est un animal d'un grand rapport.

On élève le lapin dans des clapiers, sorte de cabanes divisées en compartiments et toujours placées à l'abri des renards et des chats. Les mâles et les femelles sont placées dans des cabanes différentes. On ne laisse généralement à la mère que les six plus beaux lapereaux. Celle-ci doit être nourrie avec soin quand elle a ses petits.

La première condition de réussite dans un clapier, c'est d'y entretenir une excessive propreté, de nettoyer souvent les cabanes, dont le fond doit être en pente, pour faciliter l'écoulement des eaux. Les litières doivent être fréquemment renouvelées.

Pigeons. — Les pigeons se vendent généralement bien. Aussi la fermière doit-elle en élever quelques couples. Dans une grande exploitation, où l'on peut employer à leur nourriture une foule de graines et de restes de peu de valeur, le bénéfice peut être assez considérable.

Le pigeonnier doit être élevé, avec une entrée en saillie, afin d'empêcher les rongeurs d'y pénétrer. A défaut de colombier, on établit une volière dans la basse-cour. Le colombier doit être visité souvent, et tenu avec une grande propreté. L'intérieur doit toujours être pourvu d'eau claire.

Dans la plupart des fermes, c'est le *biset* qui a la préférence. Il va chercher sa nourriture dans les champs. Neuf mois sur douze, à moins de mauvais temps, la plaine nourrit cette espèce de pigeons.

Au bout d'un mois, les pigeonneaux sont bons à manger. Si l'on veut les engraisser, il faut les prendre avant que leur plumage soit complètement poussé.

Quelles que soient les espèces dont elle peuple la basse-cour, la fermière se rendra toujours un compte exact des dépenses qu'occasionnent les volailles en général. Pour cela, elle devra constater le coût des aliments, de même que les autres frais de la basse-cour, et les comparer avec le produit de la vente des œufs et de la volaille.

III

Quelques questions.

1. — *Quelles sont les précautions à prendre pour empêcher les maladies des poules?*

Le poulailler doit être bien exposé, bien nettoyé, bien blanchi et bien aéré. Il faut avoir soin qu'il y ait dans la basse-cour, ou à proximité, du gazon vert, des arbres touffus, du sable et de l'eau fraîche.

2. — *Comment guérit-on les poules de la pépie?*

Cette maladie, qui est attribuée au manque d'eau ou à l'eau malpropre, consiste en une petite peau blanche ou jaunâtre qui se forme au bout de la langue et empêche les animaux de boire et de crier. On enlève cette peau avec une pointe d'aiguille, on frotte la place avec un peu de sel fin, et l'on met un peu de salpêtre dans la boisson des poules malades. On peut aussi frotter simplement la plaie avec du vin et en faire avaler quelques gouttes aux poules.

3. — *Quels sont les meilleurs duvets et plumes d'oie pour les oreillers et les édredons?*

Les plumes des oies maigres valent mieux que celles des oies grasses; celles des oies vivantes sont préférables à celles des oies mortes. C'est pour ces motifs que la volaille doit être plumée aussitôt après qu'elle a été tuée. La plume morte se met en pelote et se gâte plus tôt que la plume vive. C'est pourquoi il vaut mieux acheter la plume en octobre plutôt qu'en décembre. La plume de juillet n'est pas mûre; celle d'octobre, au contraire, l'est parfaitement, puisque c'est le moment de la mue.

4. — *Le lait pur est-il toujours de bonne qualité?*

Le lait, quoique pur, est souvent de qualité bien médiocre, lorsque les vaches restent toute l'année à l'étable, lorsqu'elles sont mal nourries, ou sont soumises à un certain genre d'alimentation, telles que les bulbes de betteraves.

5. — *Quelles terrines faut-il préférer pour recevoir le lait destiné à la fabrication du beurre?*

Les meilleures sont celles qui, en été, refroidissent le lait le plus promptement. Or le lait se refroidit d'autant mieux qu'il offre à l'air une plus grande surface. C'est pourquoi les fermières préfèrent les vases larges et peu élevés.

6. — *Pourquoi les vases et ustensiles employés dans la laiterie, pour la fabrication du beurre et du fromage, doivent-ils être tenus avec une propreté extrême?*

Si, lorsqu'on se sert d'un vase, il y est resté seulement un peu de lait, de crème ou de fromage dans les angles ou dans les jointures, la fermentation a lieu, les produits s'aigrissent, se conservent mal et se gâtent. C'est pour ces motifs que les fermières emploient de préférence les terrines vernissées, qui sont plus faciles à nettoyer que les vases en bois.

7. — *Quels sont les trois éléments dans lesquels se décompose le lait laissé à l'air?*

Ce sont : la *crème*, dont on fait le beurre; le *caséum*, ou *caillé*, qui donne le fromage, et le *sérum* ou *petit-lait*, dont on fait une boisson rafraîchissante, utilisée dans les fermes pour l'alimentation des bestiaux.

8. — *Comment se fait le beurre?*

Il se fait avec de la crème levée sur du lait doux, trait seulement depuis dix à douze heures. On recueille la crème au moyen d'une écumoire avant que le lait soit caillé, et on la dépose dans des vases en terre non vernissée, que l'on bouche avec soin et que l'on place dans un endroit frais.

Lorsqu'on en a suffisamment pour faire le beurre, on verse la crème dans la *baratte*, sorte de vaisseau en bois de forme cylindrique, garni à l'intérieur de volants de bois faits en peigne et mis en mouvement au moyen d'une manivelle.

Pour que le beurre se fasse bien, il faut que la crème ait de 12 à 15 degrés. Si la température de la crème est à un degré convenable, vingt à trente minutes suffisent pour faire le beurre, et il est alors de bonne qualité; autrement l'opération se prolonge pendant des heures, et l'on n'obtient qu'un beurre de qualité inférieure.

9. — *Quelles précautions faut-il employer pendant la préparation du beurre?*

La baratte ne doit être pleine qu'aux deux tiers, et le mouvement du battage doit être modéré, régulier et continu. Dix degrés de chaleur sont la température la plus favorable pour la crème qui doit donner le beurre ; elle augmente de quelques degrés pendant l'opération. Durant les grandes chaleurs, le beurre se fait difficilement ; on rafraîchit alors la baratte en la lavant à l'eau fraîche, immédiatement avant d'y verser la crème. En hiver on y fait, au contraire, passer de l'eau bouillante.

10. — *Quelles précautions faut-il prendre après la préparation du beurre ?*

C'est de le bien laver au sortir de la baratte, jusqu'à ce

Fig. 10. — Baratte.

que l'eau de lavage ne blanchisse plus, de n'y laisser ni petit-lait, ni débris de fromage, qui fermentent vite et rendent le beurre fort.

11. — *Que doit faire la fermière qui veut conserver le beurre pendant plusieurs mois ?*

Elle le salera avec du sel blanc très fin, ou bien elle le fera fondre pour les besoins de la cuisine.

IV

Les jardins dans les villages.

Dans certaines provinces de France il existe malheureusement encore beaucoup de familles de laboureurs qui sont privées de légumes et de fruits. Peu d'entre elles se donnent la peine de cultiver un jardin, bien souvent parce que les femmes n'en comprennent pas l'importance, et qu'elles n'ont pas été exercées aux travaux des potagers et des jardins.

Les institutrices rendent donc de grands services en familiarisant leurs élèves avec la culture des plantes potagères, celle des fruits, des fleurs, en un mot avec l'art de bien entretenir les jardins.

Nous avons vu des jardins soignés par les enfants de l'école, sous la direction de l'institutrice. Chacune des plus grandes élèves a un petit coin de terre où elle s'exerce à cultiver des légumes et des fleurs. On ne saurait croire avec quelle ardeur des enfants de dix ans se livrent à ces travaux.

Après la classe, ces jeunes filles aident leur maîtresse dans les travaux et l'entretien du jardin de l'école. Tout ce qu'elles voient faire sous leurs yeux leur sert de leçons. Elles se rendent compte des ouvrages qu'elles voient exécuter, et les répètent ensuite, soit dans les carrés que la maîtresse a mis à leur disposition, soit dans le potager de leur père.

C'est un plaisir de voir ces enfants aligner et préparer les plates-bandes, semer, repiquer ou arroser les plantes, biner les légumes et les fleurs, ratisser les allées, sarcler les carrés. Mais aussi avec quelle joie elles récoltent les fruits et cueillent les fleurs ! Elles **ont soin de serrer dans de petits sacs bien étiquetés** les graines et les semences, et de marquer celles qui sont les meilleures, afin de les connaître au moment de s'en servir.

Aussi les étrangers qui passent par ces villages sont frappés de la bonne tenue des jardins qui se trouvent à proximité des maisons d'habitation.

« Quand je traverse un village, disait un écrivain, peu de choses me suffisent pour juger de l'intelligence des personnes qui l'administrent et de la bonne tenue des écoles.

« Quand je vois des rues propres et bordées de rigoles, des chemins ruraux bien entretenus, des fontaines donnant une eau pure et abondante, je me dis : voici une commune bien administrée.

« Si je vois des enfants mis proprement, pleins de prévenance et de modestie, je me dis : il y a ici une bonne école. Si j'aperçois des croisées bien lavées, garnies de rideaux blancs, des pots de fleurs sur les fenêtres, les abords des maisons bien balayés, des potagers bien entretenus avec des bordures de fleurs et de verdure, des petites filles aux joues roses, mises avec goût et propreté, je suis sûr que cette commune possède une bonne école de filles.

« Sans crainte de me tromper, je puis affirmer que ce village est dans la bonne voie, que le bien-être doit exister dans les familles : car j'ai toujours constaté que, dans les communes rurales où les femmes ont reçu l'éducation et l'instruction particulières à leur sexe, l'ordre dans la maison, la régularité dans les travaux, l'aisance par l'économie, la santé par la propreté règnent dans les ménages. »

L'aisance dans l'intérieur devient le commencement de la prospérité des familles rurales. En présence des avantages qu'ils retirent du sol, du bonheur que leur procure la vie des champs, les villageois s'y attachent avec goût et profit, et la jeunesse ne cherche pas à déserter la campagne pour la ville.

« Je ne connais qu'un moyen pour la culture économique d'un jardin dans une ferme, dit le célèbre Mathieu de Dombasle, c'est que la fermière en prenne elle-même la direction. Personne ne connaît mieux qu'elle les besoins du ménage en légumes divers et pour chaque saison de l'année, en sorte que personne n'est plus à portée qu'elle de diriger les cultures de manière à assurer un approvisionnement constant. Aussi, si je rencontre une ferme qui se fait distinguer par un jardin potager plus étendu et plus soigné que les autres, que l'on prenne des informations et l'on reconnaîtra toujours que c'est la ménagère qui en dirige la culture. A toutes les fermières qui voudront prendre ce soin, je promets la plus agréable distraction à leurs travaux intérieurs et une source de bien-être pour le ménage et de jouissances pour elles-mêmes, qui feront bientôt pour elles de la culture du jardin l'occupation la plus douce et la plus attrayante. »

V

De la culture du jardin

La culture d'un jardin est une occupation aussi utile qu'agréable : elle ne procure pas seulement un délassement plein de charme, elle rapporte encore de grands bénéfices. Dans le voisinage des villes, les jardins sont cultivés pour en vendre les produits. Dans les villages éloignés des grands centres, chaque maison devrait, autant que possible, cultiver un petit jardin qui lui fournit les légumes et les fruits nécessaires à sa consommation. La tenue du jardin incombe presque toujours à la fermière.

Le jardin prend différents noms, selon ce qu'on y cultive le plus spécialement : jardin *potager*; jardin *fruitier* ou *verger*; *parterre*.

La plupart des jardins réunissent les différentes

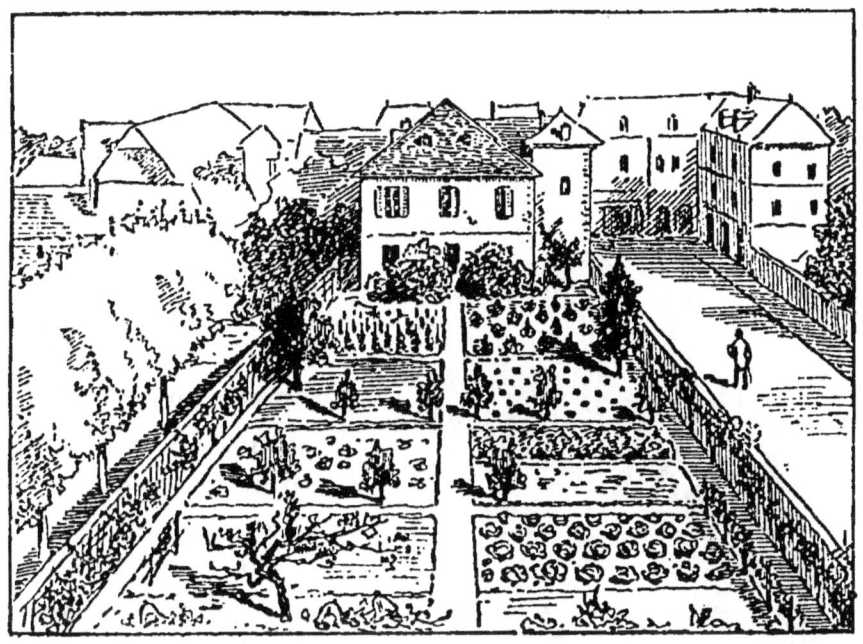

Fig. 11. — Jardin potager.

sortes dont nous venons de parler, c'est-à-dire qu'on y cultive tout à la fois des arbres fruitiers, des légumes et des fleurs. Le parterre est destiné à la culture des fleurs et des plantes d'agrément.

Choix d'un jardin. — La meilleure terre est la terre *franche*, celle qui n'est ni trop légère ni trop forte. La condition essentielle pour un jardin, c'est d'être bien éclairé et bien aéré. Sans air ni lumière, les plantes ne sauraient se développer avec vigueur. Dans notre pays, la meilleure exposition est celle du midi ou celle qui s'en rapproche.

Préparation du terrain. — Pour créer un jardin, il est bon de défoncer le sol à 0^m,60 de profondeur, dans le cas où la bonne terre est profonde. Cette opération sera non seulement utile aux arbres, mais encore aux légumes, dont les racines pourront descendre bien avant dans le sol.

Il est utile de mêler du terreau à la terre du jardin, pour obtenir de beaux produits. On appelle *terreau* un mélange de toutes sortes de débris végétaux, décomposés par l'effet du temps et réduits en une terre douce, pulvérulente et noire, qui est très bonne pour les légumes annuels et les fleurs. Le *fumier*, pourvu qu'il soit bien consommé, est un excellent engrais, qui peut être substitué au terreau.

Fig. 12. — Quelques instruments de jardinage.

Il n'est pas de terrain qui, à force de soins, d'engrais et de transports de terre, ne puisse être rendu productif.

Travaux du jardin. — Les principaux soins qu'exige le jardin sont : le labour, le binage, le sarclage, l'arrosage.

Le *labour* consiste à soulever et à retourner la

terre pour la rendre féconde. Les instruments employés pour ce travail sont : la *bêche*, la *houe fourchue* ou la *fourche à dents plates*, dont on se sert lorsque la terre est forte ou engazonnée; la *houe* ou *pioche à lame large*, qui a un fer assez semblable à celui de la bêche, mais légèrement recourbé; la *serfouette* ou *sarcloir*, qui sert à remuer légèrement une terre ayant déjà été travaillée; la *binette*, qui sert à enlever les mauvaises herbes et à couper leurs racines; c'est une espèce de truelle courbe à bords tranchants.

Le *sarclage*, qui est indispensable dans un jardin, consiste à enlever les pierres et les mauvaises herbes, qui épuiseraient les sucs de la terre et étoufferaient bientôt les semis et les plantations.

Le *rateau* et la *ratissoire* servent à unir et à égaliser la terre qu'on a façonnée et à nettoyer les planches et les allées du jardin.

Semis. — La plupart des plantes potagères se reproduisent par leurs graines. Selon que la graine est plus ou moins fine, on la sème à la volée ou on l'enterre plus ou moins profondément à la main ou au *plantoir*, soit dans de petits sillons, soit dans des trous. On recouvre ensuite la semence à l'aide du rateau ou à la main.

On *sème sur place* lorsqu'on a l'intention de laisser grandir les plantes dans le terrain où on les a semées. On sème pour *repiquer* lorsqu'on doit enlever les plantes un peu fortes, pour les placer dans un terrain où on les espacera davantage et où elles pourront se développer plus à l'aise.

Pour que le semis lève plus promptement et que la végétation soit plus active, on peut semer sur ados. L'*ados* est une portion de terrain adossée à un abri ou inclinée de manière à recevoir moins obliquement les rayons du soleil : c'est comme une petite colline artificielle penchée vers le midi, le sud-ouest ou le sud-est.

On *sème sur couche* ou sous cloche quand on veut activer plus encore la végétation ou obtenir des *primeurs*. Les *couches* sont des tas de fumier qu'on dépose dans des fosses garnies d'un peu de feuilles; sur le fumier on étend du terreau ou de la terre très fine. Les graines semées dans ce terreau, activées par la chaleur du fumier, poussent très vite.

Moyens de préserver les plantes. — Pour préserver du froid les semis faits sur couche, on place de distance en distance des demi-cercles de tonneau, au-dessus desquels on étend des *paillassons* pendant la nuit. On les place même le jour si l'on craint la gelée, la trop grande ardeur du soleil, l'orage ou la grêle.

Les *cloches* sont des ustensiles en verre ayant la forme de l'instrument dont elles portent le nom. Elles sont destinées à couvrir les jeunes plants et à conserver autour d'eux la chaleur transmise par la fermentation de la couche, sans les priver de l'influence de la lumière et de la chaleur du soleil.

Les *châssis* sont des espèces de cadres ou coffres de bois que l'on assujettit au-dessus des couches, et auxquels on adapte des panneaux vitrés pouvant s'élever et s'abaisser à volonté. Selon les besoins, on les recouvre de paillassons.

Arrosage. — Les plantes ont besoin, suivant leur nature, d'un arrosement plus ou moins abondant. Si c'est possible, il faut n'employer pour l'arrosage que de l'eau qui a été exposée à l'air pendant quelques heures au moins. L'eau de pluie est la meilleure de toutes, mais on n'en dispose pas toujours; il faut donc placer au jardin un tonneau dans lequel on verse d'avance l'eau destinée à l'arrosage. Il faut se garder d'arroser au milieu du jour pendant les grandes chaleurs de l'été.

Récolte et conservation des graines. — On appelle *porte-graines* les pieds que l'on destine à fournir les semences de l'année suivante. Comme les beaux légumes et les beaux plants viennent de bonnes graines, il est important d'élever avec soin les porte-graines. Pour cela on doit les visiter fréquemment, ne pas laisser échapper le moment favorable de recueillir les semences, c'est-à-dire lorsqu'elles sont parfaitement mûres.

La récolte terminée, on épluche les graines, qu'on renferme ensuite dans des sacs de papier très fort, qui, après avoir été étiquetés, sont serrés dans un endroit sec.

La faculté germinative des graines ne se conserve chez quelques espèces, comme le panais, l'arroche, que pendant un an; mais chez la plupart des autres elle persiste pendant deux ou trois ans. Les graines de melon, de concombre, de chou, gardent leur faculté germinative pendant cinq à six années.

VI

De la culture des légumes.

Légumes cultivés pour leurs racines charnues. — Les légumes dont on mange les *racines* sont de trois sortes. Quelques racines élémentaires sont *charnues* et *fibreuses :* ce sont les carottes, les navets, les panais, les salsifis, les radis, les betteraves. D'autres sont *tuberculeuses*, c'est-à-dire fournissent des excroissances féculentes de forme irrégulière ; la pomme de terre est la plus importante. Les troisièmes sont *bulbeuses*, c'est-à-dire composées d'écailles placées les unes à côté des autres, ayant une saveur et une odeur âcres, piquantes, affectant les yeux quand on les prépare : ce sont l'oignon, l'ail, l'échalote, la ciboule et le poireau.

Légumes cultivés pour leurs tiges et leurs feuilles.
— Parmi les légumes dont on mange les *tiges* et les *feuilles*, les uns se mangent cuits : ce sont les choux, les asperges, le céleri, le cardon, l'oseille et les épinards. Les autres se mangent crus ou accommodés à l'huile et au vinaigre ; on les nomme *salades* : ce sont la laitue, la chicorée, la romaine, la mâche, le cresson et le pourpier. Les troisièmes, qu'on appelle *fournitures*, ne servent qu'à assaisonner les autres aliments ; les principaux sont le persil, le cerfeuil et l'estragon.

Les *végétaux à fleurs nourrissantes* sont : les artichauts, les choux-fleurs, auxquels on peut joindre les capucines. Les plus importantes des plantes potagères cultivées pour leurs *fruits* sont : le melon, le cornichon, la citrouille et la tomate.

Dans le midi de la France, les *melons* viennent en pleine terre ; dans les autres parties de notre pays on les cultive sur couche, sous châssis ou sous cloche. Ces légumes exigent des soins assidus.

Les légumes qu'on cultive pour leurs *graines* ou leurs gousses sont surtout les fèves, les pois, les lentilles et les haricots.

Les fraisiers, que l'on cultive dans presque tous les jardins, produisent un fruit excellent. On les plante ordinairement en bordure ; il est bon de les arroser fréquemment. On doit extirper les mauvaises herbes, et renouveler les pieds au bout de quatre ans.

DE LA CULTURE DES FLEURS

Les fleurs, ces chefs-d'œuvre de la nature, ont leur place marquée dans tous les jardins, qu'elles rendent plus agréables. Leur culture appartient surtout à la femme. Soit qu'on dispose d'un parterre spécial pour les fleurs, soit qu'on leur consacre simplement un coin de potager, on reconnaît tout de suite, à la disposition des corbeilles, des massifs ou des plates-bandes, le goût naturel de la maîtresse de la maison.

Les fleurs se divisent en plantes *vivaces* (celles qui durent plusieurs années) et en plantes *annuelles*. Les plantes vivaces les plus faciles à cultiver, et qu'on devrait voir dans tous les jardins sont : la violette, la primevère, la pivoine, le muguet, le dahlia, le phlox, la rose, la rose trémière, etc. Les plantes annuelles les plus communes sont : le réséda, la reine-marguerite, la balsamine, la giroflée, le pétunia, etc.

Les fleurs se reproduisent : 1° par *boutures*, lorsqu'on coupe une tige et qu'on la replante en terre; 2° par *marcotte*, lorsqu'on couche sans la couper une tige en terre pour lui faire prendre racine; 3° au moyen de la *greffe* et du *semis*. Il est bon de semer les fleurs sur couche, surtout celles qui sont un peu délicates, pour les repiquer ensuite lorsqu'elles ont acquis un développement convenable.

VII

Quelques questions relatives aux travaux du jardin.

1. — *Pourquoi, dans un jardin, la couche de bonne terre doit-elle être profonde?*
Parce que les légumes d'hiver et plusieurs sortes d'arbres, entre autres les poiriers, n'y réussiraient que médiocrement.

2. — *Comment peut-on obtenir du terreau?*
Dans un coin du jardin on fait une fosse à l'abri du soleil, on y entasse des feuilles d'arbres, des mousses, toute espèce de mauvaises herbes, les débris des légumes. Au bout de

deux ans, cette masse décomposée forme un excellent engrais, qui est durable. Il est prudent de ne pas se servir des feuilles du noyer, du hêtre ou des arbres résineux : elles sont acides.

3. — *Quel moyen faut-il employer pour empêcher l'envahissement des mauvaises herbes dans les potagers, et éviter les sarclages, fatigants, coûteux et souvent inutiles ?*

Il faut ne rien semer à la volée, mais mettre en lignes les plantes et les graines. Pour les semis comme pour les repiquages, on se sert du cordon, et à l'aide du plantoir on ouvre des rayons dans lesquels on met les graines ou les plantes. Il ne faut jamais semer sur un sol fraîchement labouré. « Semis à la volée, sarclage ruineux », dit un proverbe agricole.

4. — *Quelles précautions faut-il prendre pour n'avoir que de bonnes espèces de légumes ?*

Gardez-vous d'acheter les graines au hasard, soit chez les colporteurs qui parcourent les villages, soit chez les jardiniers, qui ne vendent souvent que de la semence douteuse. Il faut s'adresser à des grènetiers des grandes villes, ou, mieux, apprendre à faire soi-même la récolte de bonnes graines.

5. — *Comment peut-on s'assurer de la bonne qualité des graines ?*

Il faut, avant de les semer, les éprouver dans de l'eau : celles qui descendent au fond sont les seules qui soient bonnes. Ne vous servez pas de celles qui surnagent, ni de celles qui paraissent arides, ratatinées, altérées, ou qui ont été rongées par les souris.

Quand les graines sont grosses et dures, il est prudent, avant de les semer, de les mettre dans de l'eau pendant vingt-quatre heures, afin de les faire gonfler ; elles lèveront plus vite.

6. — *A quel moment du jour est-il préférable de faire l'arrosage du jardin ?*

Pendant l'été on arrose volontiers le soir, parce que, si l'on arrosait le matin, l'ardeur du soleil ferait trop promptement évaporer l'humidité et durcirait la terre. Au printemps on arrose au milieu du jour ; en automne on arrose le matin, parce que la fraîcheur des nuits rend l'arrosage du soir inutile, et aussi dans la crainte des gelées.

7. — *Comment cultive-t-on les fraisiers?*

On plante ordinairement les fraisiers en bordure. Il est bon de les arroser fréquemment depuis le mois de mai jusqu'à la fin d'août. Comme il pousse une grande quantité de *filets* ou tiges latérales, on doit les en débarrasser de temps en temps; les *coulants* coupés servent à multiplier les fraisiers.

On cultive de préférence dans les jardins le fraisier appelé *des quatre-saisons*. Son fruit est petit, allongé et très parfumé.

8. — *Quels soins faut-il prendre pour la conservation des fruits?*

Les fruits que l'on veut conserver doivent être récoltés au bon moment, ni trop tôt ni trop tard. On les garde dans un local spécial, appelé *fruitier*. Cette pièce doit être placée à l'abri de l'humidité, du froid et de la grande chaleur, toutes causes nuisant à la bonne conservation des fruits; elle doit également être peu éclairée et toujours hermétiquement close.

Les murs du fruitier sont garnis de tablettes placées les unes au-dessus des autres, sur lesquelles on range les fruits, en ayant soin de les espacer. On les range, suivant les espèces, sur de la paille, de la mousse, ou on les suspend, comme les raisins. La ménagère doit visiter de temps en temps le fruitier, et enlever les fruits qui commencent à se gâter.

9. — *Dans quelle saison faut-il semer les graines de fleurs?*

C'est en automne et au printemps. On choisira le jour où il n'y a pas de vent, afin que la graine ne s'envole pas. Au printemps on sème sur couche et en pleine terre les plantes annuelles qui craignent la gelée. En automne on sème les autres plantes qui ne craignent pas le froid, ainsi que la plupart des plantes vivaces et bulbeuses.

10. — *Quels sont les soins nécessaires après le semis?*

Il faut couvrir de terre légère ou de terreau les graines qui sont restées découvertes ou celles qui n'ont été couvertes qu'imparfaitement, sans quoi elles périraient ou seraient mangées par les oiseaux.

Lorsque les graines lèvent trop drues, il faut éclaircir les plants; si on les sarcle ou si on les sème à claire-voie, les fleurs deviennent bien plus pleines et d'un coloris plus beau.

11. — *Quelles expositions faut-il choisir pour les fleurs?*

Chaque plante a son tempérament particulier. Les unes aiment le chaud, les autres le froid modéré; celles-là se plaisent dans la serre humide, celles-ci dans la légère; d'autres veulent le grand air, d'autres ne demandent que l'ombre. Il faut donc, autant qu'on le peut, donner à chaque plante la place et la terre qui lui conviennent.

12. — *Quelles sont les précautions à prendre en plantant les oignons à fleurs?*

Il faut les nettoyer, les éplucher, et couper jusqu'au vif les endroits pourris ou rongés. Les meilleurs sont les plus gros et les plus sains, qui n'ont ni rougeurs, ni taches.

13. — *Quelles précautions faut-il prendre lorsqu'on met des fleurs dans des pots ou dans des caisses?*

Il faut avoir soin de mettre au fond des pots soit un lit de petits cailloux, soit quelques tessons placés sur le trou, afin que l'eau puisse s'écouler et que les racines ne pourrissent pas. Pour le même motif on pratique des trous de loin en loin dans les caisses à fleurs, et l'on met au fond quelques tessons ou une couche de gros sable, pour faciliter l'écoulement de l'eau des arrosements.

14. — *A l'approche de l'hiver est-il prudent de descendre les fleurs à la cave?*

C'est là une fort mauvaise habitude. Les plantes ayant besoin pour vivre, soit en hiver soit en été, d'air, de lumière et de soleil; dans la cave, à moins que celle-ci ne soit claire, elles ne gèlent pas il est vrai, mais elles s'y étiolent et périssent.

QUATRIÈME PARTIE

NOTIONS SIMPLES D'ÉCONOMIE DOMESTIQUE APPLICABLES A LA CUISINE

I

L'art de la cuisine dans les campagnes.

Qui de nous ne s'est dit parfois, en voyant la table de l'habitant des campagnes chargée de mets grossiers et mal préparés : « Ces gens vivent d'une façon misérable ; il me répugnerait de partager leur repas ».

Les provisions ne manquent pas, mais ce qui manque souvent aux femmes des champs, c'est la bonne manière de s'en servir. Elles sont chargées de préparer les repas, et elles n'entendent rien aux choses de la cuisine. Avec d'excellents légumes et d'excellente viande il leur arrive de faire du mauvais et de dépenser deux fois plus qu'une personne entendue.

On peut se demander si, dans un siècle éclairé comme le nôtre, où tout est en progrès, la cuisine seule doit continuer à suivre la routine.

Les voyageurs qui parcourent nos campagnes ont remarqué que, dans certains départements, il est peu de villages où l'on puisse trouver un repas convenable. Par contre, tout le monde sait que, dans les provinces de l'Est, il est rare de rencontrer une commune rurale où l'on ne puisse se procurer un dîner bien préparé. C'est que toutes les femmes y sont bonnes cuisinières.

Cette différence provient nécessairement de l'éducation de la famille. On trouvera rarement, a dit avec raison un écrivain, une mère sachant lire dont les enfants n'aient pas appris à lire. De même il n'est guère de mères de famille connaissant bien la cuisine qui n'aient appris cette science à leurs filles.

Pour propager l'art culinaire dans les campagnes où il n'est pas suffisamment connu, il faut compter sur les écoles de filles. Les institutrices font de louables efforts pour apprendre à leurs élèves à trouver le prix de trois œufs, lorsque la douzaine coûte 1 fr. 20. Cela est très bien ; mais il est également utile de leur montrer comment on fait une omelette, comment se préparent les mets les plus usuels, etc. On ne comprend pas assez que l'estomac est un tyran qui communique sa bonne ou sa mauvaise humeur au moral de l'individu, et dont dépendent bien souvent sa santé et sa vigueur.

Des essais ont été faits pour répandre l'art culinaire. Dans quelques grandes villes, des *écoles ménagères* ont été créées, et dans les programmes de ces écoles la cuisine a une large part. Dans bien des villages il est des institutrices zélées, qui ne se contentent pas d'apprendre à leurs élèves les principales recettes culinaires, mais joignent la pratique à la théorie en réunissant, les jours de congé, les plus grandes jeunes filles, et en préparant, ou en faisant préparer leur modeste repas par quelques-unes d'entre elles.

De cette manière, les jeunes filles, en quittant l'école, savent apprêter convenablement les mets ordinaires de la table des habitants de la campagne.

Mais ici, comme pour ce qui concerne l'habillement, point de luxe ; l'économie et la santé : telles sont les règles qu'il ne faut jamais perdre de vue lorsqu'il s'agit de l'art de la cuisine.

II

LECTURE

Une institutrice modèle.

Nous connaissons dans le Haut-Rhin une commune rurale qui a été complètement transformée, grâce à l'intelligence et au dévouement d'une institutrice, qui a dirigé l'école de filles pendant près de vingt ans.

Femme d'un grand sens et de beaucoup de tact, mademoiselle Pichenot avait un talent particulier pour s'attacher les élèves et gagner la confiance des familles. Elle dut son succès et sa popularité au caractère pratique qu'elle sut donner à son enseignement. Elle se souvint avant tout que ses élèves auraient toutes plus tard un ménage à bien diriger. Pour les y préparer, elle tâchait de les familiariser avec le travail, l'ordre et la propreté, ainsi qu'avec les différents travaux d'une maîtresse de maison.

Chaque semaine, les deux élèves qui avaient obtenu les premières places étaient chargées d'entretenir la propreté dans la classe. Une autre avait pour mission de ranger chaque matin les livres et les objets scolaires sur le bureau de la maîtresse. C'étaient là des faveurs qui étaient considérées comme une récompense, et à laquelle les élèves attachaient le plus grand prix.

D'autres jeunes filles étaient admises, à tour de rôle, à ranger la petite chambre d'habitation de l'institutrice, à mettre la table pour les repas et à exécuter, sous ses yeux, les mille petits travaux d'un ménage bien tenu.

Elle admettait chaque jour deux élèves dans sa petite cuisine, et préparait ses repas sous leurs yeux. Le jeudi, elle avait toujours avec elle quatre jeunes filles, car son bonheur était d'être entourée d'enfants. Munies du tablier de cuisine et les manches retroussées, les fillettes préparaient elles-mêmes, et d'après ses conseils, les aliments les plus usités dans les ménages ordinaires. La bonne maîtresse variait souvent les plats et ne regardait nullement à la dépense, lorsqu'il s'agissait de multiplier les sujets d'instruction pour ses jeunes *cordons-bleus*.

Ce cours de cuisine intéressait beaucoup les jeunes filles; c'était un bonheur pour elles d'y assister. Elles devinrent bientôt très habiles dans l'art culinaire, et elles appliquèrent leurs talents dans la cuisine de leurs parents. Les mères, de leur côté, apprirent de leurs filles le secret de préparer certains mets avec plus de délicatesse, et en même temps avec plus d'économie.

Mlle Pichenot employait les mêmes moyens pour initier ses élèves aux divers travaux de la lessive, du repassage, de la couture, ainsi qu'aux principes de la coupe et de la confection des vêtements, toutes choses auxquelles elle s'entendait à merveille.

Elle leur apprenait en outre l'entretien du potager et la culture des fleurs, ainsi que les principales notions d'hygiène et la manière de préparer les médicaments les plus indispensables.

On ne saurait dire tous les services que la modeste et digne institutrice a ainsi rendus sans bruit dans cette commune, et combien grâce à ses leçons le bien-être et la santé ont augmenté dans les familles. Cette personne a joué un rôle providentiel dans ce village, qui, par le bon esprit des habitants, l'aisance régnant dans les intérieurs, forme un contraste frappant avec d'autres communes du voisinage.

Il y a vingt ans que Mlle Pichenot est morte, mais sa mémoire est encore vivante; ses anciennes élèves sont aujourd'hui mères de famille; elles gardent toujours dans leur cœur le souvenir reconnaissant de la modeste institutrice à laquelle elles sont redevables d'une partie de leur bonheur

III

Conversation entre deux bonnes.

« Comment vous plaisez-vous dans votre nouvelle maison?

— Très bien; la maîtresse est bonne, et je touche de bons gages.

— Votre dame s'occupe-t-elle du ménage et de la cuisine?

— Naturellement. C'est une personne active et laborieuse, qui prend part à tous les travaux de la maison et de la cuisine. Je suis loin de m'en plaindre. Elle m'aide de ses conseils; aussi le temps ne me dure pas.

— Qui fait les approvisionnements au marché, à la boucherie et à l'épicerie?

— C'est madame, que j'accompagne.

— Mangez-vous seule à la cuisine?

— Non, je mange à la table des maîtres avec les membres de la famille.

— Fi! que cela sent le paysan! Combien gagnez-vous?

— Quarante francs par mois.

— Je ne reçois que vingt-cinq francs, mais je ne voudrais pas changer avec vous.

— Pourquoi donc?

— Madame ne met jamais le pied à la cuisine, où je puis faire tout ce que je veux. C'est moi seule qui fais les achats de tous les jours. Je préfère cela, car je ne voudrais pas de maîtresse qui me suivît continuellement.

— Je ne comprends pas encore en quoi votre place est meilleure que la mienne.

— Vous êtes bien naïve encore. Ce n'est pas vous qui trouverez les moyens de doubler et même de tripler vos gages.

— Je vous devine!... Merci, ce sont là des moyens qui n'iraient pas à ma conscience. Le bien mal acquis ne profite pas. Je n'en veux point faire l'expérience. »

IV

Anecdotes diverses.

Mme D... commandait son dîner, un dîner où elle devait réunir quelques convives de distinction, et elle cherchait à résoudre, à l'aide des lumières de Jeannette, sa cuisinière, le grand, l'éternel problème : *dépenser peu et faire beaucoup d'effet*. Jeannette proposa un menu modeste, quoique excellent.

« Mais, objecta sa maîtresse, ne sera-ce pas bien simple pour M. et Mme X..., qui sont si riches? Ils ont chez eux une excellente table.

— Madame, répondit Jeannette avec une sublime simplicité, c'est notre dîner qu'il faut leur donner et non pas le leur. »

Une servante apportait à sa maîtresse le mémoire du mois; il y avait pour 30 francs de lait. « Comment, s'écria la dame, j'ai bu tant de lait que ça? — Oh! madame n'ignore pas, répondit la servante, qu'il n'y a rien qui *monte* comme le lait. »

« Voyons, Victorine, tous les jours vous faites des erreurs dans vos comptes, et toujours à votre avantage?
— Mais, madame, vous ne voudriez pas demander à une pauvre cuisinière de faire des erreurs à votre profit. »

J'ai remarqué que beaucoup de petits marchands livrent leurs marchandises à plus bas prix à un homme pauvre qu'à un riche, et, quand je leur en ai demandé la raison, ils m'ont répondu : « Il faut, monsieur, que tout le monde vive ». J'ai observé aussi que beaucoup de gens du petit peuple ne marchandent jamais lorsqu'ils achètent à des pauvres comme eux. « Il faut, disent-ils, qu'ils gagnent leur vie. »
Un jour, je vis une petite fille acheter des légumes à une marchande. Celle-ci lui en remplit son tablier pour deux sous; et, comme je m'étonnais de la quantité qu'elle lui en donnait, elle me dit : « Monsieur, je n'en donnerais pas tant à une grande personne. Pour être obligée d'envoyer son enfant au marché, la mère doit être malade ou pauvre et chargée de famille. » (Bernardin de Saint-Pierre.)

SIMPLES NOTIONS DE CUISINE [1]

I

Des potages [2].

Potage au pain. — Le potage au pain se fait communément le jour où l'on a mis le pot-au-feu. Coupez en lames des croûtes de pain, que vous mettrez dans la soupière. Au moment de servir, versez le bouillon, couvrez la soupière, et servez à part sur un plat les légumes qui ont servi à la confection du pot-au-feu, c'est-à-dire les carottes, les navets et les poireaux.

Potage au vermicelle. — Blanchissez à l'eau bouillante et salée 100 grammes de vermicelle pendant deux minutes seulement ; égouttez, rafraîchissez à l'eau froide ; mettez au feu deux litres de bouillon ; lorsqu'il est en ébullition, versez le vermicelle, laissez cuire quinze minutes très doucement et servez.

Potage aux pâtes d'Italie. — Il suffira d'employer le même procédé et la même cuisson que pour le potage au vermicelle.

Potage au tapioca. — Prenez deux litres de bouillon,

---

1. Nous recommandons à l'attention des institutrices le petit livre : *La cuisine des petits ménages,* par F. Delahaye, chez Hachette, 50 centimes.
2. Les potages dont nous allons donner la recette sont calculés pour cinq personnes.

trois cuillerées à bouche de tapioca. Après avoir mis le bouillon en ébullition, versez le tapioca en agitant, laissez cuire pendant dix minutes et servez. Ce potage peut se faire également au lait ; on emploie dans ce cas les mêmes proportions et l'on ajoute 40 grammes de sucre.

Soupe aux choux maigres. — Prenez un chou nouveau, moyen, deux grosses pommes de terre, six carottes nouvelles, un navet et deux poireaux. Versez dans une casserole quatre litres d'eau en ébullition, ajoutez les légumes grossièrement coupés et salez. Laissez cuire ensuite doucement trois heures, ajoutez un petit morceau de beurre, mettez le pain dans la soupière, versez le bouillon, et servez, en ajoutant quelques parties des légumes.

Panade. — La croûte du pain est la partie qui convient le mieux pour la panade. Prenez : une livre de pain, trois litres d'eau froide, un petit morceau de beurre et salez. Mettez au feu, laissez une demi-heure, faites une liaison de deux jaunes d'œufs et un morceau de beurre. Mêlez le tout et versez dans la soupière.

Bouillon aux herbes pour malades. — Prenez deux petites carottes, deux poireaux moyens, quatre feuilles de laitue, huit feuilles d'oseille, deux litres d'eau, gros comme une noisette de beurre, deux ou trois branches de cerfeuil. Mettez le tout dans une casserole, laissez cuire un quart d'heure et passez à la passoire. N'oubliez pas que ce bouillon se boit tiède.

II

Des sauces.

Sauce piquante. — Prenez un oignon que vous coupez en tranches, mettez-le sur un feu vif dans une petite casserole avec deux cuillerées de bon vinaigre. Lorsque le vinaigre sera absorbé et qu'il commencera à brûler, ajoutez de six à huit cuillerées de sauce brune, laissez cuire un quart d'heure, passez dans une autre casserole, ajoutez une cuillerée à bouche de cornichons hachés et une demi-cuillerée de persil également haché. Ajoutez-y du poivre et du sel, selon le goût.

Sauce au beurre ou sauce blanche. — Mettez dans une casserole 60 grammes de bon beurre, deux cuillerées à bouche de farine et du sel. Remuez avec la cuiller de bois, de manière à faire une pâte bien lisse ; mettez sur le feu avec un peu moins d'un demi-litre d'eau froide ; tournez, laissez bouillir quelques minutes ; ajoutez 40 grammes de beurre en deux parties en tournant toujours, et en cessant de faire bouillir cette sauce.

Sauce mayonnaise. — On met dans une petite terrine un jaune d'œuf, une pincée de sel, on tourne avec la cuiller de bois deux ou trois secondes, on prend un quart de litre d'huile d'olive dans un petit pot, on verse par gouttes pour commencer, en mettant aussi de temps en temps quelques gouttes de vinaigre, et en tournant sans s'arrêter jusqu'à entière absorption de l'huile. Cette sauce doit être épaisse et très onctueuse.

III

Du bœuf.

Le Pot-au-feu. — Dans une marmite de la contenance de cinq litres, mettez deux livres de bœuf, deux carottes, un navet et trois poireaux. Ajoutez-y du sel et mettez en ébullition. Enlevez l'écume à cinq ou six reprises et donnez quatre ou cinq heures de cuisson.

Les viandes maigres, telles que le *gîte à la noix* et la *tranche*, font le meilleur bouillon; les viandes grasses, telles que la *culotte*, la *bavette d'aloyau* et la *poitrine*, sont meilleures à manger, mais à quantités égales font du bouillon moins nutritif. Ne prenez jamais de viandes rassises.

Des rôtis de bœuf. — Les morceaux employés pour rôtir sont : l'aloyau, la côte, le roomsteack, le contre-filet, et enfin le filet, le meilleur des quatre, mais aussi de beaucoup le plus cher. Ici c'est le contraire du bouilli, on aura soin de prendre des viandes qui ne soient pas trop récemment tuées.

Filet de bœuf rôti. — Le filet a besoin d'être piqué de lard fin ou tout au moins d'être recouvert de bardes de lard; cette viande, étant maigre, se dessèche et durcit à la cuisson. Le filet se cuit au four ou à la broche. On peut aussi faire des rôtis avec le contre-filet; mais il faut choisir ce morceau gras, épais et bien enveloppé de sa peau. Pour deux kilos, quarante minutes de cuisson suffisent.

IV

Du veau.

Veau à la bourgeoise, chaud. — Prenez un morceau de veau de deux kilos, désossé, ficelé; faites revenir dans une casserole avec un petit morceau de beurre; ajoutez un bouquet de persil garni, une vingtaine de petites carottes, une douzaine de petits oignons, sel, poivre, une prise de muscade; mouillez à moitié avec du bouillon, laissez mijoter deux heures, mettez le veau sur le plat, ajoutez les carottes et les oignons, dégraissez le jus, versez sur la viande et servez.

Ragoût de veau. — On prend 1^{kg},500 de poitrine de veau; on met dans une casserole trois cuillerées à bouche de graisse clarifiée, on fait chauffer, on met la poitrine coupée en morceaux, on fait revenir d'un beau blond, on ajoute deux cuillerées de farine, on fait prendre couleur, on mouille avec un litre et demi d'eau; on ajoute un bouquet de persil garni, une vingtaine de petites carottes, six petits oignons, sel et poivre; on laisse cuire deux heures, et, lorsque l'on veut y mettre des pommes de terre, on les ajoute trois quarts d'heure avant de servir. On dégraisse avec soin.

Foie de veau sauté à l'italienne. — Coupez des tranches de foie de veau d'un demi-centimètre d'épaisseur, soit cinq tranches. Mettez 30 grammes de beurre dans la poêle, faites chauffer, mettez-y les cinq tranches de foie, faites marcher vivement pendant cinq minutes, retournez les tranches, continuez ainsi cinq minutes. Ajoutez du sel, du poivre, une cuillerée de persil haché; dressez les morceaux sur un plat, et arrosez avec la sauce.

V

Du mouton.

Ragoût de mouton. — Ayez un kilo de poitrine ou, mieux, de collet coupé en morceaux, mettez deux cuillerées à bouche de graisse dans une casserole, faites chauffer, mettez les morceaux, faites bien revenir; ajoutez deux cuillerées à bouche de farine, faites roussir, mouillez avec un litre d'eau (du bouillon vaudrait mieux), ajoutez un bouquet garni, six oignons moyens, douze petites carottes, sel, poivre, donnez deux heures de cuisson. Une demi-heure avant de servir, ajoutez-y deux douzaines de petites pommes de terre, dégraissez et servez.

Côtelettes de mouton grillées. — Salez et poivrez des côtelettes, trempez-les dans un peu de beurre fondu, mettez sur le gril à feu doux, donnez quatre minutes de cuisson de chaque côté.

Gigot de mouton rôti. — Pour un gigot de cinq livres, une heure un quart de cuisson à feu doux, mais soutenu ; si on le cuit au four, une heure suffira ; arrosez de temps en temps avec son jus. Quand il est cuit à point, dégraissez et servez.

Les haricots verts, haricots blancs, pommes de terre frites ou sautées lui conviennent comme garniture.

VI

Du porc.

Grillades de porc frais. — Les grillades de porc frais sont des morceaux minces que l'on prend soit sur le quasi, soit dans la partie du filet la plus rapprochée du quasi ; les mettre sur un plat, une heure, avec un peu d'huile d'olive, sel et poivre ; les faire griller à feu doux, et servir dessous soit une sauce piquante, soit une purée de pommes de terre.

Boudin grillé. — Le boudin doit être ciselé des deux côtés, c'est-à-dire qu'on doit lui faire, avec une lardoire ou un couteau, une série de petites entailles ; on le grille ensuite des deux côtés.

Porc frais rôti. — Les morceaux employés pour rôtir sont les côtes et le filet (qu'on devrait plutôt appeler aloyau du porc, puisqu'il est composé, comme l'aloyau du bœuf, du filet et du contre-filet); pour un morceau de quatre livres, une heure et demie de cuisson, soit à la broche, soit au four; saler pendant la cuisson et en débrochant.

VII

Du gibier.

Civet de lièvre. — Epluchez quinze petits oignons, ayez un quart de lard de poitrine frais, coupé en petits morceaux; dans la casserole qui doit contenir le civet mettez un petit morceau de beurre, les oignons et le lard; faites revenir de couleur blonde, égouttez. Ayez un lièvre moyen dépouillé, coupé par morceaux et dont le sang sera soigneusement recueilli, car, si le lièvre n'a pas de sang, ce ne sera plus un civet, mais bien une gibelotte. Mettez les morceaux du lièvre dans la graisse produite par la première opération, faites revenir à feu vif, ajoutez deux cuillerées à bouche de farine, cuisez cinq minutes, mouillez avec un litre de bouillon, deux verres de bon vin rouge, ajoutez un bouquet garni, sel, poivre; faites mijoter deux heures. Vingt minutes avant de servir, mettez une cuillerée à bouche de vin dans le sang, remuez, enlevez les caillots s'il y en a, ajoutez au civet en agitant la casserole pour mêler, remettez aussi les oignons et le lard, continuez de faire cuire vingt minutes.

Laissez reposer un instant, enlevez le bouquet, dégraissez, dressez les morceaux sur le plat, arrosez avec la sauce; on peut y ajouter des champignons et croûtons de pain frits.

Lièvre rôti. — Ayez un lièvre adulte au plus, mais jamais vieux, dépouillez, videz, coupez le râble au-dessus des premières côtes, enlevez les peaux minces qui recouvrent les filets et les cuisses, piquez de lard fin, ou, si vous ne le pouvez, couvrez-le de bardes de lard; embrochez, donnez vingt minutes de cuisson, salez en débrochant, servez avec son jus ou avec sauce poivrade.

Terrine de lièvre. — Ayez une terrine ovale allant au feu, garnissez-la entièrement de bardes de lard très minces, placez au fond une couche de farce, rangez dessus une partie des morceaux de lièvre, puis une couche de farce et le restant des morceaux, finissez par une couche de farce, couvrez d'une barde de lard, mettez une grande feuille de laurier, puis le couvercle; ayez une casserole ou un plat à rôtir, placez-y la terrine, remplissez d'eau bouillante, poussez au four, et faites mijoter une heure et demie, retirez du feu, laissez refroidir, et couvrez la terrine avec du saindoux légèrement fondu.

LAPIN

Lapin rôti. — Procédez comme pour le lièvre rôti, et servez dessous une sauce poivrade, piquante, ou simplement son jus.

PERDREAU

Perdreau rôti. — Ayez un perdreau plumé, vidé, flambé, bridé, bardé; embrochez, donnez vingt minutes de cuisson; servez avec son jus et sur une croûte de pain frit, salez en débrochant.

VIII

De la volaille.

POULET

Poulet rôti. — Videz, flambez, bridez, bardez un poulet, que vous embrochez ou que vous mettez dans une casserole au four. Lorsqu'il est cuit à point, vous le débridez et le servez avec son jus. On l'entoure souvent de cresson comme garniture.

Poule au riz. — Achetez une poule de taille moyenne; après l'avoir vidée et fait flamber pour brûler ce qui pourrait rester de poil et de duvet, vous la bridez et la bardez de lard. Une fois prête, vous la mettez la poitrine en dessus et vous y ajoutez à peu près deux litres de bouillon froid. Au bout de quarante minutes de cuisson, la poule peut être égouttée, débridée et dressée sur un plat, prête à être servie. Quant au jus, on peut le passer et on le dégraisse de manière à en avoir à peu près deux décilitres. On prend de 100 à 120 grammes de riz, qu'on lave à plusieurs eaux, qu'on échaude et qu'on égoutte; après l'avoir mis dans la casserole, on le mouille avec un peu de bouillon gras; si le bouillon est dégraissé, on ajoute un peu de la graisse de la cuisson de la poule.

On laisse cuire doucement le riz jusqu'à ce qu'il crève; on y met du sel et du poivre en quantité suffisante, et l'on ajoute une pincée de l'épice nommée poudre de Kari; il faut mêler le tout très doucement pour éviter d'écraser le riz. La poule étant servie sur un plat, on l'entoure du riz, qu'on arrose légèrement d'une partie du jus de la volaille; l'autre partie se met dans la saucière.

CANARD

Canard aux navets. — Après avoir vidé, flambé, bridé un canard, mettez dans une casserole un petit morceau de beurre, faites chauffer, placez-y la volaille, faites revenir de tous les côtés, retirez-la, ajoutez une cuillerée de farine, faites le roux brun, mouillez avec un litre de bouillon, remettez le canard avec un petit bouquet garni, un gros oignon piqué de trois clous de girofle, sel, poivre.

Mettez vingt navets à la poêle avec un petit morceau de beurre, une pincée de sucre en poudre, poussez à feu vif, faites revenir d'une belle couleur brune, égouttez et ajoutez-les au canard; laissez mijoter trois quarts d'heure, enlevez le bouquet et l'oignon, posez le canard sur le plat, les navets autour, dégraissez et arrosez avec la sauce.

IX

Du poisson.

Raie au beurre noir. — Lavez, brossez et coupez le bout des nageoires d'un blanc de raie, mettez-le dans un chaudron rempli d'eau qui le recouvre tout à fait, ajoutez une forte poignée de sel; aux premiers bouillons, retirez-le sur le coin du fourneau.

Mettez 40 grammes de beurre dans une poêle, poussez sur feu vif; lorsque le beurre est près de brûler, jetez-y une poignée de petites branches de persil, laissez une minute, égouttez le persil, versez un filet de vinaigre, couvrez immédiatement d'un couvercle pour empêcher le beurre de rejeter le vinaigre. Égouttez la raie sur un couvercle, enlevez la peau des deux côtés, mettez sur un plat, saupoudrez de sel fin et d'un peu de poivre, mettez le persil au milieu et arrosez avec le beurre noir.

Morue maître d'hôtel. — Il ne faut pas moins de quarante-huit heures pour dessaler complètement la morue, en changeant fréquemment l'eau, en frottant et pressant avec la main.

Roulez et ficelez le morceau, mettez dans un chaudron à l'eau froide, faites faire deux ou trois bouillons.

Cuisez à l'eau salée quelques pommes de terre, que vous égouttez et auxquelles vous enlevez la peau ; égouttez la morue, mettez sur plat, les pommes de terre autour, et servez à part une maître d'hôtel fondue.

Brochet sauce moutarde. — Videz, écaillez, coupez les nageoires et lavez à plusieurs eaux ; mettez-le dans la poissonnière avec thym, laurier, carottes et oignons émincés, branches de persil, une demi-bouteille de vin blanc, sel ; couvrez d'eau, qu'il baigne largement, faites partir doucement ; aux premiers bouillons, retirez sur le coin du fourneau, et laissez finir la cuisson sans bouillir, une demi-heure.

Égouttez le brochet, mettez-le sur le plat, en l'entourant de persil ; servez à part une sauce au beurre, dans laquelle vous mettez, avant de servir, une cuillerée de moutarde.

X

Des œufs.

Œufs sur le plat. — Faites fondre 20 grammes de beurre dans un petit plat en fer-blanc ou porcelaine allant au feu ; cassez cinq œufs, évitez de briser les jaunes en les laissant tomber de trop haut, saupoudrez de sel, un peu de poivre ; mettez sur le coin du fourneau ; surveillez la cuisson, qui est très courte. Les blancs doivent être bien pris.

Œufs au lait. — Faites chauffer jusqu'à ébullition un litre de lait avec un petit morceau de vanille et 100 grammes de sucre, mettez dans une terrine cinq jaunes d'œuf et deux œufs entiers, battez bien, versez-y le lait chaud en battant toujours, passez à plusieurs reprises à la passoire fine, mettez dans un plat creux de même capacité. Ayez une casserole d'eau froide, mettez le plat dessus de manière que les bords dépassent et ferment bien la casserole; faites chauffer sans bouillir; lorsque l'appareil est pris, saupoudrez de sucre, faites prendre couleur au four sans ôter de la casserole; laissez refroidir.

Omelette aux fines herbes. — Cassez six œufs dans une terrine, battez-les deux minutes avec un peu de persil haché, sel et poivre.

Mettez une poêle au feu avec 40 grammes de beurre, faites chauffer; lorsque le beurre devient clair, versez les œufs; d'une main remuez avec une fourchette, et de l'autre remuez la poêle; lorsque les œufs sont presque cuits, retirez sur le coin du fourneau, repliez l'omelette en deux, posez une seconde sur le feu, renversez sur le plat.

XI

Des légumes.

Pommes de terre frites soufflées. — Épluchez, lavez et essuyez les pommes de terre, coupez-les en lames d'un demi-centimètre d'épaisseur au plus, plongez-les dans la friture bien chaude, laissez frire deux ou trois minutes, égouttez-les, laissez reposer un moment, tenez toujours la friture bien chaude, plongez-les une seconde fois durant une minute, égouttez, saupoudrez de sel fin, servez.

Purée de pommes de terre. — Épluchez, lavez un litre de pommes de terre, mettez-les au feu à eau froide avec un peu de sel; lorsqu'elles sont cuites, égouttez, mettez un petit morceau de beurre, écrasez, passez au tamis de crin, remettez dans la casserole sur le feu, délayez avec du lait, mettez encore un petit morceau de beurre, goûtez, servez bien chaud.

Haricots secs. — Les haricots Soissons, les flageolets, les boulots, les haricots rouges, se cuisent à l'eau froide modérément salée ; on reconnaît qu'ils sont cuits lorsqu'ils cèdent facilement à la pression du doigt ; on les égoutte alors et on les fait sauter dans un peu de beurre, avec sel, poivre et persil haché ; ou, lorsqu'on les emploie comme garniture, on peut les servir au naturel en les arrosant d'un peu de jus non dégraissé, comme par exemple pour le gigot.

En les faisant tremper pendant six à douze heures dans de l'eau froide, que l'on jette ensuite, la cuisson en devient plus facile.

Lentilles et pois cassés. — Les lentilles et les pois cassés se font cuire et s'accommodent de même.

Choux-fleurs. — Les choux-fleurs se cuisent à l'eau bouillante salée, au moins trois litres d'eau pour une tête moyenne ; on reconnaît qu'ils sont cuits à la pression du doigt. On les mange au gratin ou avec une sauce au beurre, aux tomates ou en salade.

Choux de Bruxelles au beurre. — Ayez un litre de choux de Bruxelles, coupez le bout du pied, enlevez les basses feuilles et mettez à mesure dans une terrine d'eau froide ; lavez et égouttez.

Jetez-les dans de l'eau bouillante salée ; lorsqu'ils sont cuits, égouttez-les. Faites chauffer 30 grammes de beurre dans un plat à sauter, mettez-y les choux, roulez-les pour qu'ils s'imprègnent de beurre, ajoutez sel, poivre et un peu de persil haché.

Macaroni à l'italienne. — Mettez, dans une casserole de la contenance de quatre litres, deux litres d'eau salée en ébullition, versez-y le macaroni brisé en deux ou trois parties, faites blanchir pendant trente minutes ; égouttez, nettoyez la casserole, remettez le macaroni, mouillez avec quelques cuillerées de bouillon, faites mijoter ; lorsque le bouillon est absorbé, ajoutez 30 grammes de beurre, du gruyère râpé, sel, poivre ; remuez avec précaution pour opérer le mélange et servez chaud. Le macaroni demande à être fortement relevé.

Pour 500 grammes de macaroni, on emploie 250 grammes de fromage.

XII

Des entremets sucrés.

Beignets de pommes. — Prenez deux pommes de reinette, pelez-les et coupez chacune en sept ou huit rondelles ; mettez-les à mesure sur une assiette ou un plat, saupoudrez d'un peu de sucre en poudre, arrosez avec une cuillerée de bonne eau-de-vie ou de rhum, trempez chaque morceau dans la pâte à frire et plongez à friture chaude ; ayez soin de les retourner ; trois minutes suffisent ; égouttez sur un linge, dressez sur plat, saupoudrez de sucre en poudre.

Beignets de pêches, d'abricots. — On coupe les pêches et les abricots par quartiers, on les fait macérer un peu avec sucre en poudre, rhum, eau-de-vie ou kirsch, et ensuite on les finit comme les beignets de pommes.

Pommes au beurre. — Ayez six pommes de reinette, videz-les et pelez-les. Beurrez un plat d'office qui les contienne juste, placez-y les pommes, bouchez le trou avec un petit bâton de beurre, saupoudrez de sucre en poudre, ajoutez deux cuillerées d'eau sans mouiller les pommes, poussez au four doux ; lorsque les pommes sont cuites, garnissez-les chacune d'un petit croûton et arrosez-les avec quelques cuillerées de sirop de groseilles.

XIII

De la pâtisserie.

Tarte aux cerises. — Mettez sur la table 150 grammes de farine, faites un trou au milieu, ajoutez 40 grammes de beurre, 40 grammes de sucre en poudre, un jaune d'œuf, deux petites cuillerées d'eau, délayez le tout,

Fig. 13. — Préparation de la pâte.

formez-en une boule, laissez reposer une heure. Beurrez un plafond et un cercle à tourtière, mettez le couvercle sur le plafond, abaissez la pâte à 3 millimètres d'épaisseur, garnissez le couvercle, coupez ce qui dépasse; ôtez aux cerises les queues et les noyaux, rangez-les un peu serrées dans la tarte; lorsqu'elle est pleine, ajoutez deux fortes cuillerées de sucre en poudre bien disposé, poussez au four, environ vingt minutes de cuisson; ôtez le cercle, laissez refroidir.

Les *tartes aux prunes, aux abricots, aux pommes* se font de même.

XIV

Des conserves et confitures.

Gelée de groseilles. — Il faut toujours choisir les groseilles bien mûres ; on peut mélanger les blanches et les rouges, et les additionner de frambroises ; mais il ne faudrait pas mettre plus d'un quart de framboises par livre de groseilles.

Prenez, par exemple, deux kilos de groseilles égrenées, mélangées ou non de framboises ; mettez-les dans une bassine de cuivre non étamé, avec un demi-litre d'eau ; mettez à feu doux pour faire crever les fruits et leur faire rendre leur jus ; cela fait, égouttez-les sur un tamis de crin très fin, pesez le jus, remettez-le dans la bassine nettoyée, ajoutez 500 grammes de sucre cassé en morceaux pour le même poids de jus ; faites bouillir à feu vif et écumez constamment.

Il n'est pas possible d'indiquer le temps nécessaire pour la cuisson : généralement il faut un petit quart d'heure. On reconnaît que la confiture est assez cuite lorsqu'une goutte de gelée versée sur une assiette se coagule en refroidissant. Ensuite on met la gelée en pots, puis on la laisse refroidir. Il ne reste plus qu'à couvrir intérieurement les pots d'un rond de papier trempé dans de l'eau-de-vie, et à les entourer par un autre papier, assujetti par une ficelle. Il est nécessaire de les tenir dans un lieu frais et sec : l'humidité est aussi nuisible à la confiture que la chaleur.

Gelée de framboises. — La gelée de framboises et celle de fraises se font de la même manière ; seulement, pour la première, on met un quart de groseilles par trois quarts de framboises. La quantité de sucre et la cuisson sont semblables.

Marmelade d'abricots. — Choisissez des abricots bien mûrs, ouvrez-les en deux, ôtez le noyau, pesez. Mettez-les dans une terrine avec 300 grammes de sucre en poudre par livre d'abricots, laissez macérer quelques heures, versez dans la bassine et faites cuire à feu vif en remuant toujours avec la spatule. On reconnaît que la marmelade est arrivée à son point, lorsqu'elle est devenue épaisse, bien liée et qu'en y trempant l'écumoire et en l'enlevant ensuite il en reste une couche qui prend et la masque entièrement. Retirez-la ensuite pour la mettre dans les pots, et recouvrez de papier.

Marmelade de prunes, de reines-claudes ou de mirabelles. — Choisissez les prunes ou les mirabelles bien mûres, prenez 250 grammes de sucre par livre de fruits épluchés et procédez comme pour la marmelade d'abricots.

XV

Explication des termes culinaires les plus usités.

Abatis. — On appelle ainsi le cou, le gésier, les ailes et les pattes d'une volaille.

Blanchir les viandes et les légumes, c'est les mettre un instant dans de l'eau bouillante, avant de les apprêter.

Bardes. — Tranches de lard très minces avec lesquelles on recouvre une volaille ou une viande avant de la faire rôtir.

Brider, c'est maintenir les membres d'une volaille avec de la ficelle.

Décanter. — Verser doucement d'un vase dans un autre un liquide qu'on a laissé déposer.

Dorer. — Couvrir d'une couche d'œufs battus le dessus d'une tarte ou d'un gâteau.

Émincer. — Couper en tranches minces.

Flamber. — Passer à la flamme une volaille plumée, afin d'en brûler le duvet.

Larder. — Piquer dans un morceau de viande, au moyen d'un couteau ou d'une lardoire, des pointes de lard ou des filets de jambon.

Macérer. — Laisser séjourner une substance dans un liquide froid, pour charger ce liquide des parties solubles qu'elle contient.

Marinade. — Assaisonnement composé de sel, de vinaigre et d'épices, et destiné à conserver certaines viandes.

Mijoter. — Faire cuire lentement la viande dans son jus.

Quatre-épices. — On comprend sous ce nom : le poivre, la cannelle, la muscade et le clou de girofle.

Rissoler. — Faire cuire les viandes de façon qu'elles aient une couleur dorée et deviennent un peu croquantes.

XVI

Questions et réponses sur les connaissances nécessaires à une cuisinière.

1. — *A quels caractères la ménagère peut-elle reconnaître la nature et la qualité des diverses* VIANDES DE BOUCHERIE?

La viande de *bœuf* se compose de fibres larges et marbrées, d'une couleur franchement rouge; les os en sont arrondis, épais et d'un blanc jaunâtre. Si la viande est d'un rose pâle ou d'un rouge trop foncé, c'est qu'elle provient d'un animal malade.

Un rouge pâle caractérise la viande de *vache*, dont le tissu est fin et dont les os sont minces et plats. Le *taureau* se reconnaît surtout à l'odeur forte qu'exhale sa graisse.

CONNAISSANCES NÉCESSAIRES A UNE CUISINIÈRE 103

Pour réunir les qualités qu'on lui demande, la viande de *mouton* doit être cramoisie et entourée d'une graisse blanche et peu abondante.

Pour que le veau fournisse un aliment sain, il faut que sa chair et sa graisse soient d'un beau blanc. La ménagère doit éviter d'acheter de la viande de veau si elle a une teinte d'un blanc verdâtre, si elle est collante et molle au toucher; enfin si les os sont spongieux. Comme toutes les viandes malsaines, le mauvais veau peut occasionner des diarrhées, des fièvres et la terrible maladie appelée *charbon*.

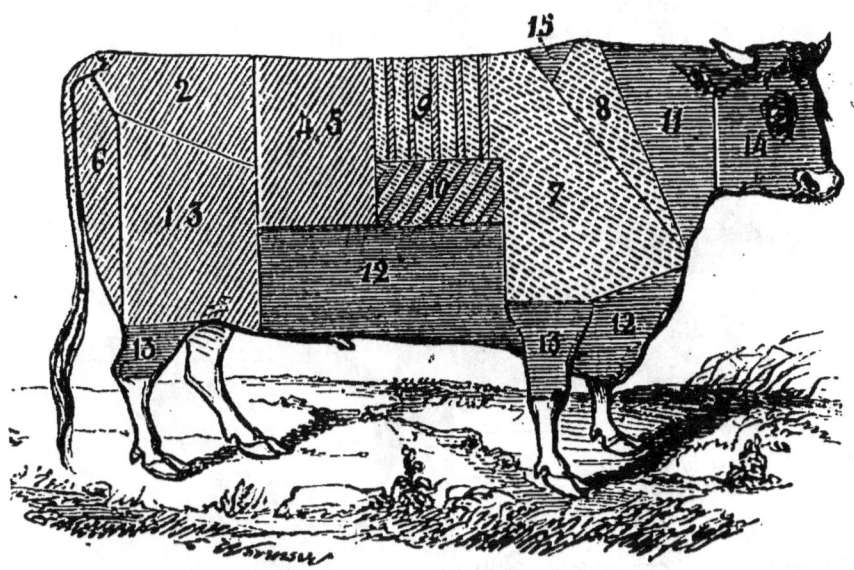

Fig. 14. Catégories de viande dans le bœuf.

2. — *Quelles sont les diverses catégories de viande dans le* BŒUF?

La chair du *bœuf* fournit une viande très estimée, mais il s'en faut que celle de tout l'animal ait la même *saveur* et la même *qualité*. Au point de vue de la qualité de la viande les parties du corps du bœuf se répartissent en plusieurs catégories (fig. 14) :

1° *Viande de première qualité :* 1, gîte à la noix; 2, culotte; 3, tranche; 4, aloyau avec filet; 5, entre-côtes; 6, tranche grasse.

2° *Viande de deuxième qualité :* 7, paleron; 8, talon de collier; 9, côtes couvertes; 10, plat de côtes.

3° *Viande de troisième qualité :* 11, collier ; 12, plat de côtes couvertes et poitrine ; 13, gîte ; 14, plat de joue.

3. — *Quelles sont les diverses catégories de viande dans le veau ?*

Pour le *veau* de boucherie, la désignation des parties du corps n'est pas la même que pour le bœuf.

Dans le veau on distingue six parties (fig. 15), qui sont

Fig. 15. — Veau pour la boucherie.

désignées comme il suit : *a,* collet ; *b,* épaule ; *c,* carré couvert ; *d,* longes et rognon ; *e,* cuisseau ; *f,* poitrine.

Les morceaux de première qualité sont le *cuisseau,* les *longes* et le *carré couvert.* Ils correspondent d'ailleurs aux parties du bœuf qui donnent la viande de première qualité.

4. — *Quelles sont les diverses catégories de viande dans le porc ?*

Sous le rapport de la qualité de la viande, le corps du porc est divisé en six parties (fig. 16). A gauche de la ligne *ab* on voit la *tête*; entre les lignes *ab* et *cd* est le *collet*; *e* est *l'épaule*; le tronc est partagé par une ligne *eg*; au-dessous est la *poitrine*; enfin les cuisses constituent le *jambon*. Plus cette partie est développée, plus la vente de l'animal est productive, car le jambon est considéré comme viande de première qualité.

Fig. 16. — Désignation des parties du porc.

5. — *Doit-on préférer les pots de terre aux marmites de fonte pour le bouillon?*

La préparation d'un bon pot-au-feu est chose si délicate qu'elle est influencée par la nature même du vase. Le vase en métal conduit bien la chaleur; il transmet aisément à son contenu les ardeurs du foyer, comme aussi il laisse aisément ce contenu se refroidir quand le feu languit. De là peuvent résulter des variations brusques de température; tantôt le liquide bout trop fort, et tantôt il s'arrête de bouillir, pour quelques charbons de plus ou de moins. Ce chauffage inégal est des plus défavorables au succès. La vaporisation trop brusque, trop active, enlève au bouillon ses principes aromatiques, qui se volatilisent.

Le pot de terre, tout au contraire, conduit mal la chaleur; il ne laisse pas le liquide bouillir pour un coup de feu trop violent survenu en un moment d'oubli; il empêche ce même liquide de se refroidir à l'instant si le foyer vient à languir. La température se conserve ainsi longtemps uniforme dans le vase, malgré les inévitables variations du foyer; et c'est là précisément, dans cette chaleur toujours égale et toujours modérée, que se trouve la condition première d'un potage réussi.

6. — *Quelle différence y a-t-il entre une* INFUSION *et une* DÉCOCTION?

Pour faire une *infusion*, on place les feuilles, les fleurs, etc., dans un vase, et l'on verse de l'eau bouillante par-dessus. Au bout de huit à dix minutes, l'eau s'empare des parties solubles. C'est ainsi que l'on prépare le thé et un grand nombre de tisanes.

La *décoction* consiste à faire bouillir pendant quelque temps la substance dans de l'eau ou tout autre liquide. La tisane de chiendent est une *décoction*.

7. — *Comment peut-on reconnaître que le vin est coloré artificiellement?*

On imbibe une petite éponge du vin à éprouver, on la pose sur une assiette couverte de quelques millimètres d'eau. Si le vin est naturel, l'eau de l'assiette mettra plus d'un quart d'heure à se colorer; au contraire, s'il est falsifié, l'eau se colorera immédiatement.

8. — *Comment peut-on vérifier si les petits pois de conserves alimentaires, les cornichons et autres végétaux confits dans le vinaigre ont été colorés en vert par les sels de cuivre?*

Il suffit simplement de plonger une aiguille dans les substances conservées; si elles contiennent du cuivre, au bout de quelques instants l'aiguille se couvrira d'une teinte rouge.

On peut reconnaître, même à la vue, si les conserves de petits pois doivent au cuivre leur coloration. Elles en renferment toujours quand elles présentent la teinte verte des pois naturels, même à un faible degré. Les conserves qui ne contiennent pas de cuivre ont une teinte jaunâtre non mélangée de vert.

CINQUIÈME PARTIE

NOTIONS D'HYGIÈNE

I

De l'hygiène rurale.

LA FERMIÈRE FRANÇOISE

Je me suis souvent demandé comment il se fait que nous soyons, nos enfants et nous, exposés chaque année à un plus grand nombre de maladies que les travailleurs des villes, placés dans les mêmes conditions d'état, de vêtement et de nourriture que les gens de notre village.

LE DOCTEUR

Cela tient à l'insalubrité de vos maisons, au mauvais régime alimentaire que vous suivez, au peu de soin que vous prenez de votre santé. D'abord il faudrait, autant que possible, lorsque vous construisez une maison, tourner vers l'est, qui est la plus saine de toutes les expositions, la plupart des ouvertures des chambres que vous habitez. Ensuite vos logements sont trop enfoncés dans le sol et par suite humides. Une autre cause d'humidité, et par conséquent de maladies, c'est l'insuffisance des ouvertures. Les croisées sont généralement trop petites et trop peu nombreuses; l'air et la lumière ne pénètrent qu'insuffisamment dans vos appartements.

Les murs intérieurs des logements, des greniers et des étables devraient être, tous les ans, lavés au lait de chaux. Le plancher de la chambre à coucher devrait être un peu exhaussé et carrelé en briques sur un lit battu de mâchefer et de sable; le plafond le plus élevé possible; les fenêtres, toutes larges ouvertes dès le matin, afin de donner passage au soleil; l'alcôve dégagée, pendant le jour au moins, des rideaux de serge trop épais qui, d'ordinaire, l'obscurcissent et l'enveloppent. Enfin la chambre à coucher et les autres chambres devraient être balayées tous les jours et entretenues avec une grande propreté.

Malheureusement, c'est devant vos maisons mêmes et à la distance de quelques mètres, que, de temps immémorial, a été creusé le trou au fumier; là viennent s'agglomérer, pourrir et fermenter le purin avec les eaux grasses et les détritus de toutes sortes. Ces exhalaisons méphitiques sont chassées et apportées par le moindre vent dans l'habitation, où vous les respirez à pleine poitrine.

FRANÇOISE

Je reconnais que vos observations sont justes. Pourriez-vous me dire encore quelles règles d'hygiène doivent observer les enfants et les travailleurs de la campagne, pour se maintenir en parfait état de santé?

LE DOCTEUR

Volontiers, Françoise, et, pour commencer par les enfants, je vous dirai que bien souvent on ne doit attribuer la plupart de leurs maladies qu'à leur mauvaise nourriture. Leurs parents devraient veiller à ce qu'ils ne mangent avec excès ni légumes farineux, ni fruits verts; qu'ils ne boivent pas de boissons fermentées, qu'ils ne marchent pas pieds nus. En outre, comme ils sont sujets, au printemps particulièrement, à des angines assez rebelles, à des maladies éruptives, naissant le plus souvent des exhalaisons marécageuses et des brusques changements de l'atmosphère, il faut les soumettre à un régime modéré et ne les nourrir, autant que possible, que d'aliments substantiels.

De peur d'épidémie, il faut avoir soin également de tenir dans l'isolement et dans un air tempéré les enfants atteints de variole et de scarlatine. C'est ce qu'on n'observe malheureusement pas assez dans nos campagnes.

FRANÇOISE

Et les adolescents, que le travail fait de bonne heure ressembler à des hommes, eux qui sont la force et l'espoir de nos campagnes, ne doivent-ils pas aussi suivre une hygiène spéciale?

LE DOCTEUR

Certainement il est nécessaire de proportionner leur travail à leurs forces, de ne pas abuser de leur jeunesse. Il faut surtout leur donner une alimentation substantielle, abondante et bien préparée.

FRANÇOISE

Vous êtes donc d'avis, docteur, qu'on pourrait diminuer dans nos villages le nombre des maladies?

LE DOCTEUR

Assurément ; mais pour cela il faudrait que les femmes fussent plus instruites. La plupart des maladies sont dues à l'ignorance et pourraient être prévenues si les mères de famille étaient plus familiarisées avec les prescriptions de l'hygiène. Que d'enfants auraient pu être sauvés si leurs mères avaient été plus éclairées!

Les erreurs et les préjugés font encore un grand nombre de victimes dans nos campagnes. Le préjugé le plus enraciné peut-être est celui qui défend de changer le linge du malade dans les affections cutanées, pour que *les boutons ne rentrent pas!*

Chaque fois qu'une épidémie de scarlatine, de rougeole ou autre fièvre éruptive se déclare, je suis certain de me trouver en face du préjugé et de rencontrer bon nombre de petits malades comprimés dans des couvertures et exhalant une odeur repoussante, parce que, depuis un certain nombre de jours, on s'est bien gardé de changer leur linge. Un air pur et des soins de propreté font revivre, en peu d'instants, ces petites victimes.

Depuis trente ans je lutte contre ces déplorables erreurs et je répète aux bonnes gens qui m'entourent auprès des malades : « Sachez donc, une fois pour toutes, que, dans n'importe quelle maladie, il est indispensable de tenir le malade avec une excessive propreté et de le changer de linge. N'oubliez pas non plus qu'il ne faut jamais empêcher un malade de dormir. »

Malgré mes conseils j'ai encore vu ces jours derniers un jeune homme, auquel j'avais réduit une fracture de jambe, qui vingt-quatre heures après la réduction n'avait pas encore fermé l'œil. Sa mère avait passé la nuit près de lui pour le tenir éveillé, afin qu'un *rêve quelconque ne vînt pas déranger sa jambe!*

Je ne finirais pas si je voulais parler de tous les moyens insensés employés contre les maladies, et de toutes les pratiques inspirées par l'ignorance et les *rebouteurs*.

Tout cela cessera le jour où les femmes seront plus instruites et mieux initiées aux règles de l'hygiène. Les jeunes filles devront apprendre à l'école, dans leurs livres de classe, les soins à donner aux malades, les secours urgents en cas d'accidents et quelques saines notions de médecine domestique.

FRANÇOISE

Je suis de votre avis, docteur, mais il n'y a que les familles riches qui puissent faire donner à leurs filles cette instruction dont vous parlez, et suivre un régime alimentaire conforme à l'hygiène.

LE DOCTEUR

Vous vous trompez, Françoise : aujourd'hui les écoles sont ouvertes gratuitement à tous les enfants, et la loi veut que tous reçoivent l'instruction primaire. L'occasion ne manque donc pas aux jeunes filles pour s'instruire aussi bien dans l'hygiène que dans les autres branches d'enseignement.

Quant à une préparation plus saine des aliments, elle dépend plus souvent du savoir-faire de la cuisinière que de son état de fortune. Il ne suffit pas de savoir choisir les aliments les plus nutritifs et les plus fortifiants, il faut encore savoir les apprêter. La santé d'une famille dépend autant de l'intelligence de la mère que de l'adresse de la cuisinière. Apprenez donc de bonne heure à vos filles à faire la cuisine et à la faire d'après les procédés rationnels.

FRANÇOISE

Quelles sont également les précautions indiquées par la science de l'hygiène et par l'expérience pour la santé des hommes?

LE DOCTEUR

Il faut que le cultivateur ne quitte que le plus tard possible ses vêtements d'hiver et ses sabots; qu'il porte une cravate dans les contrées humides et boisées qu'il ne dorme pas en plein air sur la terre fraîche qu'il ne boive pas outre mesure de l'eau froide, surtou s'il est en sueur, mais qu'il se désaltère, durant les travaux de la moisson, en ajoutant à son eau un peu de cidre, de bière, de vin ou de vinaigre, selon les climats, les températures et les productions de chaque pays; que pendant l'été il se couvre la tête d'un chapeau de paille à larges bords; qu'il se débarrasse d'une partie de son habillement lorsqu'il travaille, et qu'il s'en revête après. Enfin, qu'il fasse usage, contre la dysenterie, d'une décoction de riz pour tisane, qu'il observe alors la diète et le repos et qu'il se prive absolument de l'usage des fruits.

Les chambres à coucher seront toujours vastes et bien aérées, les murs en seront blanchis à la chaux deux fois par an. Les lits ne seront jamais placés dans des alcôves ou des réduits où l'air ne pénètre pas; ils ne recevront qu'une ou deux personnes.

Les vêtements doivent être larges pour les hommes comme pour les femmes.

Il faut prendre en été des bains à l'eau courante; en toute saison, se laver fréquemment le visage, les mains, les bras et les pieds, et le reste du corps aussi.

Les dimanches et fêtes, il faut éviter les excès de boisson et de jeu. Éviter surtout les boissons alcooliques. Un préjugé fortement enraciné dans les villages, c'est que l'alcool donne de la force : c'est le contraire qui est la vérité. Les ouvriers, je ne dis pas ceux qui en abusent jusqu'à l'ivresse, mais ceux qui la font entrer trop largement dans leur régime, perdent leurs forces et ne peuvent plus se livrer à des travaux que de plus tempérants qu'eux exécutent facilement. Vous constaterez toujours que les ouvriers les plus sobres sont les plus robustes.

Telles sont, Françoise, les précautions hygiéniques dont la simple et facile observation vaudrait aux travailleurs de la campagne contentement, force et santé. La santé des manœuvres est toute leur richesse. Deux bras forts et laborieux valent mieux qu'un arpent de plus. C'est donc à son corps, à sa personne, à sa santé plus qu'à sa terre, que l'homme des champs doit prendre garde. Or il veille avec une sorte de tendresse, nuit et jour, sur ses chevaux, ses vaches et ses moutons. Il tourne et retourne sans cesse son héritage à la bêche, à la pioche, à la charrue. Il émonde ses arbres, il lie sa vigne, il bine ses légumes, il amende ses prés : et il ne se soigne pas lui-même, lui qui est la main, le pied, l'âme, la vie de sa famille et de sa maison !

I

Hygiène des vêtements.

Les *vêtements* ont pour objet : 1° de couvrir le corps pour le préserver de l'influence des objets extérieurs ; 2° de lui conserver sa chaleur naturelle à un degré convenable, en le préservant du froid, de l'humidité, ainsi que d'une température trop élevée ; 3° de l'entretenir en état de propreté, en absorbant les sécrétions de la peau.

Il n'est point indifférent, pour la santé, de se vêtir d'un tissu plutôt que d'un autre.

Les vêtements de laine ou de soie sont, après les fourrures, les plus chauds et ceux qui se chargent le moins d'humidité. Ceux de coton sont plus froids, mais ils contiennent plus de chaleur ; ceux de toile, de lin et de chanvre sont les plus frais, parce qu'ils absorbent plus facilement l'humidité de l'air. Lorsqu'ils sont faits d'étoffes d'un tissu lâche, poreux, très léger et épais, les vêtements sont plus chauds que ceux qui sont confectionnés avec des étoffes dont la trame est fine et serrée.

Il est reconnu que les vêtements blancs et ceux de couleur claire maintiennent d'une manière plus égale la chaleur à la surface du corps; ils s'imprègnent plus difficilement du calorique et le retiennent plus longtemps que les vêtements noirs ou sombres.

Quels que soient le tissu et la forme des vêtements, ils doivent toujours être larges et aisés. Étant trop serrés, ils exercent des compressions sur les organes, particulièrement sur ceux de la circulation et de la respiration, et peuvent occasionner de graves accidents.

Ayez soin d'adapter la nature des vêtements aux variations atmosphériques, à la température, à la saison et à l'âge de l'individu. L'une des premières conditions de la santé, c'est d'être pourvu, pour la mauvaise saison, de vêtements à la fois souples et chauds, et de ne pas se hâter de les quitter prématurément pour d'autres plus légers, quand l'almanach marque le retour du printemps, la température en France n'étant pas toujours d'accord avec l'almanach. Un célèbre médecin avait coutume de dire: *C'est l'hiver quand il fait mauvais, et l'été quand il fait beau*, voulant indiquer par là qu'on ne doit modifier la nature des vêtements qu'aux époques où la chaleur et le froid sont stables.

L'enfant au berceau, produisant peu de chaleur, n'a pas la force suffisante pour réagir contre le froid; il faut donc bien le couvrir. Beaucoup de jeunes enfants périssent faute de précautions élémentaires. Au fur et à mesure qu'ils grandissent, il faut, tout en suivant les moyens dictés par la prudence, les habituer peu à peu à supporter les changements de l'air

Durant la jeunesse et l'âge adulte il faut s'accoutumer à ne pas porter de vêtements lourds, afin de s'habituer aux intempéries. Pendant la vieillesse, au contraire, lorsque la chaleur vitale diminue, il faut se couvrir de vêtements chauds.

La *coiffure* doit être légère tout en étant ample; elle n'est hygiénique que lorsqu'elle garantit contre le soleil et le froid, ou qu'elle renferme un certain volume d'air au-dessus de la chevelure. Pendant l'enfance et la jeunesse il est très sain de supprimer habituellement toute coiffure, excepté au soleil, à la pluie et pendant les grands froids.

Les *bas* de laine sont les plus favorables à la santé. Ils conviennent aux personnes faibles et deviennent même une nécessité pour celles qui transpirent des pieds ou qui sont forcées de travailler debout et sur un sol humide. Les bas doivent être fixés au-dessus des genoux, et non au-dessous, par des jarretières modérément serrées, afin de ne pas gêner la circulation du sang et de ne pas occasionner des varices. Pour les mêmes motifs, les cravates, le col de la chemise, les poignets des manches, les ceintures ne doivent que légèrement serrer.

Les *chaussures* doivent être solides, larges, à semelles épaisses, pour éviter l'humidité, et à talons peu élevés, pour maintenir la stabilité du pied et éviter les entorses. Trop étroites ou trop courtes, elles produisent, outre la gêne, des cors, des durillons, la déformation des orteils et l'affection très douloureuse des ongles incarnés.

Les sabots et les galoches sont les meilleures chaussures d'hiver, à la campagne surtout.

Le *corset* ne doit que soutenir le buste, sans comprimer les organes, et n'apporter aucune gêne à la liberté des mouvements et de la respiration. Rien n'est aussi nuisible qu'un corset trop serré; il peut donner lieu à des désordres graves dans l'estomac, le foie et les poumons, et exercer ainsi une influence désastreuse sur la santé. On n'en voit malheureusement que trop d'exemples.

La *chemise* a une grande importance pour l'entretien de la propreté du corps, et par suite pour la santé. De nos jours on préfère la chemise de coton, parce qu'elle retient mieux la chaleur que celle de toile. La chemise de coton convient à ceux qui transpirent facilement ou qui sont atteints de douleurs rhumatismales ou névralgiques.

La chemise doit être d'un tissu ni trop léger ni trop dur, et n'exercer autour du cou aucune compression capable de gêner la circulation. Les cols et faux-cols empesés ne seront ni trop fermés ni trop raides; ils ne seront pas trop serrés non plus, ni les cravates.

La propreté et la santé demandent qu'on change de chemise au moins deux fois par semaine; il est d'une bonne hygiène de porter pendant la nuit une chemise différente de celle qui a servi durant le jour.

L'usage des *gilets* ou *chemises de flanelle* offre de grands avantages, ce tissu s'opposant au refroidissement de la transpiration. La flanelle est particulièrement utile aux vieillards, aux personnes de constitution délicate, à celles qui, pendant leurs travaux, sont exposées au froid humide ou aux brusques variations de température. Lorsqu'on est accoutumé à porter de la flanelle, il serait dangereux de la quitter. Les jeunes personnes de tempérament robuste ne doivent pas s'habituer à porter des gilets de flanelle.

III

Hygiène de l'alimentation.

Les aliments ont pour but de subvenir à l'accroissement du corps, de réparer les pertes qu'il éprouve, et de fournir les matériaux de la chaleur animale.

L'homme, par suite de son organisation, doit se nourrir de substances végétales et animales.

RÉGIME ALIMENTAIRE

Il est impossible de préciser le genre d'aliments dont chaque homme doit faire usage. Il varie selon la constitution, l'âge ou le genre de travail auquel on se livre. Ainsi l'ouvrier, l'homme des champs, le jeune homme, auront plus besoin d'un régime fortifiant que l'homme de bureau ou le vieillard.

Le régime alimentaire doit varier également suivant les saisons. C'est pourquoi, pendant les chaleurs, il faut user d'aliments plus légers qu'en hiver, où l'activité digestive se développe. De même, dans les pays de montagnes, où l'on respire un air vif, le besoin de manger se fait sentir plus fortement que dans les plaines ou dans les contrées humides.

L'hygiène recommande aussi la variété dans les aliments.

Le régime alimentaire des enfants exige une attention toute particulière. Il doit être composé de viande et de légumes. Il faut en exclure toutes les substances excitantes en général. Quatre repas par jour, dont deux substantiels et deux légers, leur sont indispensables. N'oublions jamais que les enfants ont relativement besoin d'une plus grande quantité d'aliments que les adultes. L'alimentation insuffisante peut devenir le point de départ de maladies.

Quelles que soient les modifications à apporter au régime selon l'âge, la condition sociale et les habitudes, les conseils de l'hygiène prescrivent à tout le monde la régularité dans les repas. Manger entre les repas est une mauvaise habitude.

HYGIÈNE DES ALIMENTS — CHOIX ET PRÉPARATION DES ALIMENTS

La *viande* forme dans l'alimentation la partie la plus nourrissante.

On distingue trois sortes de viandes : la viande *rouge*, comme celle du bœuf et du mouton; la viande *blanche,* qui nous est fournie par le veau, le lapin domestique, le poulet; la viande *noire* du lièvre, du lapin de garenne et du gibier en général. La viande rouge passe pour être la plus nourrissante; la viande blanche est plus rafraîchissante que nourrissante.

La chair du bœuf est plus succulente et plus nutritive que celle de la vache; cette dernière est moins échauffante et d'une digestion plus facile. L'âge de l'animal est également une condition pour la bonne qualité de la viande. C'est le filet qui est le meilleur morceau, puis vient l'aloyau.

La façon dont les aliments sont cuits influe également sur leur saveur et sur leur digestibilité.

Les viandes *bouillies* possèdent peu de principes nutritifs et sont les moins savoureuses.

A l'*étuvée,* la chair se pénètre fortement de vapeurs chaudes ; elle s'attendrit et se cuit parfaitement, en conservant ainsi tout son suc. La viande cuite de cette sorte est nourrissante et facile à digérer.

Rôtie ou *grillée,* la viande retient à elle tout ce qu'elle a de nourrissant : son suc et son arome. C'est celle qui convient le mieux aux personnes qui se fatiguent beaucoup, ainsi qu'aux convalescents.

La *friture* attendrit également les viandes, mais elle est nuisible aux estomacs délicats.

Le *lard* est un aliment sain et nourrissant, mais qui ne saurait convenir ni aux vieillards ni aux convalescents. Il est prudent de ne jamais manger du porc qui n'ait pas été suffisamment cuit.

Immédiatement après la viande, le *lait* et les *œufs* méritent la première place comme aliments nutritifs. Les œufs cuits perdent de leurs qualités digestibles; les œufs à la coque sont les plus faciles à digérer.

La *crème* est la partie la plus nourrissante du lait; le lait écrémé est beaucoup moins bienfaisant que celui qui vient d'être trait. Le lait forme, à lui seul, une nourriture suffisante pour les petits enfants et pour certains malades.

De tous les aliments, le *fromage* est le plus concentré et le plus économique, par suite de la grande quantité de substance azotée qu'il contient. A ce sujet il est bon de répéter ce proverbe : « Le matin, le fromage est de l'or, à midi de l'argent, le soir du plomb », en ce qui concerne la digestion.

Parmi les végétaux, ce sont ceux à fécule, surtout le blé et le seigle dont nous faisons le *pain*, qui doivent tenir le premier rang. Le pain est un aliment complet et la base de toute nourriture. Pour être bon, il faut qu'il soit bien levé, bien cuit, et que la mie ait des *yeux*. Le pain chaud est indigeste; il ne doit être mangé que plusieurs heures après la cuisson. Le pain blanc est fait d'un mélange de farine de froment et d'une petite quantité de seigle.

La farine de froment est l'élément principal de l'alimentation des enfants. Mélangée au lait, elle forme la *bouillie*. La farine de blé dur sert à confectionner les *pâtes*, aliment digestif et nourrissant.

Les *poissons* dont la chair se digère le plus facilement sont : le merlan, la sole et la morue; ils sont moins lourds que l'anguille, le brochet, etc. Le poisson cuit simplement dans l'eau, mangé avec une sauce piquante, convient mieux que la friture aux estomacs délicats. Il faut se défier des moules, qui déterminent souvent un véritable empoisonnement.

LES LÉGUMES

Les *végétaux*, sauf les féculents, sont en général peu nourrissants, mais ils sont très digestibles et s'assimilent sans fatiguer l'estomac; c'est pourquoi il faut les joindre à l'alimentation animale.

La pomme de terre est, sous toutes ses formes, un aliment sain, agréable, nourrissant et le plus usuel de nos villes et de nos campagnes.

Les *légumes secs*, pois, haricots, lentilles, fèves, sont moins indigestes quand ils sont réduits en purée. On fait bien de les associer à la viande. Cuits à l'eau, les légumes frais conviennent à peu près à tous les tempéraments, et constituent un excellent régime alimentaire.

LES FRUITS

Les *fruits* mûrs, quand on en use modérément, sont excellents à tous les points de vue. Ils ne deviennent nuisibles que lorsqu'on en abuse; ils occasionnent alors la fièvre ou la dysenterie.

Les abricots et les prunes sont beaucoup moins digestifs que toutes les autres espèces de fruits.

ASSAISONNEMENTS

Les substances alimentaires dont se compose notre nourriture habituelle demandent certains *assaisonnements*. Le *sel* est l'assaisonnement par excellence; sans lui, tout mets serait fade et insipide. L'abus du sel irrite l'estomac. Le *poivre* n'est employé que dans une très faible mesure. C'est un fort stimulant, qui ne convient ni aux constitutions délicates ni aux tempéraments bilieux. La *muscade*, le *girofle*, la *cannelle* et les *épices* en général aiguisent le palais et relèvent le goût.

IV

Hygiène des boissons.

Les *boissons* nous sont presque aussi indispensables que les aliments solides; ce sont des dissolvants nécessaires à la digestion.

Les boissons se divisent en boissons *aqueuses*, *alcooliques* ou *fermentées*, *distillées* ou *spiritueuses*, *acidulées* et *aromatiques*.

1° Les *boissons aqueuses* se réduisent à l'eau. L'eau de source et l'eau de rivière sont les seules potables. L'eau de puits peut être considérée comme une eau de source, mais stagnante et mal aérée.

Pour être bonne à boire, l'*eau* doit être limpide, fraîche; elle doit bien dissoudre le savon, bien cuire les légumes et ne pas troubler la digestion.

Il faut se défier des eaux de rivière, surtout lorsqu'elles ont traversé une ville et qu'elles ont reçu des impuretés. Il en est de même de l'eau de pluie, lorsqu'elle a coulé sur une toiture ou passé à travers des conduits de zinc ou de plomb. L'eau provenant de la fonte des neiges ou de la glace est impropre à la consommation. L'eau de citerne ne doit être employée que pour les besoins du jardinage et le nettoyage de la maison.

De toutes les boissons, l'eau, prise en quantité modérée, est la plus salutaire à l'homme. Prise pendant le repas, elle divise les aliments, facilite la dissolution et sert d'auxiliaire à la digestion, qui ne pourrait se compléter sans elle.

2° Les *boissons alcooliques* ou *fermentées* comprennent : le vin, le cidre, la bière et l'eau-de-vie.

Le *vin* joue un grand rôle dans l'alimentation. Pris à dose modérée, un vin léger convient aux femmes, aux vieillards, aux convalescents, ainsi qu'aux personnes à constitution faible. Il doit être exclu du régime de la première enfance.

Les gens qui se livrent à de rudes travaux peuvent seuls supporter les vins *spiritueux* dans des bornes raisonnables ; encore convient-il de les étendre d'eau.

Le *cidre* est une boisson alcoolique agréable et rafraîchissante, mais fort peu nutritive. Le cidre doux est indigeste ; aussi ne doit-on le boire qu'un certain temps après sa fabrication, lorsqu'il a fermenté et est devenu transparent.

La *bière* est une boisson légèrement stimulante et nutritive ; cependant les estomacs faibles la supportent mal. De même que le vin, la bière ne produit de bons effets que lorsqu'on en use sobrement. Prise avec excès, elle débilite l'estomac, rend la digestion difficile et alourdit l'individu.

3° Les *boissons distillées* ou *spiritueuses*, à tort appelées *eaux-de-vie*, s'obtiennent en distillant divers liquides fermentés.

Les alcools ne conviennent pas à notre sexe; les seules liqueurs dont on permette l'usage aux femmes sont : la chartreuse, l'anisette, le cassis, etc.

En général, l'usage des boissons distillées est dangereux et produit, lorsqu'il est habituel, les conséquences les plus funestes.

4° Les *boissons acidulées* comprennent : la limonade, l'orangeade, les différents sirops de fruits acides et les eaux gazeuses ou eaux de Seltz. On fait usage de ces boissons pendant l'été ; mais leur abus peut occasionner des irritations d'estomac. Sous ce rapport, l'eau sucrée, avec quelques gouttes de rhum ou de vinaigre, leur est préférable.

5° Les *boissons aromatiques* sont : le *café* et le *thé*.

Le *café* est essentiellement stimulant; il favorise même le travail de l'intelligence. Après le repas, il facilite la digestion et la rend plus complète. Lorsqu'on prend le café comme premier déjeuner, on a coutume de l'adoucir en y mêlant du lait ou de la crème. Il convient ainsi surtout aux vieillards.

Pendant les chaleurs, le café est encore salutaire, parce qu'il permet au corps de réagir contre la température accablante; de même, en hiver, il stimule la chaleur corporelle en accélérant la circulation. L'usage abusif du café entretient le corps dans un état de surexcitation nerveuse qui peut devenir le point de départ de plusieurs maladies.

Le *chocolat* est une boisson alimentaire usitée surtout au déjeuner du matin. Il est nourrissant, mais moins digestible que le café; aussi ne peut-il être supporté par tous les estomacs.

Le *thé*, contenant plus d'azote qu'aucun aliment végétal, est donc une boisson essentiellement alimentaire ; cette qualité justifie l'usage qu'en font certaines personnes à leur premier déjeuner, en l'associant au lait. Pris quelque temps après le repas, le thé stimule doucement et aide à digérer les aliments. Cependant il ne convient pas aux personnes nerveuses.

L'ingestion de boisson froide en grande quantité est toujours dangereuse, surtout lorsque le corps est en sueur et l'estomac vide. Dans ces circonstances il importe de prendre les précautions suivantes : se reposer quelques instants avant de se désaltérer, manger un peu avant de boire, boire à petites gorgées en retenant quelque temps le liquide dans la bouche, se livrer à un exercice modéré pour empêcher le refroidissement.

V

Maximes et conseils sur l'hygiène, pris dans le carnet d'une grand'mère.

1. — Qui n'a santé n'a rien ; qui a santé a tout. La santé est l'unité qui fait valoir les zéros de la vie.

2. — La santé, dans ce monde, étant le premier bien, tout homme de bon sens n'y doit ménager rien. (*Regnard.*)

3. — Deux choses ne s'apprécient bien que quand on ne les a plus : la jeunesse et la santé.

4. — Tout le secret de l'art de prolonger la vie, c'est de ne pas l'abréger soi-même.

5. — Les santés, comme les ménages, s'en vont par les petites dépenses inutiles et journalières. Dieu nous donne une longue vie : c'est nous qui la faisons courte.

6. — Il n'y a pas de jours indifférents pour la santé : chacun lui apporte ou lui enlève quelque chose.

7. — Te soigner quand tu es malade, c'est très bien ; mais c'est mieux de te soigner quand tu es bien portant.

8. — La meilleure médecine est de n'avoir pas besoin de médecin. Les deux meilleurs médecins s'appellent *Travail* et *Sobriété*.

9. — L'air est l'aliment de la vie. L'air que tu respires doit être propre comme le pain que tu manges. Où le soleil et l'air n'entrent pas, le médecin entre. On a toujours trop de meubles et rarement assez d'air.

10. — Le mauvais air tue plus de monde que l'épée. L'haleine de l'homme est mortelle à l'homme.

11. — L'air est l'aliment de la respiration. De même qu'on ne mange pas ce qui a déjà été mangé, de même il ne faut pas respirer un air qui a déjà servi.

12. — Il ne suffit pas d'entretenir les meubles d'un appartement avec une scrupuleuse propreté, il faut aussi en nettoyer l'air. Il faut faire respirer la maison, pour que les habitants respirent. Dis-moi ce que tu habites, je te dirai ce que tu es.

13. — Chaque matin, en te levant, ouvre donc toute grande la fenêtre de ta chambre. Tu ne voudrais pas te baigner dans une eau sale et gâtée? Eh bien, tâche de ne pas vivre dans un air corrompu et infect. Comme on fait son atmosphère, on respire.

14. — Il y a deux sortes d'asphyxies : les unes tragiques, qui suspendent brusquement la vie ; les autres lentes, dont on ne se défie pas assez et qui tuent à coup sûr. Les dernières ont une cause unique : un mauvais logement, manquant d'air.

15. — On bâtit des maisons pour vivre dans leur intérieur et non pour les regarder du dehors ; c'est pourquoi il faut préférer la commodité à la symétrie, à moins que l'on puisse avoir l'un et l'autre.

16. — *A maison obscure, habitants chétifs.* C'est là une loi que l'expérience ne trouve presque jamais en défaut.

17. — *Telle cave, telle maison.* Une cave humide, dont le sol est détrempé et fangeux, dont les murs salpêtrés ruissellent, est un réservoir de miasmes et d'humidité, qui peut compromettre l'état hygiénique de toute la maison.

VI

LECTURE
La petite garde-malade.

Le petit René étant malade, sa mère le veilla durant trois nuits consécutives. Marie, sa sœur, à peine âgée de dix ans, craignant que les veilles et les fatigues ne rendissent sa mère souffrante, s'offrit à passer la quatrième nuit. La bonne mère, trop inquiète de la santé de son fils, ne voulut pas y consentir. Marie se coucha donc, pour obéir aux ordres de sa mère, mais elle était trop tourmentée pour pouvoir dormir. N'entendant aucun bruit, elle se leva doucement et aperçut sa mère qui, vaincue par la fatigue, sommeillait près du petit malade. Sans hésiter, Marie courut s'habiller, prit son ouvrage et s'assit auprès du lit de son frère, le veillant toute la nuit comme une vraie petite maman. A la pointe du jour, René s'étant éveillé, la petite garde-malade improvisée, se rappelant ce qu'avait fait sa mère dans la journée, donna à son frère de la tisane et des cuillerées de potion, à la dose et aux heures indiquées par le médecin. Elle lui arrangea ses oreillers, le calma par de douces paroles, le berçant et l'amusant jusqu'à ce qu'il fût rendormi.

A son réveil, la pauvre mère s'en voulut de s'être laissé gagner par le sommeil, mais, lorsqu'elle aperçut sa fille travaillant près du malade, qui dormait avec calme, elle fut émue jusqu'aux larmes, et se félicita intérieurement d'avoir une enfant si raisonnable pour son âge, et sachant déjà se rendre si utile.

Croyez-vous, petites lectrices, que Marie ne fut pas bien heureuse elle-même d'avoir pu un instant soulager sa mère, et qu'elle trouva une récompense, non seulement dans le contentement de cette dernière, mais surtout dans sa satisfaction personnelle ?

VII

Maximes et conseils sur l'hygiène, pris dans le carnet d'une grand'mère (suite).

18. — *Jamais rien de trop.* Il faut manger pour vivre, et non vivre pour manger. Apaise la faim et non la gourmandise.

19. — Ne mange point à la hâte. Mets-y tout le temps; surtout mâche avec soin. Avaler sans mâcher est le fait d'un sot; les dents sont dans la bouche et non dans l'estomac.

20. — Ne mange jamais entre les repas. Surtout ne mange pas de fruits verts. Si tu les aimes, ton estomac ne les aime pas : ils te rendront malade.

21. — Entre les repas, bois le moins possible. Si tu le peux, ne bois pas du tout.

22. — En été, pendant les chaleurs, évite de boire de l'eau des sources glacées et des frais ruisseaux. Elle est délicieuse, mais elle peut te faire mourir.

23. — Ne bois jamais d'eau froide quand tu es en sueur.

24. — Il faut être propre, pour soi d'abord, et ensuite pour les autres.

25. — Rareté d'eau, abondance de maux. L'eau froide et l'air pur sont deux bons médecins. La bonne eau fait le sang chaud.

26. — Non seulement la santé des hommes dépend beaucoup de la propreté, mais la propreté est un des principes de leur activité, de leur humeur, de leur satisfaction intérieure et même, à certains égards, de leur moralité. C'est dans les villages et les habitations sans propreté qu'habitent de préférence la paresse, l'abrutissement, la mauvaise foi, tous les vices. Le défaut de

propreté ne nuit pas seulement à la pureté du corps, mais aussi à celle de l'âme.

27. — Il ne suffit pas que la peau soit propre : il faut aussi que les vêtements le soient.

28. — Quand tu es en sueur, ne t'expose pas à la pluie, à l'humidité, au vent, ni aux courants d'air : tu risquerais de tomber grièvement malade.

29. — Quand tes vêtements sont mouillés par la pluie, hâte-toi d'en changer. Agis de même quand tes bas ou ta chaussure sont humides.

30. — On a dit, il y a déjà bien longtemps, que les trois règles qui doivent présider à l'hygiène des vêtements sont : la *simplicité*, la *propreté*, la *liberté des mouvements*.

31. — L'oisiveté, le mauvais régime et les plaisirs énervent les corps les plus robustes; l'exercice et le travail fortifient les plus faibles.

32. — La migraine, les crampes d'estomac et les maux de nerfs chez les jeunes filles sont les enseignes d'une hygiène mal conduite.

33. — Soignez vos dents : elles sont plus qu'un simple ornement, c'est un outil destiné à saisir, à diviser et à broyer les aliments avant leur introduction dans l'organe digestif. Mauvaises dents, mauvais estomac; mastication insuffisante, déchéance de l'organisme.

34. — C'est commettre un suicide que de ne pas exécuter les commandements de la nature.

VIII

Plantes vénéneuses.

Sous des dehors ravissants, bien des plantes et des fleurs cachent des poisons excessivement violents; il est très utile de pouvoir les reconnaître, pour les exclure du jardin ou du moins les surveiller, s'il y a des enfants.

Fig. 17. — Ciguë.

Une des plantes vénéneuses les plus connues est la *ciguë* : sa grande ressemblance avec le persil peut occasionner de fatales méprises. On reconnaît la ciguë à l'odeur fétide que répandent ses feuilles lorsqu'on les froisse.

Les fleurs dangereuses qu'il faut surveiller sont : la *jusquiame*, aux feuilles velues et aux fleurs jaunes, veinées de rouge ; le *datura stramoine* ou *pomme épineuse*, qui a de grandes fleurs blanches ressemblant un peu aux liserons ; l'*anémone*, jolie fleur aux

Fig. 18. — Belladone.

couleurs variées, complètement inodore, mais néanmoins fort dangereuse. La *belladone*, qu'on trouve le long des haies, se fait remarquer par ses baies d'un noir violet, assez semblables à des cerises ; c'est une plante d'autant plus redoutable qu'elle tente souvent la gourmandise des enfants.

Parmi les fleurs vénéneuses dont on ne saurait trop
e défier, citons encore : l'*arum*, la *clématite*, l'*aconit*
belles fleurs bleues, la *digitale*, le *tabac*, etc.

Fig. 19. — Aconit.

IX

Quelques questions sur l'hygiène.

1. — *Pourquoi les hommes ou les animaux renfermés en grand
nombre dans un lieu étroit peuvent-ils être asphyxiés ?*
Parce que les hommes et les animaux exhalent de leur

poitrine, pendant l'acte de la respiration, un air malfaisant composé d'acide carbonique et d'azote, deux gaz qui, seuls, ne pouvant entretenir la vie, tuent aussitôt. Afin d'éviter un malheur ou des indispositions dangereuses, il faut, lorsqu'on est nombreux, ouvrir les croisées; alors l'air oxygéné pénètre dans les poumons et se met en contact avec le sang pour le vivifier.

2. — *L'eau transparente et limpide est-elle toujours pure ? — Quelles doivent être les qualités d'une eau potable ?*

L'*eau* transparente et limpide n'est pas nécessairement une eau pure, car il ne faut pas confondre la *pureté* avec la *limpidité*. Dans le sens chimique, pureté veut dire absence de matières étrangères; or, dans ce cas, l'eau la plus pure serait l'eau distillée. Mais cette eau, privée de toute espèce de sels, et contenant à peine quelques traces d'air atmosphérique, est fade, pesante à l'estomac et dispose aux indigestions.

L'eau potable doit, au contraire, contenir, outre de l'air atmosphérique, une certaine quantité de matières étrangères, telles que de l'acide carbonique, du chlorure de sodium, etc. Ces principes rendent l'eau sapide, légère et digestible.

Une bonne eau potable doit être limpide, incolore, sans odeur, fraîche, d'une saveur légère et agréable, le plus possible exempte de substances organiques.

Elle doit tenir en dissolution une petite quantité de matières salines, spécialement du bicarbonate de chaux, qui convient au développement des os, un peu de silice et de sel marin, en proportion telle que cette eau ne soit ni saumâtre, ni salée, ni douceâtre, et qu'elle permette la cuisson parfaite des aliments.

3. — *Les eaux d'étang, de marais et en général les eaux stagnantes sont-elles malsaines ?*

Il est dangereux de les utiliser pour les usages alimentaires. La composition de ces eaux est fortement altérée, leur goût est fade et marécageux; les matières animales et minérales qu'elles contiennent rendent leur action nuisible à la santé. Lorsqu'on est réduit à en faire usage, il est prudent de les faire bouillir. On détruit ainsi les infusoires microscopiques qu'elles peuvent renfermer.

La fièvre typhoïde, qui fait tant de victimes, n'a souvent pas d'autre origine.

4. — *Comment peut-on reconnaître la bonne qualité de l'eau potable ?*

Il suffit de la renfermer dans une carafe pendant plusieurs jours. Si, après ce laps de temps, elle reste incolore, si elle n'acquiert aucune odeur, ni aucune saveur, et ne présente aucun sédiment, on peut être sûr qu'elle est bonne.

5. — *Le vin mêlé d'eau est-il une boisson saine et agréable ?*

Oui, mais à la condition que le mélange se fasse au moment même du repas. En effet, l'eau et le vin mêlés longtemps d'avance donnent un breuvage insipide qui perd toutes les qualités du vin et ne conserve qu'une saveur légèrement aigrelette. Le vin n'est plus alors une boisson excitante et tonique.

6. — *Pourquoi est-il dangereux de manger la chair du porc simplement fumée ?*

Parce qu'elle peut être infestée de *trichines*, petits vers microscopiques qui engendrent chez l'homme une maladie terrible et toujours mortelle.

7. — *Comment peut-on reconnaître la fraude que commettent parfois les étameurs en employant du zinc au lieu d'étain pour étamer les ustensiles de cuisine ?*

Il suffit de faire bouillir une certaine quantité de vinaigre dans le vase dont l'étamage est suspect. Si le vase se ternit ou se tache par places, il est *zingué*; s'il ne se ternit pas, il est *étamé*.

8. — *Quelle est la meilleure, de la chemise de toile ou de la chemise de coton ?*

La chemise de toile, même quand la toile est fine, est inférieure à la chemise de coton. Étant meilleure conductrice du calorique, elle se refroidit plus rapidement. La chemise de coton est plus douce, plus chaude; elle absorbe mieux la transpiration. Elle convient surtout aux personnes délicates ou à celles qui transpirent facilement. C'est la chemise adoptée aujourd'hui presque par tout le monde.

9. — *Pourquoi les vêtements de laine sont-ils chauds en hiver ?*

Parce que ces vêtements sont de mauvais conducteurs de la chaleur; en conséquence, ils retiennent celle du corps, et l'empêchent de rayonner au dehors. En outre, les mailles de la laine retiennent dans leurs intervalles beaucoup d'air; or l'air, étant comme la laine un mauvais conducteur du calorique, empêche celui-ci de quitter notre corps.

10. — *Pourquoi les vêtements imperméables de caoutchouc sont-ils dangereux?*

Tout en garantissant de la pluie et de l'humidité, ces vêtements condensent, à leur surface interne et dans les tissus situés au-dessous d'eux, les produits de la transpiration; de plus, ils exposent, quand on les quitte, à un abaissement de température, dont l'effet peut devenir pernicieux.

11. — *Quelles conditions hygiéniques doit remplir une bonne chaussure?*

Elle doit être souple, ni trop forte ni trop mince, ni trop large ni trop étroite. Une chaussure à semelle étroite déforme le pied et occasionne des cors. Si elle est trop large, le frottement peut produire absolument le même résultat. Il faut surtout proscrire les bottines à talons Louis XV, qui peuvent avoir sur la santé des jeunes filles les plus déplorables conséquences.

12. — *Comment conserve-t-on les sangsues?*

On les met dans un bocal rempli d'eau fraîche, que l'on renouvelle deux ou trois fois par semaine. Si l'on met un petit morceau de charbon de bois dans l'eau, elles se conservent plus longtemps.

Les mêmes sangsues peuvent servir plusieurs fois.

Pour qu'elles tirent bien, il faut qu'elles soient à jeun. Un intervalle d'au moins quinze jours est nécessaire pour les rendre propres à une nouvelle opération. Pour les faire dégorger, on leur jette un peu de sel sur le dos; lorsqu'elles sont vidées, on les replonge dans le bocal.

13. — *Comment faut-il s'y prendre pour débarrasser les yeux de la poussière, d'un grain de sable ou de tabac qui y est entré?*

Il faut se garder de fermer l'œil ou de le frotter avec les doigts, cela augmenterait ou prolongerait la douleur. Il faut tenir l'œil tout ouvert et fixer un objet quelconque. Après une minute au plus, le corps étranger ne sera plus sous la paupière : il aura glissé dans l'angle antérieur de l'œil, d'où il sera facile de l'enlever.

SIXIÈME PARTIE

TRAVAUX A L'AIGUILLE — COUTURE, RACCOMMODAGE — PREMIÈRES NOTIONS DE COUPE ET D'ASSEMBLAGE

NOTIONS GÉNÉRALES

Matériaux nécessaires à la couture.

Les objets nécessaires à la couturière, à part l'étoffe, sont : les aiguilles, les épingles, le dé, les ciseaux et le fil.

Aiguilles. — On distingue plusieurs sortes d'aiguilles ; celles dont se servent particulièrement les couturières sont appelées, suivant leur dimension, *aiguilles longues*, *mi-longues* ou *courtes*.

Elles sont de différents numéros ; les plus grosses portent les plus petits numéros, et inversement pour les plus fines.

Les aiguilles à laine, les aiguilles à repriser ont le chas plus allongé et servent plus spécialement pour le raccommodage.

Les aiguilles à tapisserie ont également l'ouverture allongée, mais elles sont émoussées à la pointe.

On doit de préférence acheter de bonnes aiguilles ; elles sont plus cassantes, il est vrai, mais elles glissent plus facilement dans l'étoffe, et ne se tordent pas au moindre effort.

Épingles. — Les épingles servent à fixer l'étoffe pour qu'elle soit tendue, surtout lorsqu'on fait des coutures en ligne droite.

On les emploie aussi pour bâtir et assembler les grandes pièces.

Il est bon d'avoir un choix d'aiguilles et d'épingles. Elles doivent être placées sur une pelote ou serrées dans un étui.

Dé. — Le dé est certainement indispensable ; il est destiné à recouvrir l'extrémité du doigt majeur de la main droite, et doit s'appuyer contre la tête de l'aiguille pour enfoncer celle-ci dans l'étoffe.

Ciseaux. — Les ciseaux doivent être d'une grosseur moyenne pour les ouvrages courants, plus petits pour les travaux délicats.

Fil. — Le fil, qu'on distingue en fil de soie, fil de laine, fil de coton, fil de chanvre ou de lin, sera assorti autant que possible à la couleur de l'étoffe que l'on a à coudre et à la grosseur du tissu. En général on doit choisir un fil légèrement plus gros que le brin de l'étoffe.

Autres provisions. — La petite couturière peut encore avoir à sa disposition, outre le fil bis, noir et blanc, des boutons, des agrafes, des tresses, des rubans de fil, etc.

Ménagère. — Afin d'éviter toute perte de temps pour la recherche d'objets qui auraient pu s'égarer, nous engageons les jeunes filles à se confectionner une petite ménagère. La forme la plus simple est celle qui ressemble à une enveloppe de papier à lettre.

I
Étude des points.

Importance de l'étude des points de couture. — L'application du programme nous prescrit de commencer l'enseignement de la couture par l'étude théorique des points.

Cette étude est d'une importance capitale. En effet, une couture est un ensemble de points, ou tout au moins l'application d'un point. Elle ne pourra être parfaitement exécutée que si on a la connaissance exacte des premiers éléments.

Emploi du canevas. — Pour apprendre aux enfants du Cours élémentaire (première année) à former les points, il est bon de les leur faire exécuter sur du canevas ordinaire.

Les enfants de la deuxième année pourront faire les différents points sur du canevas dit toile Pénélope, puis sur un tissu peu serré.

Les élèves du Cours moyen, après avoir reproduit les exercices du Cours élémentaire sur du calicot sans apprêt, seront exercées à l'application des points dans les diverses coutures.

Formation des points. — La formation des points est soumise aux deux conditions suivantes :

1° Il faut prendre sur l'aiguille toujours la même quantité de fils.

Cette quantité est variable suivant la grosseur des brins qui forment le tissu.

2° Laisser entre tous les points consécutifs des intervalles égaux.

Divisions des points. — On divise les points en deux classes : les points de couture et les points d'ornement.

Points de couture.

Les points le plus ordinairement employés dans la couture sont :

Le point glissé ou point devant ; le point arrière ; le point de surjet ; le point de côté ou point d'ourlet ; le point de Saxe ou point de chausson ; le point de boutonnière.

POINT GLISSÉ OU POINT DEVANT

Ce point est désigné sous le nom de *point glissé* parce qu'on peut placer sur l'aiguille un certain nombre de points avant de la retirer.

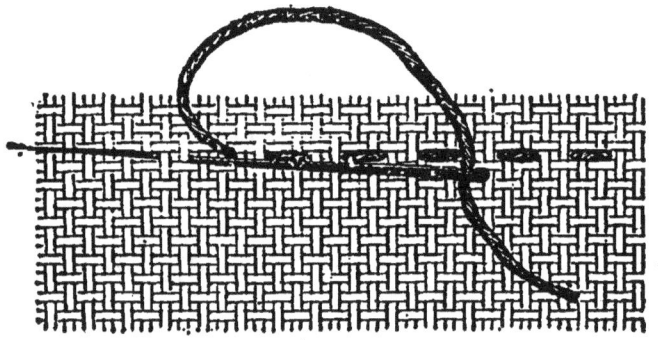

Fig. 20. — Point glissé sur canevas.

On lui donne encore le nom de *point devant* parce qu'il se fait en allant en avant, le plus souvent suivant une ligne droite.

On forme ce point en prenant sur l'aiguille deux ou trois fils, selon l'étoffe employée, et en laissant le même nombre de fils entre chaque point.

Emploi du point glissé. — Le point glissé est employé pour les étoffes légères, mousseline, soie, et pour quelques tissus en laine, tels que mérinos et cachemire.

Dans la confection il sert spécialement à réunir les lés d'une étoffe ; dans la lingerie il est usité pour former les plis, les coutures retournées, et pour ourler les garnitures.

POINT ARRIÈRE

Ce point semble faire exception à la règle générale, en ce qu'il ne présente aucun intervalle.

Il se fait le plus souvent en suivant une ligne droite. On peut dans ce cas tirer un fil à l'endroit où les points devront être placés.

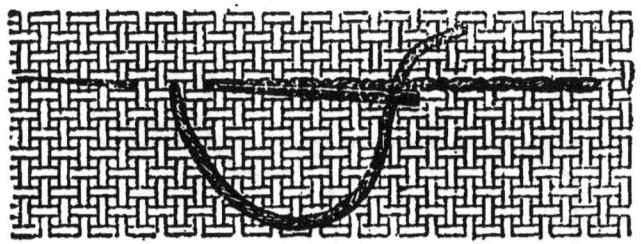

Fig. 21. — Point arrière sur canevas.

Après avoir assujetti le fil en dessous de l'étoffe, on fait ressortir l'aiguille à l'endroit, puis on prend deux fils en arrière, on passe sous quatre fils à l'envers de l'étoffe pour faire ressortir l'aiguille deux fils en avant du premier point formé. De nouveau on pique l'aiguille deux fils en arrière, c'est-à-dire à l'endroit même où finissait le point précédent, ainsi qu'il est indiqué dans la figure.

Chaque point arrière comprend toujours un nombre pair de fils à l'envers de l'étoffe; ce nombre se divise en deux parties à l'endroit.

Emploi du point arrière. — L'emploi de ce point est très fréquent. On s'en sert à cause de sa solidité, et parce qu'il forme une ligne continue, pour fixer toutes les parties qui sont exposées au frottement : telles sont les coutures qui réunissent les manches au tablier ou à la robe.

Sa régularité le fait appliquer comme point d'ornement dans les objets de lingerie, devant de chemise bord des cols, des manches, etc.

POINT DE SURJET

Ce point sert à réunir les deux lisières ou les deux bords repliés d'une étoffe. Dans le raccommodage on pose les pièces à l'aide de ce point.

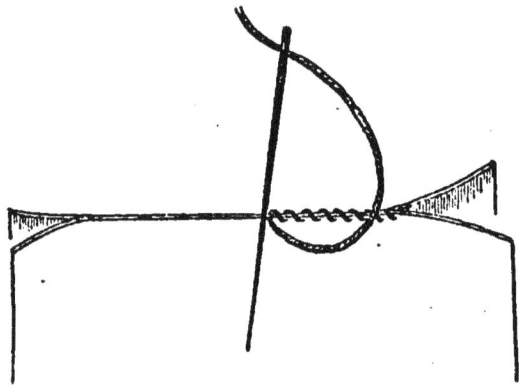

Fig. 22. — Surjet sur lisières.

Pour le former, l'aiguille est piquée à un ou deux fils en dessous de la lisière ou du rempli et doit ressortir à un ou deux fils du bord de l'étoffe que l'on tient devant soi.

Lorsque la lisière est tissée régulièrement et que le dernier fil présente assez de résistance, on peut se contenter de prendre un fil de profondeur sur chaque lisière.

Les points doivent être droits, séparés les uns des autres de deux ou trois fils, suivant la grosseur du brin employé pour faire la couture.

POINT DE CÔTÉ OU POINT D'OURLET

Le point de côté se fait de deux manières différentes, selon qu'il est employé pour l'ourlet ou pour la première partie de la couture rabattue.

Point de côté pour ourlet. — Pour former ce point l'aiguille est piquée de bas en haut obliquement, ainsi que l'indique la figure.

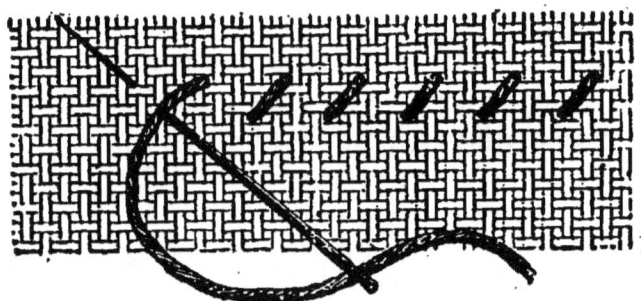

Fig. 23. — Point d'ourlet sur canevas.

On l'appelle *point d'ourlet* parce qu'il sert spécialement dans le genre de couture qui porte ce nom.

Emploi. — On l'emploie le plus souvent lorsqu'il s'agit d'assujettir le bord replié d'une étoffe, ou lorsqu'on place un bordé quelconque.

Point de côté pour la première partie de la couture rabattue. — Pour la première partie de la couture rabattue, l'aiguille est également dirigée obliquement, mais elle est piquée de haut en bas, comme l'indique la figure.

Fig. 24 — Point de côté sur canevas.

Pour faire ce genre de point de côté, on prend deux fils sur l'aiguille, et on en laisse autant pour former l'intervalle.

POINT DE SAXE OU POINT DE CHAUSSON

Ce point représente deux lignes obliques, se coupant à chaque extrémité; elles sont faites, l'une de droite à gauche, l'autre de gauche à droite, en laissant entre elles une distance de quatre ou six fils en largeur.

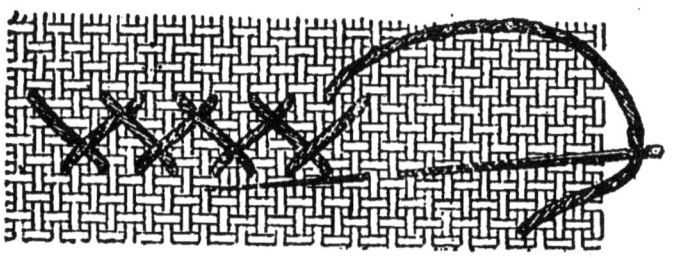

ig. 25. — Point de Saxe sur canevas.

On commence en piquant l'aiguille à gauche, on prend deux fils, on pique l'aiguille à droite en prenant les deux fils au-dessus du point formé à gauche. Le nouveau point à gauche présentera le même intervalle que celui qui vient d'être fait à droite.

On doit remarquer qu'il peut y avoir deux, quatre ou six fils de distance entre chaque point placé sur la même ligne verticale, mais que le point à droite doit occuper exactement les deux fils du milieu de l'espace laissé à gauche, et inversement.

Pour que le point soit croisé, il faut avoir soin de laisser le fil à droite lorsqu'on pique l'aiguille à gauche, et *vice versa*.

Emploi. — Ce point est surtout employé dans la confection des flanelles. Il sert aussi à fixer le bord des coutures non repliées, dans la confection des vêtements en drap.

POINT DE BOUTONNIÈRE

Le point de boutonnière n'a aucune application en dehors de la boutonnière elle-même.

Nous indiquons la manière de le faire en parlant des diverses sortes de boutonnières.

La boutonnière se fait le plus souvent en suivant le droit fil de l'étoffe, soit dans le sens de la chaîne, soit dans celui de la trame.

Toutefois, lorsqu'on est obligé de tracer une boutonnière dans le biais de l'étoffe, il faut avoir soin, en la coupant, de suivre une ligne droite.

Dans la lingerie on peut faire la boutonnière de deux manières, sans que le point change de forme. Elle est faite de droite à gauche.

Après avoir fixé le fil à l'envers, on fait ressortir l'aiguille dans la fente de la boutonnière ; sans cette précaution le premier point ne formerait pas de nœud.

Première manière de faire la boutonnière. — On pique l'aiguille à deux ou trois fils au-dessous de la fente pratiquée à cet effet ; lorsqu'on retire l'aiguille,

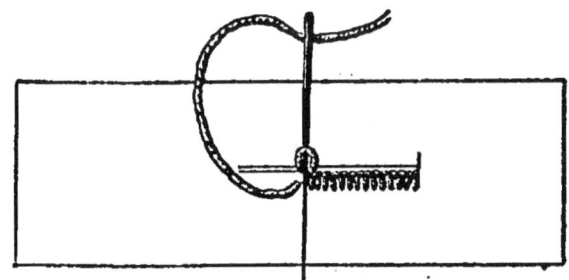

Fig. 26. — Première manière de passer le fil.

il se forme une bouclette (fig. 26) ; on jette le fil à gauche de la bouclette, puis on la saisit par derrière.

Lorsqu'on retire l'aiguille, il faut que le fil soit tendu verticalement, afin que le point soit parfaitement perpendiculaire à la fente.

Deuxième manière de faire la boutonnière. — On commence la boutonnière de la même façon que la précédente; elle se fait également en allant de droite à gauche.

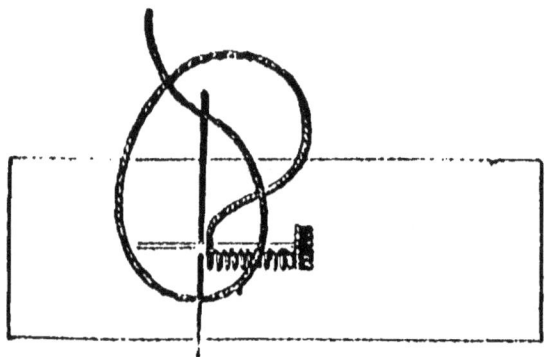

Fig. 27. — Deuxième manière de passer le fil.

On pique l'aiguille en faisant ressortir la pointe devant soi, sans la retirer, on prend le fil près du chas, on le fait passer sous l'aiguille, en le dirigeant de droite à gauche, ainsi qu'il est indiqué dans la figure 27, et le nœud se forme près de la fente de la boutonnière.

Boutonnière d'habit. — Dans les différentes confections on se sert de la boutonnière d'habit.

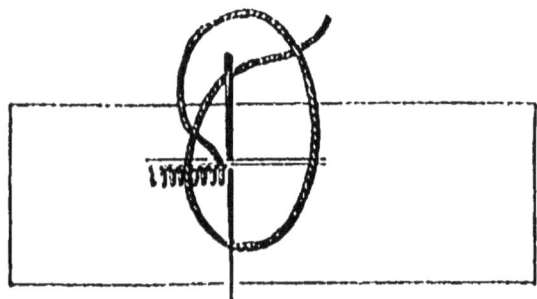

Fig. 28. — Boutonnière faite de gauche à droite.

Cette boutonnière diffère des précédentes en ce qu'elle se fait de gauche à droite. Elle doit former un cordon très fin sur la fente de la boutonnière dans la confection des vêtements de drap.

Lorsque l'aiguille est piquée et que la pointe est dirigée en face de soi, on saisit le brin près du chas; on le fait passer au-dessous de la pointe de l'aiguille de gauche à droite; on serre le fil assez fortement pour que le nœud se forme sur le bord même de la fente de la boutonnière.

Manière d'arrondir et de terminer la boutonnière. — Les boutonnières peuvent se terminer de deux manières : soit par une bride à chaque extrémité, soit en arrondissant l'un des côtés et en terminant l'autre par une bride.

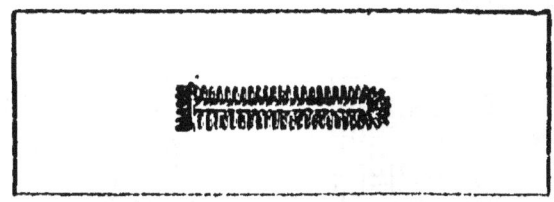

Fig. 29. — Boutonnière terminée.

Pour arrondir la boutonnière d'un côté, il faut, lorsqu'on est arrivé à l'une des extrémités, former à l'aide des points un demi-cercle; pour cela, l'aiguille est piquée obliquement; les points doivent être exactement de la même longueur, de façon que la ligne droite et la ligne courbe soient parfaitement raccordées.

Pour terminer la boutonnière, on fait une petite bride au point de ganse. On doit avoir soin, avant de la former, que le dernier et le premier point soient en ligne droite. On passe alors transversalement deux fils qui réunissent le premier et le dernier point en les recouvrant exactement; et, en ne travaillant que sur ces deux brins, on exécute le point employé pour la boutonnière.

Petites ganses et point d'arrêt. — Les ganses sont faites de la même façon que les petites brides terminant la boutonnière. Elles tiennent lieu parfois de boutonnières ; on les emploie aussi aux extrémités de l'encolure des robes, pour fixer l'agrafe ; et souvent comme point d'arrêt.

POINT DE MARQUE

Bien que le point de marque ne soit pas classé parmi les points de couture, nous en faisons connaître la théorie.

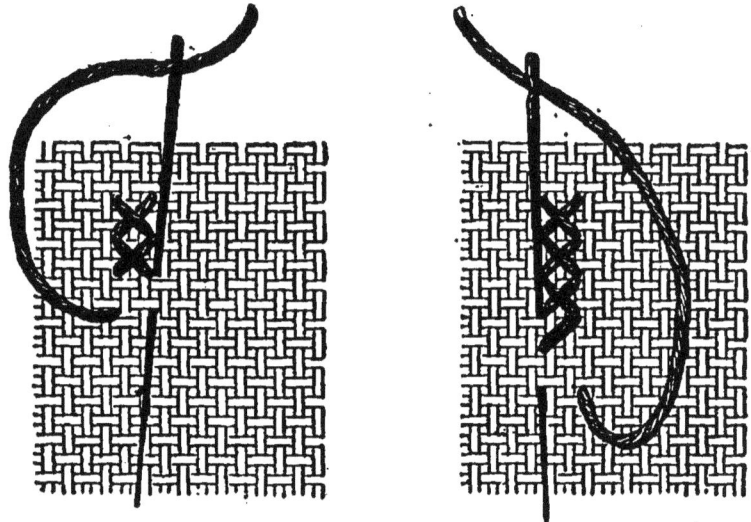

Fig. 30. — Première partie du point de marque. Fig. 31. — Deuxième partie du point de marque.

Dans une maison où l'ordre règne, tout le linge doit être marqué et numéroté.

Il est donc indispensable que la jeune fille apprenne à marquer en même temps qu'elle apprend à coudre.

On appelle *point de marque* le point qui sert à former les lettres et les chiffres sur le linge.

Ce point représente les deux diagonales d'un carré, il se fait en allant de droite à gauche, ou de gauche à droite indistinctement.

On prend toujours exactement deux fils en hauteur

sur l'aiguille et on laisse toujours deux fils d'intervalle en largeur.

Supposons que le point soit fait de gauche à droite; après avoir assujetti le fil, on prend, à droite, deux fils en hauteur, on retire l'aiguille, on la repique à gauche, à

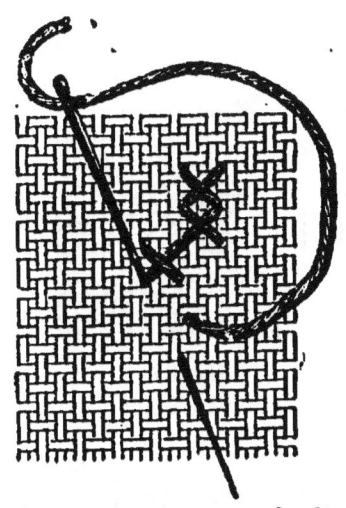

Fig. 32. — Point changeant de direction.

la même hauteur, afin de croiser le premier point; mais on a soin de faire ressortir l'aiguille deux fils au-dessous du premier point formé; puis on prend deux fils à droite, ce qui forme la moitié du deuxième point; on repique à gauche en prenant quatre fils, et successivement pour les points suivants.

Points d'ornement.

Les points d'ornement dérivent du point de *chaînette*; ils se forment tous en laissant le fil sous la pointe de l'aiguille, tantôt de droite à gauche, tantôt de gauche à droite.

Le *point de chaînette* se fait en piquant l'aiguille devant soi, en laissant de gauche à droite le fil sous la pointe de l'aiguille, de façon à former une bouclette

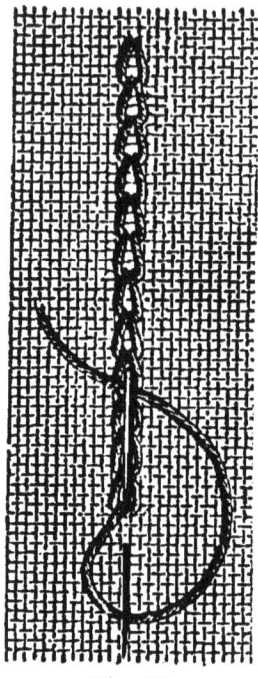
Fig. 33.
Point de chaînette.

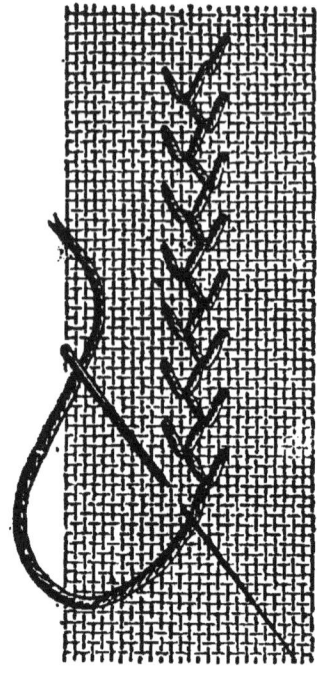
Fig. 34.
Point d'épine.

Fig. 35.
Point de Paris.

Fig. 36. — Point de Paris double.

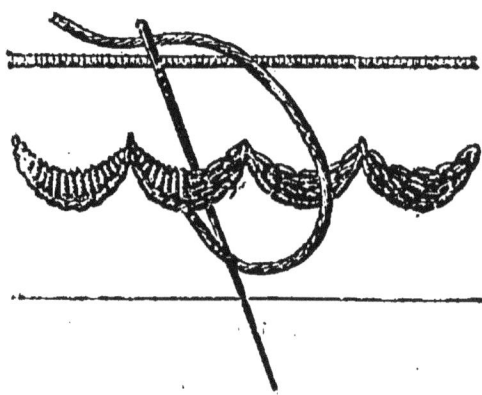
Fig. 37. — Point de feston.

lorsqu'on la retire; on repique alors dans l'endroit même où finissait le point précédent : une nouvelle bouclette se forme, et l'on continue ainsi.

Nous donnons ci-contre les dessins de points d'ornement les plus employés; la direction de l'aiguille indique la manière de les former.

II

Application des différents points aux coutures.

Lorsque la théorie des points sera parfaitement connue des élèves, elles devront être exercées à l'application de ces points dans les différentes sortes de couture.

Ainsi que nous l'avons dit, une couture peut être formée d'un seul point, ou bien elle est la réunion de plusieurs sortes de points. Elle n'est vraiment régulière et ne peut atteindre la perfection que lorsque tous les points qui la composent sont faits d'après les règles étudiées.

DIFFÉRENTS SENS DE L'ÉTOFFE

Chaîne; trame. — Avant de commencer les divers exercices de couture, il est nécessaire d'apprendre à connaître les différents sens de l'étoffe.

Un *tissu* est formé par l'enchevêtrement régulier de fils de chaîne et de fils de trame.

Les *fils de chaîne* sont placés dans le sens de la longueur; les *fils de trame*, dans le sens de la largeur.

Si l'on a un morceau d'étoffe ayant au moins une lisière, il est facile de reconnaître la chaîne, la lisière suivant la même direction.

Lorsque la partie à employer n'a pas de lisière, il y a deux manières de reconnaître les deux sens de l'étoffe :

1° Si l'on effile un peu les bords de la déchirure, on reconnaît facilement les fils ou brins qui constituent la chaîne, parce qu'ils sont, sinon plus gros, du moins plus forts et plus rapprochés les uns des autres que les fils de trame ;

2° Si l'on étire les bords de la déchirure, celui qui est dans le sens de la chaîne reste plus tendu, c'est-à-dire ne s'étire presque pas, tandis que le bord de la déchirure, dans le sens de la trame, prête facilement et forme, si on l'étire, presque un arc de cercle.

Biais. — Une étoffe est en biais toutes les fois que deux de ses côtés parallèles ne sont pas limités par un droit fil.

Le *bon biais* est formé par la diagonale du carré; on l'obtient en repliant l'étoffe sur elle-même, de manière que le pli soit la diagonale, et que les côtés coïncident en suivant le fil droit.

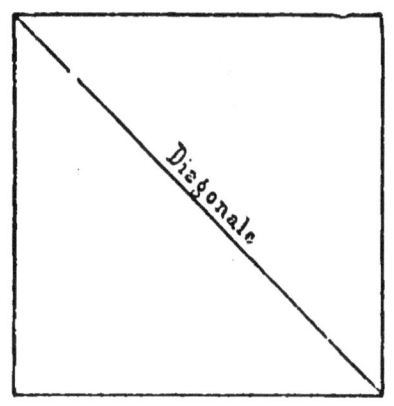

Fig. 38. — Bon biais.

OURLET

L'ourlet est une couture souvent employée pour la confection du linge de table ou de ménage : serviettes, nappes, essuie-mains, mouchoirs.

Dans la lingerie il sert à retenir le bord inférieur des chemises, tabliers, pantalons, jupes, etc.

Préparation de l'ourlet. — On fait un premier

rempli de 3 ou 4 millimètres, puis on trace un deuxième rempli de la largeur qu'on a déterminée.

Le plus souvent les remplis sont tracés en ligne droite; ils doivent être très réguliers, même lorsqu'ils suivent une ligne courbe.

Ourlet au point de côté. — Lorsqu'on commence un ourlet, il faut d'abord surjeter les bords repliés de la lisière; puis on pique l'aiguille obliquement, en pre-

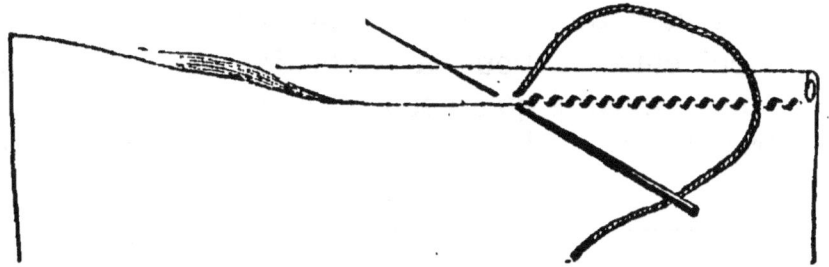

Fig. 39. — Ourlet au point de côté.

nant deux ou trois fils de l'étoffe en dessous du premier rempli, pour la faire ressortir à un ou deux fils au-dessus de cedit rempli. On laisse un nombre de fils égal entre tous les points consécutifs.

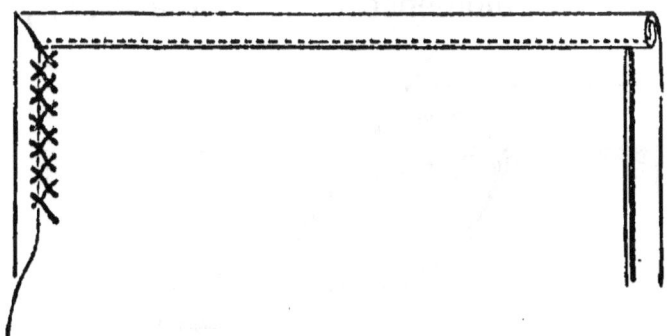

Fig. 40. — Ourlet fait avec différents points.

Tourner un coin. — Si la partie d'étoffe doit être ourlée des quatre côtés, pour tourner les coins, il faut assujettir les bords, soit par un point de surjet, soit en repliant obliquement un des deux côtés, et tourner de façon que la ligne de points forme angle droit.

Ourlet au point glissé. — L'ourlet au point glissé se prépare de la même manière que le précédent.

Le point se fait sur le premier rempli à 1 ou 2 millimètres du bord.

Ourlet au point arrière. — Dans cet ourlet la couture se fait toujours à l'endroit; le plus souvent les remplis sont tournés du beau côté de l'étoffe.

Ourlet au point de Saxe. — Cet ourlet, qui est spécialement employé pour la confection des vêtements en flanelle, n'exige qu'un seul rempli.

Ourlet à jour. — Il se prépare comme l'ourlet ordi-

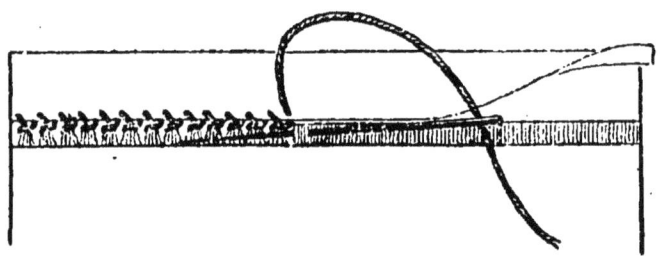

Fig. 41. — Ourlet à jour, première partie.

naire; puis on tire cinq ou six fils au-dessous du rempli. On le commence de gauche à droite; après

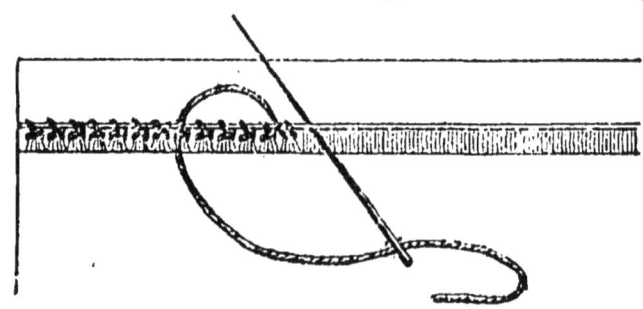

Fig. 42. — Ourlet à jour, deuxième partie.

avoir fixé le fil, on prend sur son aiguille, d'arrière en avant, quatre ou cinq des fils destinés à former le jour. On tire le fil travailleur suffisamment pour resserrer les quatre brins, puis on repique l'aiguille dans le premier rempli, en arrière de ces quatre fils, mais en ne prenant qu'un ou deux brins de ce rempli.

SURJET

Le point de surjet est employé pour réunir les deux parties d'un drap, et dans le raccommodage pour la pose des pièces.

COUTURE RABATTUE

C'est une des coutures les plus employées; elle trouve son application dans la lingerie, dans la confection et même dans le raccommodage.

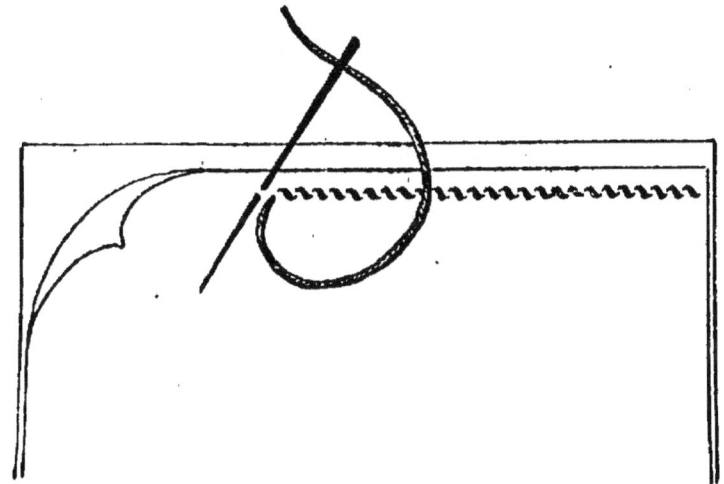

Fig. 43. — Couture rabattue, première partie.

Le plus souvent, pour la faire, on emploie les deux sortes de points de côté.

Couture rabattue au point de côté. — Lorsque la couture est en droit fil, pour faciliter la confection de la première partie et surtout pour que la couture soit faite en ligne droite, on pourra permettre aux enfants de tirer un fil à la partie qui doit être en dessous.

On place alors les deux bords d'étoffe l'un contre

l'autre; on les fixe par une couture au point de côté (fig. 24); mais on a soin de piquer l'aiguille sur le fil tiré, en la faisant ressortir obliquement à deux ou trois fils en dessous.

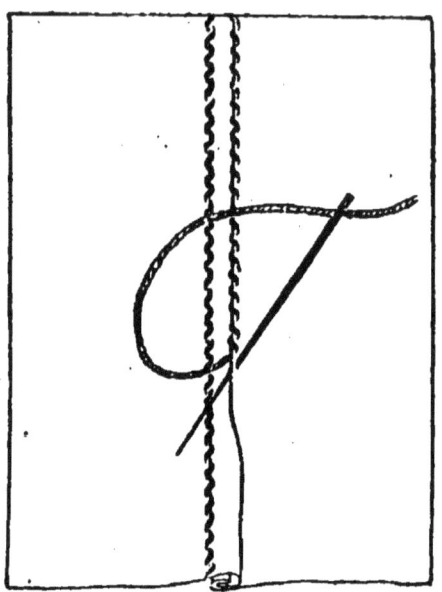

Fig. 44. — Couture rabattue, deuxième partie.

Lorsque la première partie de la couture rabattue est faite, on enlève un peu d'étoffe à la partie où le fil a été tiré, on aplatit la couture, et, après avoir replié le plus large bord sur le plus étroit, on rabat au point d'ourlet.

Couture rabattue dans le biais de l'étoffe. — Il est important d'appeler l'attention des élèves sur la manière de faire la couture dans le biais de l'étoffe.

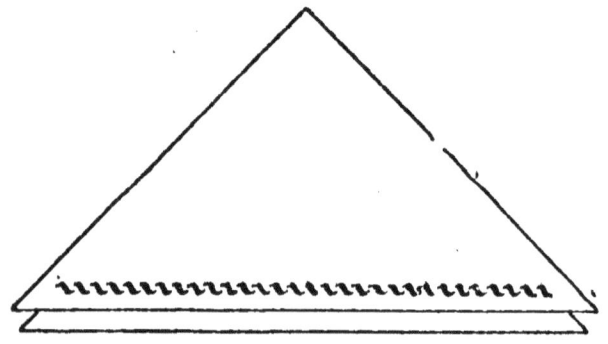

Fig. 45. — Couture en biais, première partie.

Si l'on ne prend pas toutes les précautions nécessaires, la couture s'étire et l'objet confectionné est complètement déformé.

Pour faire ce genre de couture, on tient entre le pouce et l'index de la main gauche les deux parties d'étoffe qui doivent être réunies par un point de côté, on a soin, en retirant l'aiguille, de tenir le fil fortement tendu. Cette couture doit former une ligne parfaitement droite, ou, si elle est courbe, comme dans les entournures des manches, on doit éviter de former des zigzags.

Le travail ne doit jamais être fixé, par une épingle, sur le genou; il ne faut pas non plus enrouler l'étoffe autour des doigts, mais se contenter de maintenir légèrement avec le majeur la partie faite, afin de ne pas étirer la couture.

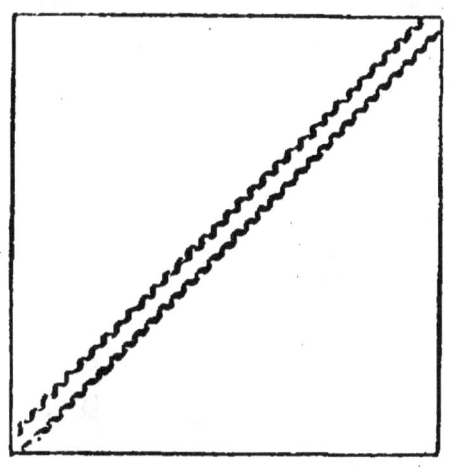

Fig. 46. — Couture terminée.

Les mêmes précautions sont à prendre lorsqu'on rabat; on doit veiller avec soin à ce que le rempli soit toujours de la même largeur, et que le fil soit tiré fortement et régulièrement.

Couture retournée dite couture anglaise. — On assemble bord à bord et à l'endroit deux parties d'étoffe; on fait une première couture, très près du bord, au point glissé ou point devant. On retourne ensuite le travail à l'envers, la première couture forme le bord; à quelques millimètres de ce bord on fait la deuxième couture au point mixte, c'est-à-dire qu'après quelques points glissés on place un point arrière.

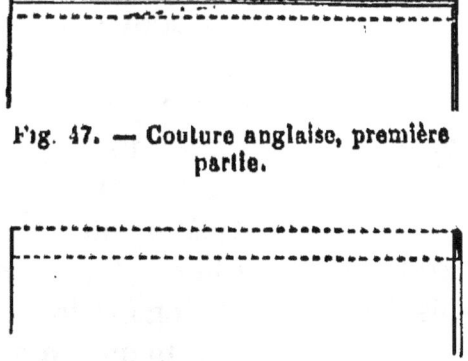

Fig. 47. — Couture anglaise, première partie.

Fig. 48. — Couture anglaise terminée.

Cette couture est souvent employée dans la lingerie et dans les objets de confection qui ne doivent pas être doublés.

Les points apparaissent peu à l'endroit, et à l'envers les coutures sont plus nettes.

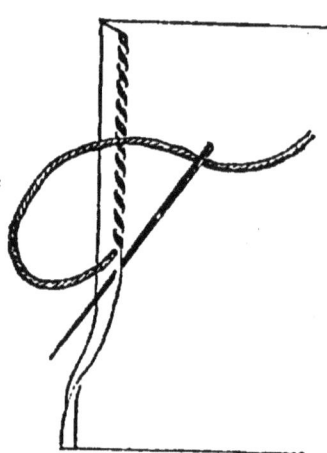

Fig. 49. — Couture-ourlet.

Couture-ourlet. — On entend par couture-ourlet la réunion de deux bords d'étoffe par une seule couture. On place les deux bords à une distance de 2 ou 3 millimètres l'un de l'autre, pour que le bord qui doit être à l'intérieur ne soit pas replié en double : cela donnerait à la couture trop d'épaisseur à l'endroit où le rempli doit être fixé par le point de côté ; mais il faut que la deuxième partie d'étoffe soit placée assez avant dans l'ourlet, pour qu'elle ne s'échappe pas, une fois la couture faite.

PETITS PLIS

Les petits plis sont employés dans la lingerie pour former garniture.

Il faut d'abord replier l'étoffe sur elle-même, pour former un premier pli ; après en avoir déterminé la hauteur, on le fixe par une couture au point glissé.

Pour le deuxième on replie à nouveau l'étoffe, en ayant soin que le bord vienne s'appuyer à un ou deux fils des points retenant le premier pli.

On agit de la même manière pour les plis suivants.

Le procédé que nous venons d'indiquer suppose un

APPLICATION DES DIFFÉRENTS POINTS 157

groupe de petits plis réguliers; mais on en fait souvent de hauteur variable. Quelle que soit leur dimension,

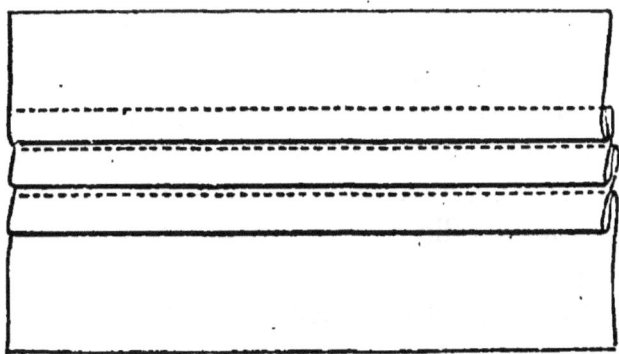

Fig. 50. — Petits plis.

il est préférable de les rapprocher les uns des autres; cela donne au travail plus de relief.

FRONCIS

Le froncis a pour but de réduire une ampleur à de plus petites proportions.

Que l'étoffe soit coupée droit fil ou en biais dans la partie qui doit être froncée, il faut toujours, en formant les points, conserver la même distance du bord.

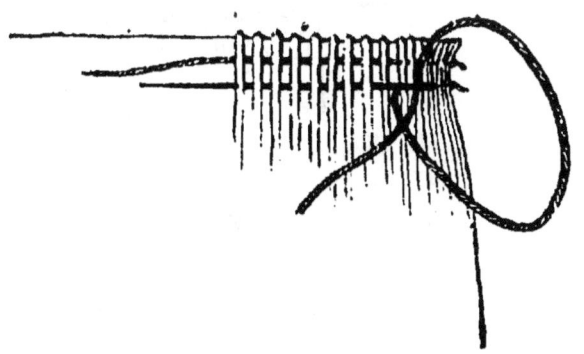

Fig. 51. — Froncis.

On fait un premier rang de froncis en prenant seulement deux brins sur l'aiguille, et en laissant quatre fils d'intervalle d'un point à un autre; on peut placer sur l'aiguille plusieurs points avant de la retirer.

On fait un deuxième rang lorsqu'il s'agit de froncer un poignet de manche, ou une garniture exigeant beaucoup d'ampleur.

Pour faire le deuxième rang de froncis, on pique l'aiguille à deux ou trois fils au-dessous de celui qu'on vient d'exécuter, en ayant soin de placer sur son aiguille les deux mêmes fils qui ont été pris pour former le premier rang.

Ce premier travail achevé, on égalise les froncis de la manière suivante :

On saisit de la main gauche les deux fils du froncis ; on rejoint les plis les uns contre les autres ; puis, à l'aide d'une forte aiguille ou épingle, que l'on fait glisser entre chaque point, on prolonge le pli de 2 ou 3 centimètres.

En agissant ainsi, on obtient un froncis très régulier et l'on rend plus facile l'exécution de la couture destinée à le fixer.

Froncis roulé. — On roule l'étoffe en même temps

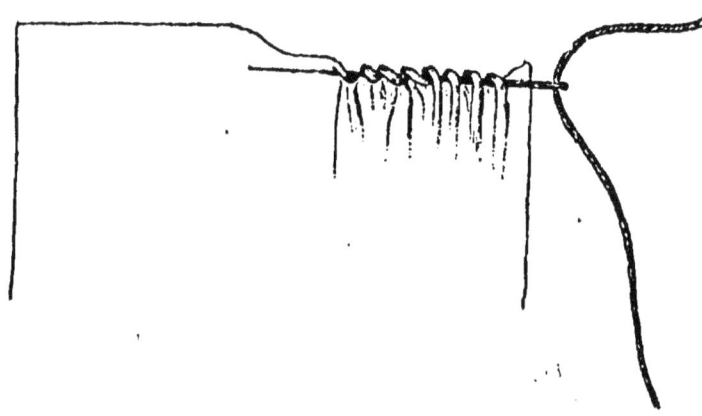

Fig. 52. — Froncis roulé.

que l'on coud ; on en tient le bord comprimé fortement entre le pouce et l'index de la main gauche ;

puis, par un mouvement descendant de l'index contre le pouce, on saisit le bord de l'étoffe, et l'on forme un roulé, qui doit être aussi fin que possible.

Une fois le roulé formé, on a soin de le tenir pressé entre les deux doigts.

Le point qui doit retenir le rempli se fait en piquant l'aiguille par-dessus le bord, de dessous en dessus, de façon à faire ressortir la pointe devant soi, car le point doit se faire dans le sens du roulé.

MONTAGE DU POIGNET

Le montage du poignet est un excellent exercice qui comprend plusieurs genres de couture; aussi nous recommandons aux jeunes filles d'apporter une grande attention à ce petit travail, qui est un acheminement à la confection.

Préparation des petits ourlets. — Après avoir taillé la manche, on prépare les petits ourlets. A 4 centimètres de hauteur on fait horizontalement une petite entaille de 4 ou 5 millimètres; on replie le bord de cette entaille en forme de triangle, puis on trace un ourlet dont le deuxième rempli prend exactement la largeur de l'entaille.

Pose du poignet. — Une fois les deux petits ourlets terminés, on commence à froncer à 1 ou 2 centimètres du premier ourlet, pour s'arrêter à 1 ou 2 centimètres du second; après cela on fixe le milieu du poignet au milieu de la manche et bord à bord. Après avoir égalisé le froncis, on fait la couture au point arrière (fig. 53) en ayant soin de placer un point à chaque pli.

Pour que la couture soit faite en ligne droite, il est bon de suivre le fil qui a servi à former le premier rang de froncis. Si les deux parties ont été parfaitement mises bord à bord, la couture suit exactement le droit fil du poignet.

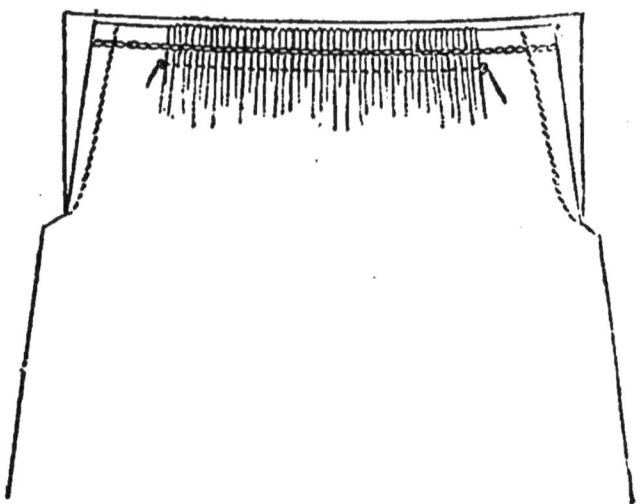

Fig. 53. — Première partie du montage du poignet.

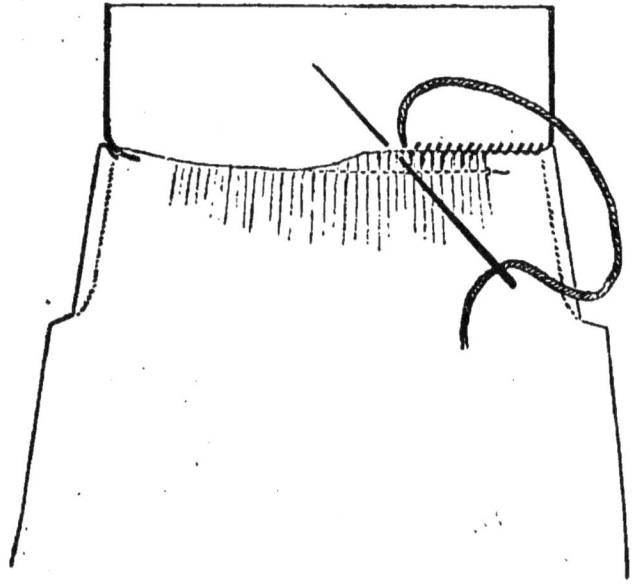

Fig. 54. — Couture pour rabattre le poignet.

Il reste à *clore le poignet* par des coutures au point

arrière. Si l'on remarque que le poignet forme un rectangle, il faudra que le point de départ de ces coutures soit placé sur le fil au-dessous du premier ou du dernier point qui a assujetti la manche au poignet, et en suivant le droit fil; on obtient un angle droit en retournant le poignet.

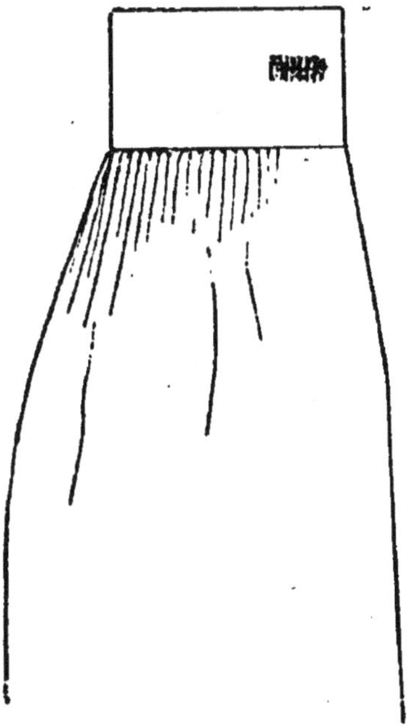

Il faut ensuite rabattre à l'envers du poignet, sur la couture même et non au-dessus ou au-dessous (fig. 54). Pour rabattre, on se sert du point d'ourlet; chaque point doit prendre un des plis, mais sans que ces points apparaissent à l'endroit.

Couture de la manche. — La couture de la manche se fait soit à l'aide d'une couture rabattue, soit par une couture à ourlet; mais il est essentiel qu'elle soit en ligne droite et de la largeur des entailles

Fig. 53. — Manche terminée.

BIAIS

Le biais est employé parfois comme garniture; il sert le plus souvent à border ou à consolider certaines coutures dans un travail; on place alors un cordon liséré à l'intérieur.

Pour poser le biais qui sert de bordé, on coud un des bords à l'endroit de l'ouvrage; on rabat l'autre à l'envers.

Préparation des biais. — Nous avons dit que le bon biais est formé par la diagonale du carré.

Lorsque les biais sont taillés dans les entrecoupes

(afin de les utiliser), il n'est presque jamais possible de replier l'étoffe ; il est cependant indispensable de trouver le bon biais. On l'obtient en coupant fil droit deux des côtés, soit AB et BF ; on mesure sur chacun

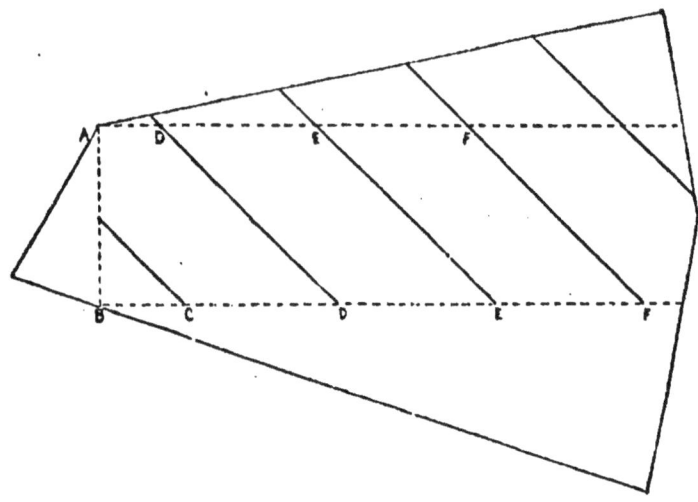

Fig. 56. — Préparation des biais.

d'eux une hauteur égale, et l'on joint les deux points par une droite. Une fois cette première ligne trouvée, on trace d'autres droites parallèles, autant que le permet le morceau d'étoffe dans lequel on taille.

Raccord des biais. — Les biais, étant pris le plus sou-

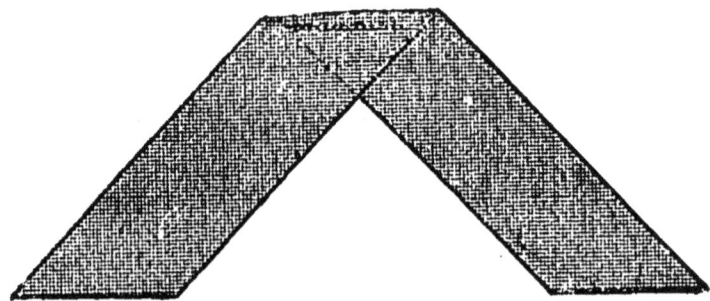

Fig. 57. — Raccord des biais.

vent dans les entrecoupes, n'ont pas toujours la longueur voulue. Avant de les réunir, il faut avoir soin de couper droit fil les parties où la couture doit être faite, DE, EF, etc.

Pour raccorder les biais, on place les deux bouts bord à bord, de façon qu'il y ait un biais à droite et l'autre à gauche; les deux morceaux d'étoffe ont alors l'apparence d'un compas ouvert.

On fait la couture au point arrière; mais il faut avoir la précaution de l'aplatir, une fois terminée.

III

Raccommodage.

L'art du raccommodage doit occuper une large place dans l'éducation des jeunes filles : savoir raccommoder, c'est savoir épargner, et les petites épargnes réunies sont souvent la source de gros bénéfices.

Le raccommodage comprend la pose des pièces, les reprises et le remmaillage des bas.

La *pièce* est destinée à remplacer une partie usée ou déchirée lorsqu'il serait trop long de refaire le tissu.

La *reprise* est employée pour remplacer les brins qui manquent (par suite de l'usure), dans un des sens de l'étoffe; ou encore pour refaire le tissu lorsque la déchirure est de petite dimension.

Le *remmaillage* est un travail qui consiste à rétablir exactement les mailles usées dans les bas, les chaussettes ou les autres objets au tricot.

PIÈCE

Pose de la pièce au point de surjet. — On enlève d'abord toute l'étoffe usée, en coupant droit fil sur les quatre côtés.

Supposons que la partie d'étoffe enlevée ait la forme d'un carré de 7 centimètres de côté (fig. 58).

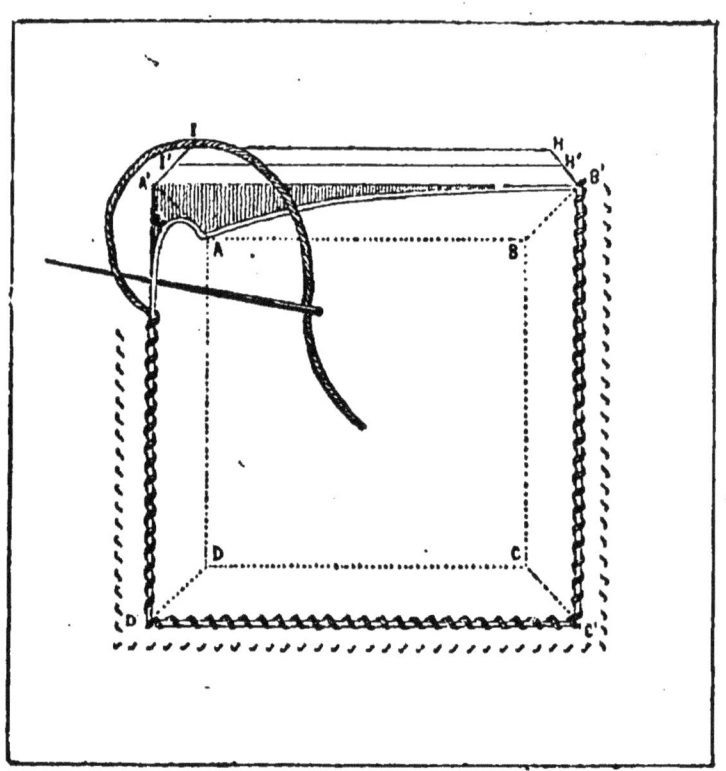

Fig. 58. — Pose de la pièce au point de surjet.

On commence par faire une entaille obliquement d'un demi-centimètre de profondeur aux angles du carré, suivant les lignes AA', BB', CC', DD'.

On trace ensuite un rempli d'un demi-centimètre de hauteur sur les quatre côtés. Une fois le rempli tracé, on aura un carré de 8 centimètres au lieu de 7 qu'il avait primitivement.

Il reste à couper la pièce destinée à remplacer l'étoffe enlevée. Cette pièce doit être un carré de 9 centimètres de côté. On fait également un rempli d'un demi-centimètre à chaque côté, ce qui réduit le carré à 8 centimètres.

Cette dernière partie ainsi préparée s'adaptera exactement aux bords du premier carré.

On réunit les deux parties d'étoffe par une couture au point de surjet, en ayant soin de commencer à l'un des angles.

Cette couture se fait le plus souvent à l'envers.

La pièce placée ainsi avec un surjet fait à petits points, puis repassée, est le plus souvent parfaitement dissimulée, car elle n'apparaît à l'endroit que sous la forme d'un pli.

En général la pièce posée au point de surjet n'est pas rabattue; elle se place surtout dans les vêtements doublés, dans les étoffes à carreaux ou d'un dessin quelconque.

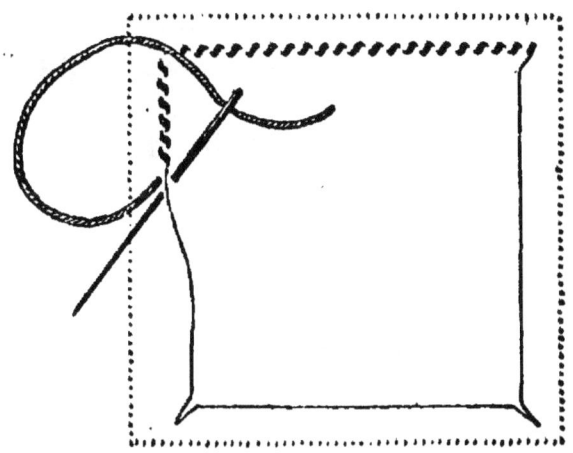

Fig. 59. — Dans cette figure la pièce rabat.

Dans le linge de ménage, chemises, draps, tabliers, on rabat la pièce. Pour cela on coupe des quatre côtés, suivant la ligne I'H', on retourne le rempli de la pièce, que l'on replie comme pour une couture rabattue, et à l'aide du point d'ourlet on assujettit les quatre côtés, en ayant soin de tourner à angle droit.

Lorsqu'on pose la pièce en surjetant à l'endroit, après avoir enlevé la partie usée, on ne fait ni entaille ni rempli. La pièce seule est repliée et fixée par un surjet à un demi-centimètre du bord de l'étoffe. Lorsque les quatre côtés sont assujettis, pour rabattre on retourne l'ouvrage à l'envers; alors on fait à chaque angle une entaille oblique de la profondeur qu'on veut donner au rempli.

Les quatre entailles doivent être exactement de la même hauteur, pour que la couture rabattue ait partout la même largeur. Si l'on entaillait trop profondément, l'angle offrirait une déchirure difficile à réparer.

Pose de la pièce à couture rabattue. — Pour commencer, on procède comme il vient d'être dit pour la pose de la pièce au point de surjet : on enlève l'étoffe usée en suivant le droit fil, et l'on fait obliquement aux quatre angles une entaille d'un demi-centimètre; toutefois, pour éviter que ces entailles ne s'effilent, on peut ne les faire qu'au fur et à mesure que l'on pose la pièce.

On coupe alors la pièce, en lui donnant au moins un centimètre de plus sur chaque côté, afin qu'il soit possible de rabattre.

Pour faire la première couture, la pièce doit être placée extérieurement, de manière à avoir devant soi la partie entaillée; on met les deux parties d'étoffe bord à bord, en laissant dépasser la pièce d'un centimètre de chaque côté.

Le premier point de la couture doit être fait en prenant exactement le premier fil au-dessous de l'entaille, puis on fait le point de côté en suivant le droit fil. Arrivé au deuxième coin, on fait l'entaille si elle n'a pas été faite préalablement, en lui donnant la même profondeur qu'à la première; on prend alors un fil seulement en deçà de l'entaille, et l'on passe au deuxième côté.

Nous recommandons de ne prendre qu'un seul fil

pour former l'angle ; si l'on en prenait plusieurs, un pli se formerait, une fois la pièce étendue.

Il est aussi essentiel que les deux bords soient parfaitement ajustés l'un sur l'autre ; si l'un était plus tendu, les coutures des trois autres côtés ne suivraient plus le fil droit ; la pièce goderait ou tirerait et ne résisterait pas longtemps au porter. Avant de rabattre la pièce, on enlève un peu de l'étoffe qui doit être sous le rempli, car il ne faut pas que cette partie soit repliée en double, puis on fait la couture rabattue au point d'ourlet.

REPRISE

Dans certains cas on répare les déchirures, non en plaçant une pièce, mais en faisant une reprise dans la partie d'étoffe usée.

Il y a plusieurs genres de reprises : la reprise simple, la reprise croisée et la reprise ouvrée.

Reprise simple. — La reprise simple est celle qui se fait sur les étoffes unies : toile, cretonne, alpaca.

Repriser, c'est refaire le tissu d'une étoffe. Avant d'apprendre à faire une reprise, il faut d'abord se rendre compte de la manière dont l'étoffe est tissée ; si nous regardons attentivement un morceau de calicot, nous voyons que la méthode de tissage des étoffes unies consiste à enchevêtrer régulièrement un fil de chaîne avec un fil de trame.

La reprise se composera donc de deux parties : 1° refaire la chaîne ; 2° refaire la trame.

Première partie de la reprise. — Si la déchirure forme trou, on commencera par placer les fils de chaîne en quantité égale à ceux qui ont été rompus ou usés, et on les adaptera aux fils de chaîne de l'objet qu'on répare. Il faut avoir soin que ces fils soient tendus et retenus 4 ou 5 fils en avant et en arrière de la déchirure.

Pour changer de rang, on ne coupe pas le fil, on retourne simplement son ouvrage.

 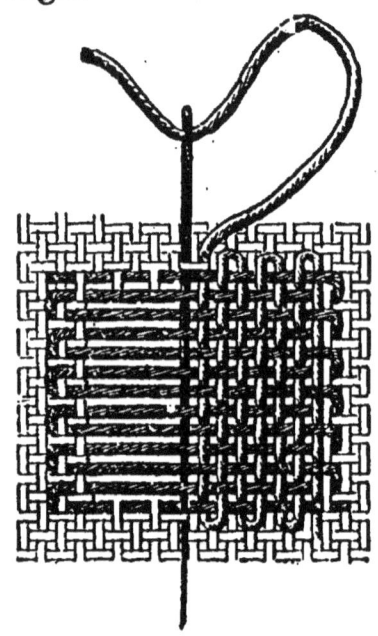

Fig. 60. — Reprise simple, première partie.

Fig. 61. — Reprise, deuxième partie.

Deuxième partie de la reprise. — Une fois cette première partie du travail terminée, on place les fils de la trame.

On forme un premier rang en prenant sur l'aiguille un fil de chaîne, puis on abaisse le fil suivant, on prend sur son aiguille le troisième fil de chaîne, on abaisse le quatrième, et ainsi de suite pour le premier rang.

Au deuxième rang on abaisse le fil que l'on a pris sur l'aiguille au premier rang, on relève alors le fil suivant, qui a été abaissé au rang précédent.

Le troisième rang est semblable au premier; le quatrième au deuxième; et l'on continue de la même manière jusqu'à ce que la reprise soit achevée.

En plaçant les fils de la trame, on observera également de les arrêter à 4 ou 5 fils en deçà et au delà de la déchirure, afin que le tissu refait offre assez de solidité aux endroits raccordés.

Reprise croisée ou tissu croisé. — On appelle tissu croisé celui dont les brins de la chaîne semblent placés obliquement et forment saillie, tels que le mérinos, la toile corda, certaines qualités d'étoffe, la flanelle.

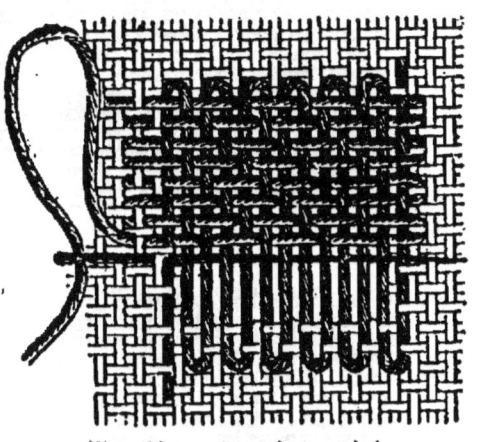

Fig. 62. — Reprise croisée.

Pour la reprise croisée, comme pour la reprise simple, on commence par établir la chaîne. Cette première partie du travail achevée, on place la trame en commençant ainsi : on prend sur l'aiguille un fil de chaîne, on abaisse les deux fils de chaîne suivants, on reprend un fil sur l'aiguille, on en abaisse encore deux, et ainsi de suite pour le premier rang.

Au deuxième rang on retourne l'ouvrage, on fait ressortir l'aiguille un fil en avant, de façon à commencer le rang par deux fils abaissés; puis on relève un des deux fils abaissés au premier rang, on abaisse les deux fils suivants (le deuxième des fils abaissés au premier rang, avec le fil qui avait été pris sur l'aiguille).

On procède de la même manière à chaque rang de trame que l'on doit placer.

Il faut observer qu'à tous les rangs consécutifs on relève toujours le fil de chaîne qui a été pris isolément au rang précédent.

Reprise ouvrée de différents dessins. — C'est toujours en plaçant les fils de la trame que l'on forme le dessin, soit qu'il s'agisse d'un dessin formant un ou plusieurs carreaux, soit qu'il s'agisse de refaire dans l'étoffe un dessin quelconque : palmes, fleurs, etc.

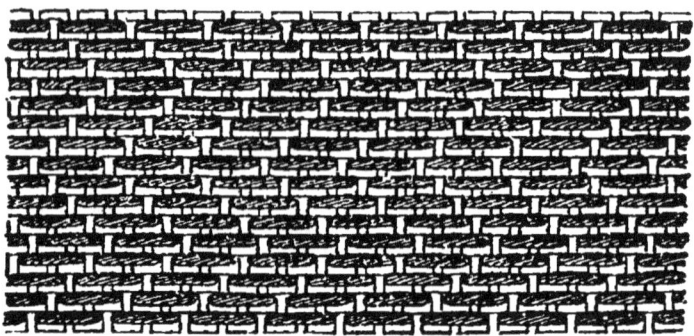

Fig. 63.

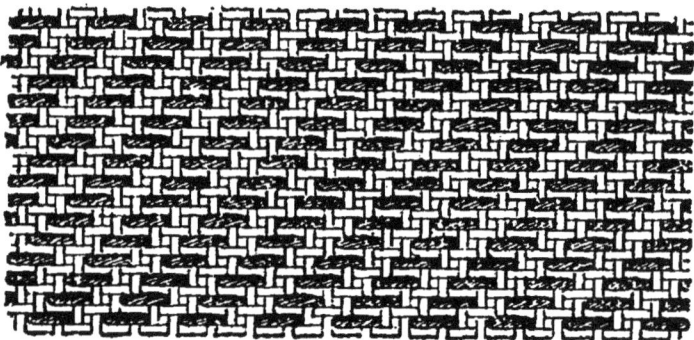

Fig. 64.

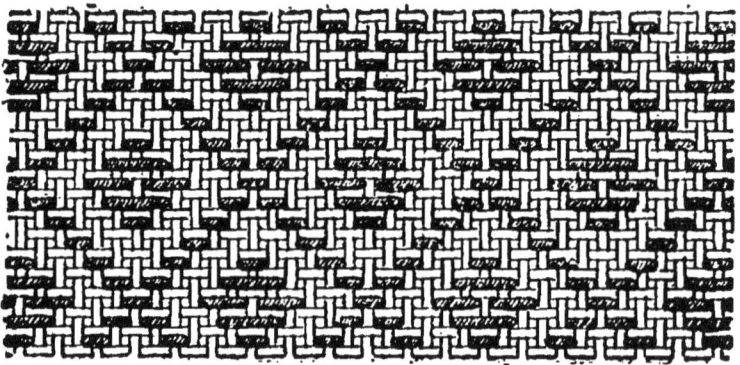

Fig. 65.

Nous conseillons, lorsqu'on a à faire une reprise de ce genre, de relever préalablement le dessin sur du canevas, sans enlever les fils de trame de ce dernier ; le travail aura plus de relief, et la reproduction du dessin sur l'objet à raccommoder en sera plus facile.

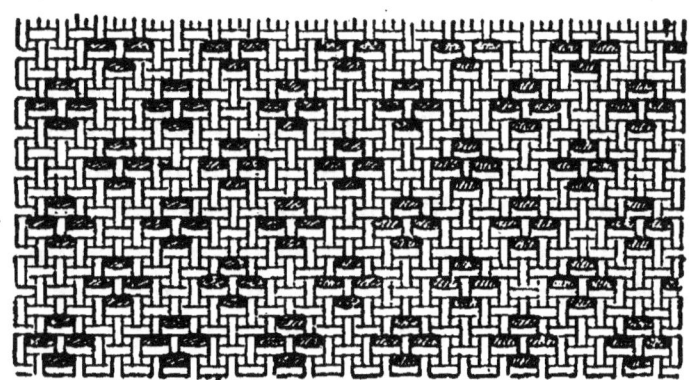

Fig. 66.

Nous donnons quelques modèles des différents genres de reprises, afin que les élèves puissent

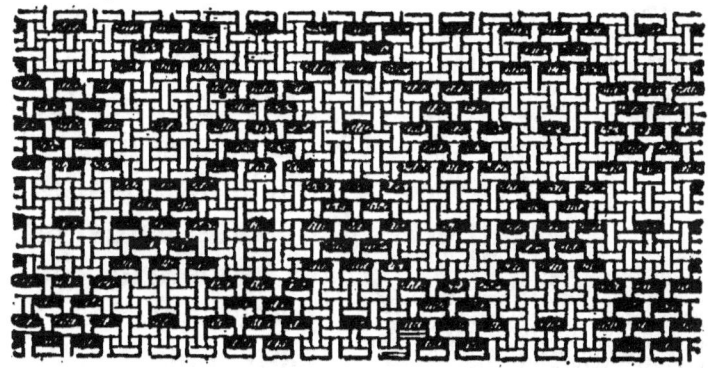

Fig. 67.

s'exercer à ce genre de travail qui demande, pour être bien fait, beaucoup d'habileté.

REMMAILLAGE

Les bas et les chaussettes sont l'objet des vives préoccupations de la mère de famille ; en effet, les talons, les bouts de pied s'usent rapidement si l'on n'a soin de les repriser aussitôt qu'une petite déchirure se produit.

La réparation, dans ce cas, peut être faite en reprenant la maille, ce qui est bien plus net que la reprise ordinaire.

Pour bien comprendre la manière de refaire la maille, il faut examiner un morceau de tricot, et se rendre compte de quelle façon les mailles sont enlacées.

Voyez, un fil part du milieu d'une maille, passe sous les deux fils de la maille supérieure, revient au point de départ, passe sous cette moitié de maille et sous la première moitié de la maille suivante, et continue toujours ainsi jusqu'à l'extrémité du rang.

Prenez une aiguille, du fil de couleur, et suivez les contours de cette maille, vous apprendrez ainsi à la former.

Première partie du remmaillage. — Il faut tout d'abord régulariser la forme de la déchirure; pour cela, on devra, s'il est nécessaire, défaire quelques mailles, afin que les bords inférieur et supérieur du trou présentent des mailles parfaitement nettes, tandis qu'à droite et à gauche on voit clairement les bouclettes. Alors on

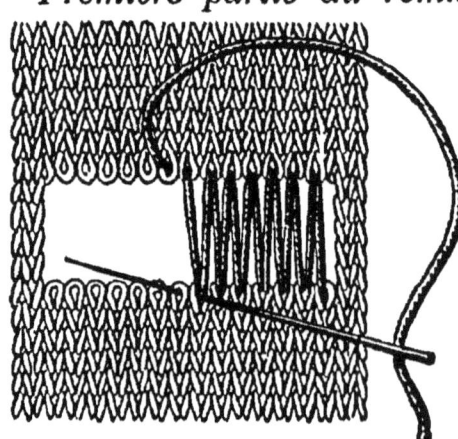

Fig. 63. — Première partie du remmaillage.

forme une chaîne, qui n'existe pas réellement dans le tricotage, mais qui permet de remmailler plus facilement.

Pour cela, passez votre aiguille un peu avant la déchirure, afin d'arrêter le fil, puis faites-la sortir au milieu de la maille qui précède la première maille nette de la déchirure, par un point de dessous en dessus; réunissez sur votre aiguille ces deux moitiés. Faites de même pour la maille qui lui est directement opposée de l'autre côté de la déchirure; revenez prendre la seconde moitié de la première maille avec la première moitié de la seconde, réunissez-les par un point de dessous en dessus; agissez de même du côté opposé, et continuez ainsi jusqu'à ce que toute la chaîne soit placée.

Deuxième partie du remmaillage. — Lorsque la chaîne est bien établie, on passe à la deuxième partie du remmaillage. Vous placez d'abord un point dans la maille qui précède le premier fil de chaîne, afin d'assujettir le brin, puis vous faites sortir l'aiguille au milieu de la première maille; vous prenez alors les deux fils de chaîne qui entrent dans cette maille, et vous

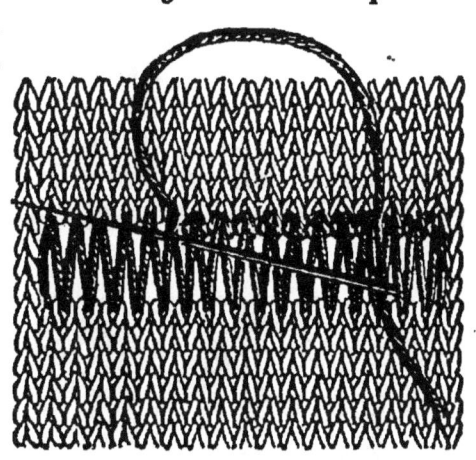

Fig. 69. — Deuxième partie du remmaillage.

retirez l'aiguille; vous formez ainsi une petite bouclette qui constitue une maille; revenez alors dans la même maille d'où vous êtes partie, prenez-en la deuxième moitié et sortez au milieu de la maille suivante, en ayant soin de bien prendre, en même temps que la moitié de la maille, l'un des fils de la chaîne qui est placé du même côté. (Ainsi qu'il est indiqué dans la figure 69, l'aiguille passe au-dessous des deux fils de chaîne, se réunissant dans la même maille supérieure, puis elle pénétrera sous la seconde moitié de cette maille, et sortira au milieu de la maille suivante, prenant un des fils de la chaîne.)

Lorsque la rangée de mailles est finie, on retourne l'ouvrage et l'on revient former un second rang, en suivant le même procédé.

Arrivé au bord extrême, au lieu de lever les fils de la chaîne, il faut prendre dans les mailles elles-mêmes.

La partie la plus difficile est assurément de bien refaire la maille des bords, à droite et à gauche, car ces bouclettes tendent toujours à s'effiler; on fera bien de commencer le rang toujours une maille ou deux avant le bord.

MAILLE A L'ENVERS

Il faut d'abord, comme pour la maille à l'endroit, régulariser les bords de la déchirure, puis former la chaîne de la manière suivante : passez l'aiguille un peu en avant afin d'arrêter le fil, puis conduisez-la de dessous en dessus dans la maille qui précède la première maille nette de la déchirure et de dessus en dessous dans la maille suivante; ramenez l'aiguille à la partie inférieure et passez-la de dessous en dessus dans la première maille et de dessus en dessous dans la seconde, dirigez de nouveau l'aiguille à la partie supérieure et ainsi de suite.

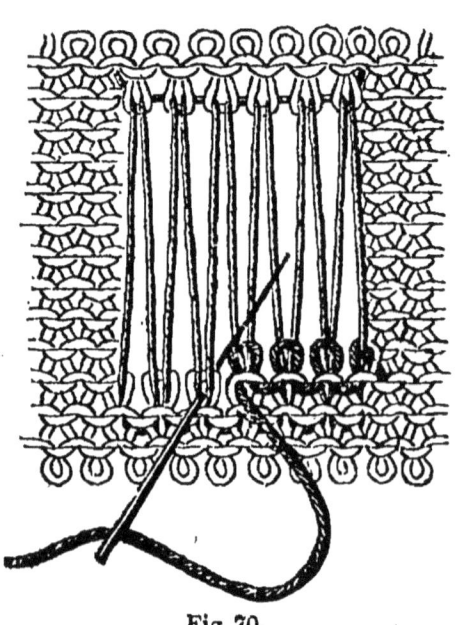

Fig 70.

Premier rang. On pique l'aiguille de haut en bas dans la première maille et on la fait ressortir à droite et en dessous du premier fil de chaîne; puis, repiquant l'aiguille de bas en haut, de gauche à droite et en dessous du deuxième fil de chaîne, on la fait ressortir dans la première maille d'où est parti le premier point.

On repique de nouveau l'aiguille au milieu de la maille suivante comme on a fait pour le premier point et l'on continue ainsi le premier rang.

Deuxième rang. Pour faire le deuxième rang on retourne le travail; on pique l'aiguille de bas en haut dans la première maille pour la faire ressortir à droite et au-dessous du premier fil de chaîne; puis, conduisant l'aiguille de haut en bas, de gauche à droite et au-dessous du deuxième

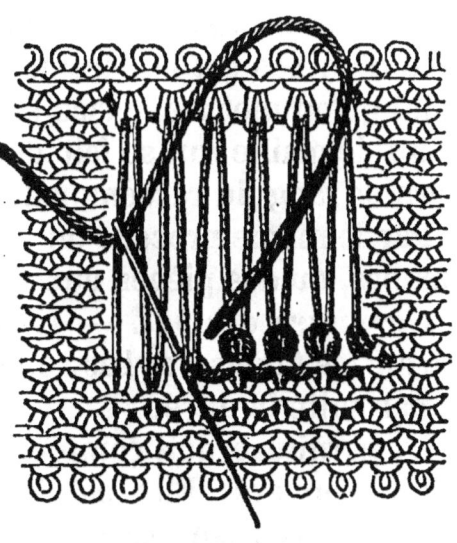

Fig. 71.

fil de chaîne, on la fait ressortir dans la première maille d'où est parti le premier point.

Lorsque ce rang est terminé, on retourne le travail et l'on recommence comme au premier rang.

TRICOTS A CÔTES

Pour remmailler le tricot à côtes on tend

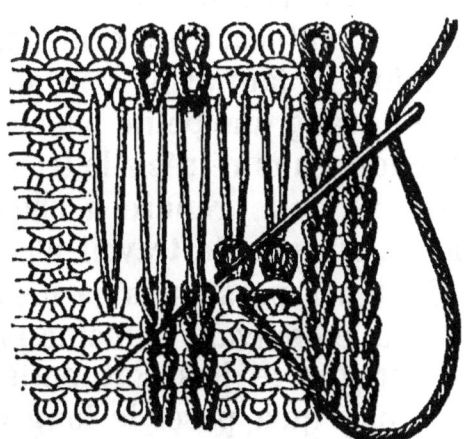

Fig. 72.

la chaîne de la manière suivante : on emploie alternativement les deux méthodes qui ont été indiquées pour la maille à l'endroit et pour la maille à l'envers. Il ne reste plus ensuite qu'à former les mailles à l'endroit et à l'envers comme elles ont été indiquées précédemment.

Manière d'enter et de rapiécer les bas. — Lorsque le pied d'un bas est entièrement mauvais, on l'enlève, et celui qu'on met à sa place est réuni à la jambe par un point de maille qui se fait de la même manière que le dernier rang du raccommodage précédent.

Par le même procédé on peut remettre des semelles aux bas, ou des pièces aux différents genres de tricot.

Garniture des bas. — C'est un excellent usage de garnir les talons des bas ; on en assure ainsi la solidité et par suite la durée.

La garniture doit comprendre tout le talon. Elle se fait à l'envers. Elle est formée par des rangées de points de reprise, partant du sommet du talon et se dirigeant parallèlement au côté où les mailles du talon ont été relevées. A chaque extrémité de rang on descend un peu, de manière à former une ligne oblique partant de la dernière maille relevée et aboutissant au *point de couture*, à deux ou trois centimètres au-dessus du talon. Il faut avoir soin de laisser à chaque extrémité de rang une petite bouclette, qui permet au fil de se tendre sans rétrécir le tricot.

On ne doit prendre à chaque point qu'une demi-maille, afin que le travail n'apparaisse pas à l'endroit.

Quelques personnes garnissent également les bouts de pied, en suivant le même procédé.

Pour que le bas soit entièrement consolidé, il ne reste plus qu'à poser le long de la jambe, sur le *point de couture*, une tresse de coton, dont on fixe les bords par un point devant peu serré, ou par un point de Saxe.

IV

Premières notions de coupe et de confection.

Dans ce paragraphe nous nous proposons d'initier les enfants aux premières notions de coupe et d'assemblage.

Cette étude convient parfaitement aux jeunes filles de douze à treize ans : elle les intéressera et leur permettra de rendre de nombreux services dans la famille.

Nous n'insisterons pas sur la manière de couper et de préparer le linge de table et de ménage, essuie-mains, nappes, serviettes, tabliers de cuisine, leur confection n'offrant aucune difficulté.

Remarque importante. — Les divers tracés de patrons que nous donnons sont réduits au 10e, ce qui permet de les relever facilement ; de plus nous n'avons pas *tenu compte des coutures* ; il faudra avoir soin, en taillant le vêtement, de laisser suffisamment d'étoffe pour les faire.

CONFECTION D'UN DRAP

Pour un drap on prend ordinairement $6^m,50$ à 7 mètres de toile ou de coton, de 80 centimètres de largeur, afin que le drap confectionné mesure $5^m,25$ ou $3^m,50$.

On assemble les deux lés sans les couper, et l'on commence la couture du côté opposé au pli.

Si la lisière de l'étoffe est tissée régulièrement et si le premier fil offre assez de solidité, il suffit de prendre un fil en dessous de chaque lisière pour former les points.

Cette couture doit former un cordon fin et serré.

Ce premier travail achevé, on sépare les lés à l'endroit où le surjet se termine. Il faut suivre exactement le droit fil, pour que les deux lés, une fois étendus horizontalement, soient en parfait droit fil aux extrémités.

Il faut avoir soin, en faisant la couture, que les deux lés soient tendus également, car il ne faudrait pas que l'un des côtés prît une longueur d'étoffe plus considérable que l'autre. La partie trop tendue s'userait plus rapidement.

Aux draps de luxe, confectionnés le plus souvent avec de la toile de 1^m,80 à 2 mètres de largeur, on fait des ourlets au point de jour d'une hauteur variant de 10 à 12 centimètres.

Le chiffre se place au milieu, à 15 ou 20 centimètres au-dessous de l'un des ourlets.

Retourner un drap. — Lorsqu'un drap commence à s'user dans le milieu, on le retourne. Pour cela on découd le surjet; les deux lisières devenues libres formeront les bords, tandis que les deux autres, réunies par un surjet, seront au milieu du drap.

Mettre un drap en croix. — Mettre un drap en croix, c'est d'abord le retourner; puis, après avoir défait les ourlets des extrémités, on réunit ces deux parties par une couture rabattue; on coupe dans le milieu de la longueur du drap et l'on fait de nouveau des ourlets aux deux bords.

On dit que le drap est en croix parce que le surjet et la couture rabattue se rencontrent perpendiculairement et forment une croix.

TAIE D'OREILLER

On appelle *taie* le linge qui sert d'enveloppe à un oreiller. Elle se fait avec une étoffe de toile ou de coton. Pour la préparer, on doit : 1° couper une longueur d'étoffe double de la longueur du carré, plus 12 centimètres de la longueur; 2° si l'étoffe est plus large que le carré, après avoir mesuré la largeur voulue, on laisse 3 centimètres en plus et l'on enlève le reste.

Confection. — On fait d'abord un ourlet de 2 ou 3 centimètres aux extrémités (dans toute la largeur de l'étoffe).

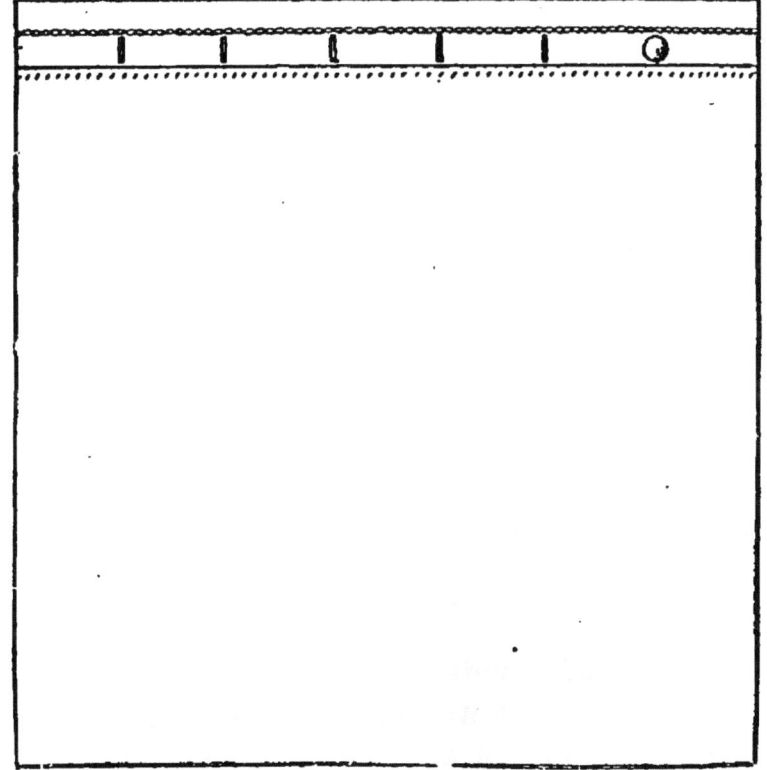

Fig. 73. — Taie d'oreiller vue à l'envers.

On replie l'étoffe sur elle-même, de manière à former un dessus et un dessous, en ayant soin de donner 6 centimètres de plus à la partie qui viendra se rabattre en dessous et former recouvrement. On réunit ensuite d'un côté les deux lisières par un surjet; on en fait autant

Fig. 74. — Taie d'oreiller vue à l'endroit.

de l'autre côté; mais, si l'on a enlevé une partie d'étoffe, on emploie une couture à ourlet.

A la partie inférieure, celle qui forme recouvrement, on fait, à 10 centimètres les unes des autres, des boutonnières, puis on place des boutons en regard des boutonnières pour fermer la taie.

Cette manière de confectionner la taie est la plus employée.

Cependant on peut se servir d'un procédé plus simple.

On coupe l'étoffe d'une longueur double de celle du carré; après avoir fait les ourlets, on la replie en deux parties égales, on surjette les lisières. Pour fermer la taie, on place de distance en distance des attaches aux remplis des ourlets; ou bien encore on y fait des œillets et on lace avec un cordon dans toute la largeur.

Marque et garnitures. — Dans les taies simples on met la marque à l'intérieur de l'un des ourlets. Pour les taies de luxe on place des broderies autour, ou on les brode à même l'étoffe. Les broderies peuvent être retenues à l'intérieur des coutures; dans ce cas il faut préalablement séparer le dessus du dessous, ou bien, par-dessus et tout autour des bords du carré, fixer les garnitures par une petite bande piquée.

Si l'on garnit la taie avec de la dentelle, elle doit être cousue au bord et au point de surjet, mais après que les coutures auront été faites.

Pour les initiales, il convient de les broder à 10 ou 20 centimètres au-dessous du sommet, selon la longueur qu'elles auront.

CHEMISE DE FEMME

Pour confectionner la chemise de femme de la forme la plus simple, deux mesures sont nécessaires :

1° *Longueur*, qui se prend du dessus d'épaule à 16 ou 18 centimètres environ au-dessous du genou;

2° *Largeur*, qui s'obtient par la mesure du tour de poitrine, auquel on ajoute 14 ou 16 centimètres. Cette mesure se prend en passant le ruban métrique sous les bras et en le réunissant devant sans serrer.

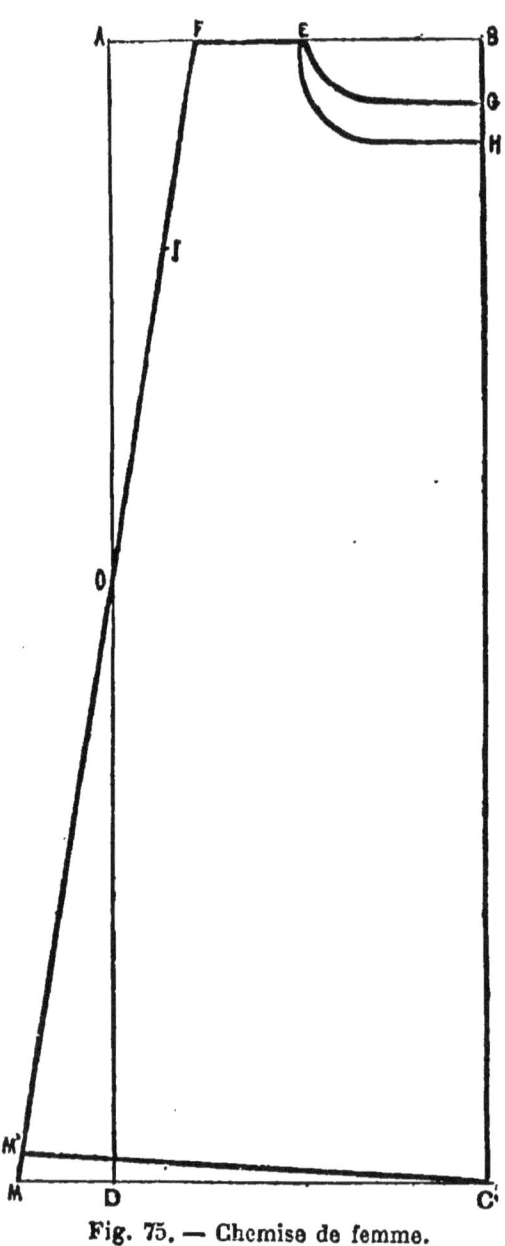

Fig. 75. — Chemise de femme.

Pour tailler ce genre de chemise, il est inutile de couper un patron : il suffit de se guider à l'aide des mesures prises.

Soit à faire une chemise pour une personne d'une taille moyenne, la longueur sera de 1^m,08. On coupe 2^m,16 d'étoffe, que l'on replie en deux parties égales dans le sens de la largeur, ligne AB. On replie de nouveau dans le sens de la longueur, suivant la ligne BC, afin que les quatre lisières soient bord à bord, ligne AD.

Sur le pli qui forme le dessus d'épaule, de B à E, on mesure une longueur de 17 centimètres pour déterminer la largeur d'encolure.

Pour former le dessus d'épaule, compter 10 centimètres du point E et placer le point F.

(Ces deux dimensions réunies donnent le quart du tour de poitrine, plus 4 centimètres.)

Ce qui reste d'étoffe de F à A doit être enlevé, suivant une ligne oblique FO, venant se terminer à peu près vers la moitié du corps de la chemise.

Ces pointes enlevées sont destinées à donner plus de développement à la partie inférieure de la chemise. On place la partie la plus large à la base, et la pointe vient se raccorder au point O. La ligne IF marque l'endroit où la manche doit être cousue. Enfin on mesure 2 centimètres au-dessus de M, on place M' et l'on joint C à M' par une ligne oblique.

Manche. — La manche peut se faire de deux manières :

1° *Manche à gousset.* — On coupe une longueur de toile ou de calicot de 18 à 20 centimètres dans toute la largeur de l'étoffe. On partage cette largeur en deux parties égales. Mais cette largeur, suffisante pour la partie inférieure de la manche, doit être augmentée à la partie

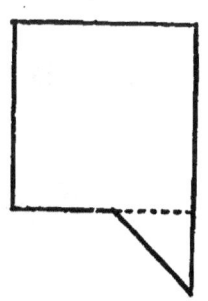

Fig. 76. — Manche.

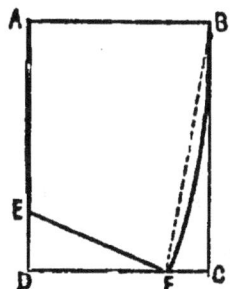

Fig. 77. — Manche.

supérieure qui s'adapte à la chemise. On taille un petit carré de 8 à 10 centimètres de côté (pris le plus souvent dans l'étoffe enlevée pour former l'encolure de la chemise), on le place au haut de la manche, où il forme gousset.

Manche sans gousset. — Il est nécessaire de tracer le patron de cette manche avant de la tailler dans l'étoffe.

On forme un rectangle ABCD de la longueur que l'on

veut donner à la manche, et d'une largeur égale à la moitié de celle de l'entournure de la chemise, soit 18 centimètres de long sur 24 d'entournure. Sur la ligne AD, de D compter 6 centimètres et placer le point E, de C à D compter 4 centimètres et placer le point F. Tracer une courbe légèrement convexe de F à B; tirer une ligne oblique de E à F, qui indique la couture qui doit clore la manche; la ligne FB représente la partie supérieure de la manche qui s'adapte à la chemise.

Généralités. — D'une façon générale on doit donner pour largeur à la partie supérieure de la chemise le tour de poitrine augmenté de 14 à 16 centimètres au plus; pour ampleur, à la partie inférieure $1^m,60$ à $1^m,80$. L'encolure doit mesurer 17 centimètres de largeur, de 10 à 12 centimètres de profondeur devant, de 6 à 7 derrière. On doit toujours réserver 10 centimètres pour le dessus d'épaule.

Confection. — Cette chemise se confectionne à l'aide de surjets et de coutures rabattues pour les parties à réunir; d'un ourlet de 2 à 3 centimètres à la partie inférieure et à l'extrémité des manches; l'encolure forme coulisse soit en rapportant à l'envers un faux ourlet coupé dans le biais de l'étoffe, soit en plaçant un ruban de fil.

CHEMISE DE FILLETTE
avec manches formées dans le corps de la chemise.

Pour le tracé du patron de cette chemise on prend trois mesures principales :

1° La longueur;

2° La largeur, donnée par le tour de poitrine, plus 14 ou 16 centimètres (ces deux mesures se prennent comme pour la chemise précédente);

3° La longueur de la taille, mesure prise du dessus d'épaule à la ceinture.

Soit à faire une chemise, d'après les dimensions suivantes, prises sur une fillette de sept ans.

Hauteur. . . . . . 80 c.
Largeur de la partie inférieure. . 140 c.
Tour de poitrine. . . 64 c.
Longueur de la taille. . . . . . . 33 c.

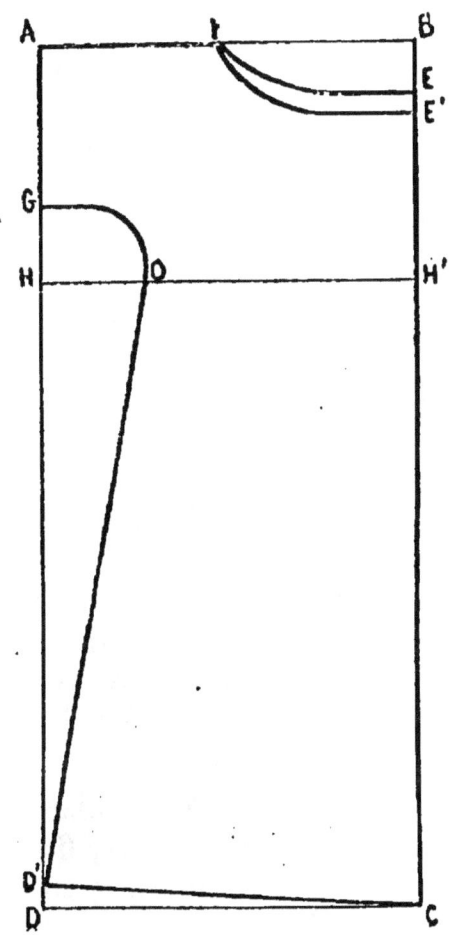

Fig. 78. — Chemise de fillette.

Vous construisez un rectangle ABCD de la longueur totale 80 centimètres, sur un quart de la largeur déterminée pour la partie inférieure. Sur la ligne BC vous comptez 5 et 7 centimètres et vous placez EE′ qui limitent les profondeurs d'encolure pour le devant et le dos de la chemise.

Sur la ligne AB, du point A comptez 16 centimètres et placez le point F qui détermine à la fois la longueur de la manche et le point de départ de l'encolure.

Sur la ligne AD mesurez 15 centimètres, moitié du contour de la manche, et marquez le point G. Sur cette même ligne AD portez les deux tiers de la longueur de la taille (22 c.), placez le point H et tracez une parallèle à AB rejoignant la ligne BC au point H′. De ce point portez sur la droite H'H le quart du tour de poitrine, plus 9 centimètres; soit 25, et placez le point O.

A 2 centimètres de D sur la droite DA, mettez D'.

Pour achever le tracé du patron, formez l'encolure du devant en joignant le point E au point F, et l'encolure de derrière en joignant E' à F; pour cela vous tracez une droite d'une longueur de 8 à 10 centimètres en partant soit de E, soit de E', puis une courbe jusqu'au point F.

Reste à déterminer le contour de la manche; du point G tracez une droite de 7 centimètres parallèle à AB; puis, par une courbe convexe, atteignez le point O.

Enfin réunissez D' à C et O à D'.

Généralités. — La chemise indiquée convient à une enfant de sept à huit ans; d'une façon générale, on peut établir les généralités suivantes :

On augmentera ou l'on diminuera le tour total de la partie inférieure de la chemise de 10 centimètres pour une hauteur de 10 centimètres en plus ou en moins; la profondeur de l'encolure, de même que la largeur de la manche, variera de 1 cent. 1/2 environ, suivant les mesures de longueur et de largeur de la chemise.

Ainsi, pour une chemise dont la hauteur est 90, on donnera 150 d'ampleur, 6 cent. 1/2 et 8 cent. 1/2 de profondeur à l'encolure; 16 cent. 1/2 à la largeur de la manche.

CHEMISE DE FEMME DONT LA MANCHE FAIT ÉPAULETTE

Prendre les mesures suivantes :

1° Longueur que l'on veut donner à la chemise, soit 108;

2° Tour de poitrine, 96;

3° Longueur de taille, 40;

4° Ampleur à la partie inférieure, 180.

Tracer un rectangle ABCD de la longueur totale de la chemise et d'une largeur égale au tiers du tour de poitrine. Porter sur les lignes AD et BC les trois quarts de la longueur de taille, et tracer une ligne EF parallèle à AB.

Sur la ligne AB à partir de A porter 5 cent. et placer A'; mettre B' à 3 cent. au-dessous de B, tracer une oblique pointillée de B' à A', rejoindre à nouveau ces deux points par une courbe concave pour former l'encolure de la chemise. Sur la ligne EF

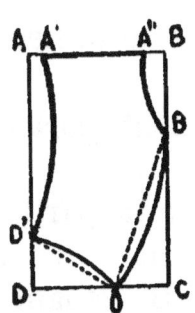

Fig. 79. — Manche de la chemise.

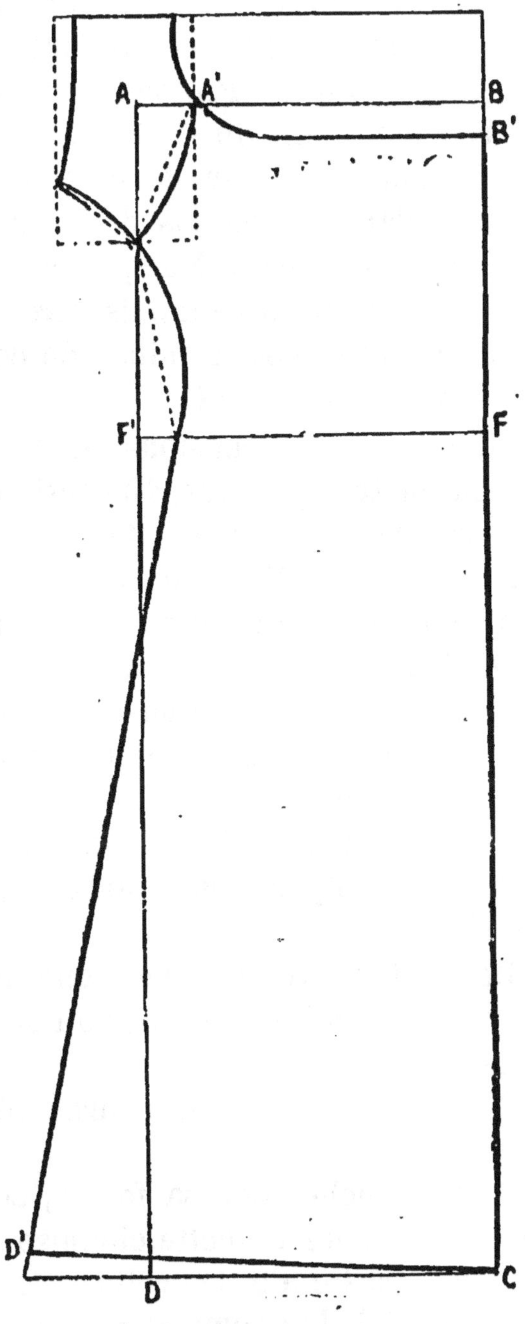

Fig. 80. — Chemise dont la manche fait épaulette.

porter le tiers du tour de poitrine moins 3 centimètres à partir de F, placer E'. A 13 centimètres de A sur D placer O ; unir O à A' par une ligne pointillée puis faire une courbe de 1 centimètre à droite et au milieu de cette oblique. Prolonger la ligne CD à gauche du rectangle afin que cette ligne soit égale au quart du contour inférieur de la chemise; et placer D' à 3 centimètres au-dessus de l'extrémité de cette ligne prolongée. Réunir D' à E' par une oblique. Unir E' à O par une ligne pointillée; puis faire une courbe de 1 centimètre à droite et au milieu de cette ligne. Tirer une ligne oblique de D' à C.

Manche. — Dimensions du rectangle : longueur, 21 centimètres, largeur, 12 centimètres.

Placer les points suivants :

A' à 1 centimètre à droite de A ;

A" à 1 centimètre et à gauche de B ;

O à 5 centimètes et à gauche de C ;

B' à 8 centimètres et au-dessous de B ;

D' à 4 centimètres 1/2 et au-dessus de D.

Faire une ligne pointillée de O à B', puis une courbe de 1 centimètre 1/2 à droite de cette oblique. Unir A" à B' par une courbe légèrement rentrée à gauche.

De D' à O, tracer une ligne pointillée, puis une courbe de 7 à 8 millimètres au-dessus et au milieu de cette ligne.

De D' à A' faire une courbe légèrement portée à droite.

Cette manche, par sa forme, constitue la partie la plus importante de cette chemise. La ligne A" B' indique une partie de l'encolure, le point B' venant se réunir à A' de la chemise; la ligne B'O vient s'adapter à l'entournure A'O; la ligne OD' marque la couture pour clore la manche, et D'A' donne le contour de la manche à sa partie inférieure.

Généralités. — La mesure que nous indiquons, 21 centimètres, convient aux mesures de tour de poitrine de 80 centimètres à 1 mètre. Lorsque le tour de poitrine dépasse 1 mètre, il faut y ajouter 2 centimètres. S'il s'agit d'un tour de poitrine au-dessous de 80 centimètres, on en retranche 2.

La ligne B'O est une ligne invariable, dont les dimensions ne peuvent être changées.

Coupe et assemblage. — Il faut d'abord couper séparément deux lés d'étoffe de la longueur du patron, plus 3 ou 4 centimètres pour former l'ourlet à la partie inférieure. On replie un premier lé dans sa longueur en mettant les deux lisières l'une sur l'autre, et l'on place la ligne BC du patron sur le pli de l'étoffe. La deuxième partie se taille ensuite sur la première, afin que ces deux pièces soient parfaitement semblables.

Manche. — On prend une hauteur d'étoffe de la largeur du rectangle, et l'on coupe droit fil dans toute la largeur de l'étoffe. On peut tailler les deux manches à la fois, en repliant l'étoffe en double; la ligne A'A" qui forme l'épaulette sera placée sur le pli opposé aux lisières.

Confection. — 1° Après avoir placé les pointes formées avec l'étoffe enlevée à la partie supérieure de la chemise, il faut fixer les manches au corps de ladite chemise. Le point O de la manche doit joindre le point O de la chemise, et le point B' de la manche le point A' de la chemise.

On adapte la manche par une piqûre à l'endroit, c'est d'abord la chemise qui est cousue sur la manche; cette dernière se rabat à l'envers sur la chemise.

2° Faire une couture rabattue de chaque côté de la chemise, en commençant par la partie inférieure. Il faut avoir soin de ne pas étirer une partie d'étoffe plus que l'autre, car les deux coutures de l'entournure de

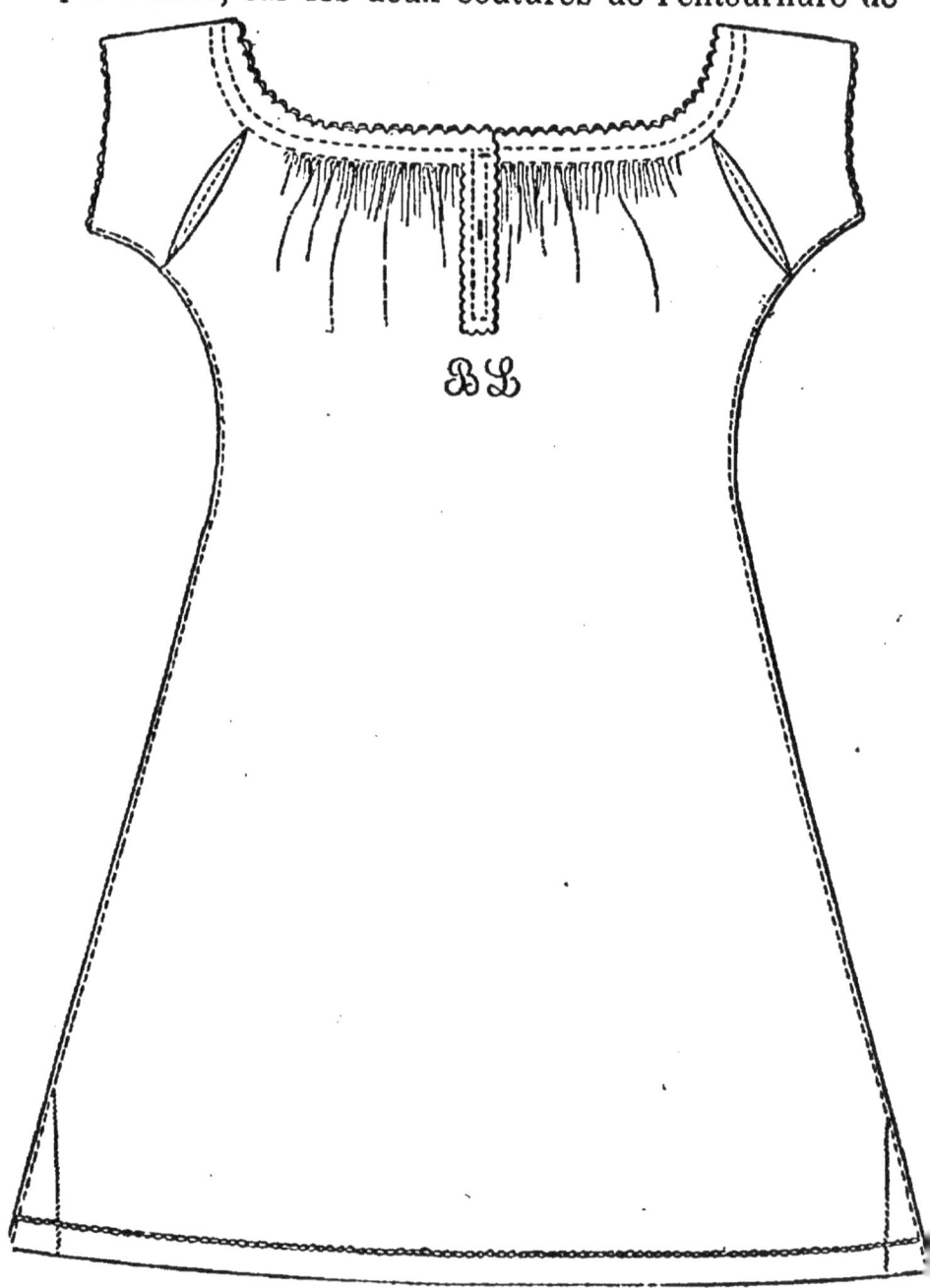

Fig. 81. — Chemise terminée.

la manche doivent se rencontrer exactement. La ligne OD' de la manche forme le prolongement de la couture de la chemise, en même temps qu'elle clôt la manche.

3° Pratiquer une fente de 20 à 22 centimètres de longueur à la partie du devant de la chemise, au milieu de sa largeur. On place du côté gauche une bande d'étoffe de 4 centimètres environ ; cette bande se rapporte de manière à former faux ourlet double. Elle se coud à l'endroit d'abord, puis on la replie sur elle-même afin de la rabattre à l'envers de la première couture. A droite de la fente il faut placer également une bande de 4 centimètres de largeur ; on replie un peu les bords et on la fixe à l'endroit par deux rangs de piqûre. Cette dernière partie recouvre le faux ourlet du côté gauche.

Froncis à l'encolure. — On fait des froncis tout autour de l'encolure, excepté à la partie formant l'épaulette, qui doit être parfaitement unie. Le froncis commence et s'arrête donc, devant et derrière, à 3 ou 4 centimètres de l'entournure de la manche.

Brisé pour monter le froncis. — Après avoir pris la mesure du contour des épaules, on coupe une bande de la même dimension et d'une hauteur de 5 à 6 centimètres. Si l'on veut terminer le bord par une broderie quelconque, festons, œillets, etc., il faut couper la bande un peu plus haute. Il est préférable de broder sur la bande après qu'elle aura été posée.

Le *brisé* se place au point de piqûre à l'endroit, et se rabat à l'envers au point d'ourlet.

On peut facultativement confectionner cette chemise avec ou sans *brisé*. Dans ce dernier cas on ne fait pas de froncis, et à 1 centimètre du bord on coud à l'envers un petit ruban de fil très étroit pour former coulisse.

PANTALON D'ENFANT

Pour faire le tracé de ce pantalon, on a besoin des mesures suivantes :

1° Longueur, qui se prend du creux de la hanche à 2 ou 3 centimètres au-dessous du genou;

2° Tour de taille.

Tracé d'un patron de pantalon pour enfant de cinq à six ans. — 1° Longueur, 50 centimètres;

2° Tour de taille, 56 centimètres.

Tracer un rectangle ABCD de 50 centimètres de longueur sur 35 de largeur, prolonger la ligne CB de 10 centimètres au-dessus de B et placer B'; joindre A à B'. Sur la ligne AB', à partir de A porter le quart du tour de taille plus 6 c. et marquer le point E.

De E placer la règle de manière à tracer une ligne oblique de 33 centimètres de longueur, dont l'extrémité F sera sur la ligne BC. Au point où la ligne EF coupe AB, placer E'.

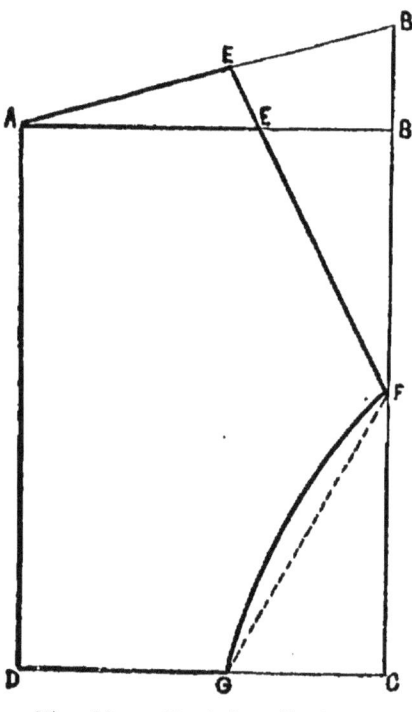

Fig. 82. — Pantalon d'enfant.

Sur la ligne DC compter 20 centimètres en partant de D, mettre le point G, tirer une ligne oblique pointée de G à F, joindre de nouveau ces deux points par une courbe qui s'écartera de 2 centimètres au milieu et au-dessus de l'oblique pointée.

Généralités. — La mesure nécessaire au tracé de la ligne EF offre peu d'écart d'une taille à une autre.

Ainsi, par exemple, pour le pantalon d'un enfant de deux à trois ans nous aurons, du creux de la hanche au genou, une longueur de 40 centimètres; la ligne

EF mesurera 28 à 30 centimètres, et la ligne DG, 18 centimètres.

Confection. — La confection de ce vêtement est des plus faciles. Après avoir découpé son patron, on plie l'étoffe en deux parties égales dans le sens de la longueur, c'est-à-dire les deux lisières bord à bord; on place la ligne AD sur le pli de l'étoffe; on coupe en suivant les contours du patron.

Il faut observer que, pour le devant du pantalon, la ligne E'A indique la partie d'étoffe qui doit être abattue; on la marque sur le pantalon à l'aide d'un trait au crayon et on ne l'enlève que lorsque les deux jambes sont assemblées.

On commence par faire la couture à chaque jambe; on réunit ensuite les deux jambes à leur partie supérieure, de F à E, puis on abat le devant suivant la ligne AE'.

Lorsque le pantalon est ouvert, on n'achève pas la couture de chaque jambe; on s'arrête à 3 ou 4 centimètres du point F. Sur la ligne EF on ne fait que 8 à 10 centimètres de couture, en partant de E. On borde les contours de cette ouverture par un ruban de fil.

Puis on fait une fente longitudinale de 20 à 22 centimètres sur chacun des côtés, c'est-à-dire à la moitié de la largeur du pantalon. On borde cette fente d'un ruban de fil, ou l'on rapporte un faux ourlet.

On place la ceinture, celle du devant, qui sera coupée suivant les indications ci-après (voir pantalon de femme); celle de derrière sera faite d'une bande coupée droit fil et d'une longueur de 4 centimètres en plus que la moitié du tour de taille. On fronce le haut du pantalon. L'ampleur doit être placée derrière, au milieu de la ceinture, et, devant, elle est reportée aux extrémités.

PANTALON DE FEMME

Le pantalon, comme la chemise, est un vêtement presque ample; on en tient compte en augmentant, pour le tracé du patron, les mesures prises sur la personne.

Mesurer : 1° la longueur, qui se prend du creux de la hanche à 1 ou 2 centimètres au-dessous du genou; 2° le tour de taille.

PANTALON

Mesures : Longueur de côté, 66. Tour de taille, 64.

Rectangle d'une longueur égale à la première mesure plus 14 centimètres et de 92 centimètres de largeur.

Derrière du pantalon. — Partager les lignes AB et DC en 2 parties égales et tirer une verticale pointée IJ. Sur JI porter la première mesure, soit 66, marquer I'. De I' tirer une oblique d'une longueur égale au 1/4 du tour de taille plus 12, qui viendra se terminer sur la ligne IB, marquer le point E à cette extrémité. De E tirer une oblique d'une longueur égale à la longueur de la ligne IB et dont l'extrémité viendra rejoindre la ligne BC, mettez F à ce point de jonction. Sur JC compter 30 centimètres, mettre O; réunir le point O au point F par une ligne pointée, puis par une courbe de 1 centimètre 1/2 à gauche et au milieu de la ligne pointée.

Devant du pantalon. — De I' tirer une horizontale à gauche d'une longueur égale à la ligne I'E moins 3 centimètres et marquer E'. Du point F tirer une horizontale pointée parallèle à AB jusqu'à la ligne AD du rectangle; marquer F'. Réunissez F' à E' par une oblique pointée, puis faire une courbe de 4 centimètres à droite et au tiers de la ligne pointée en partant de F'

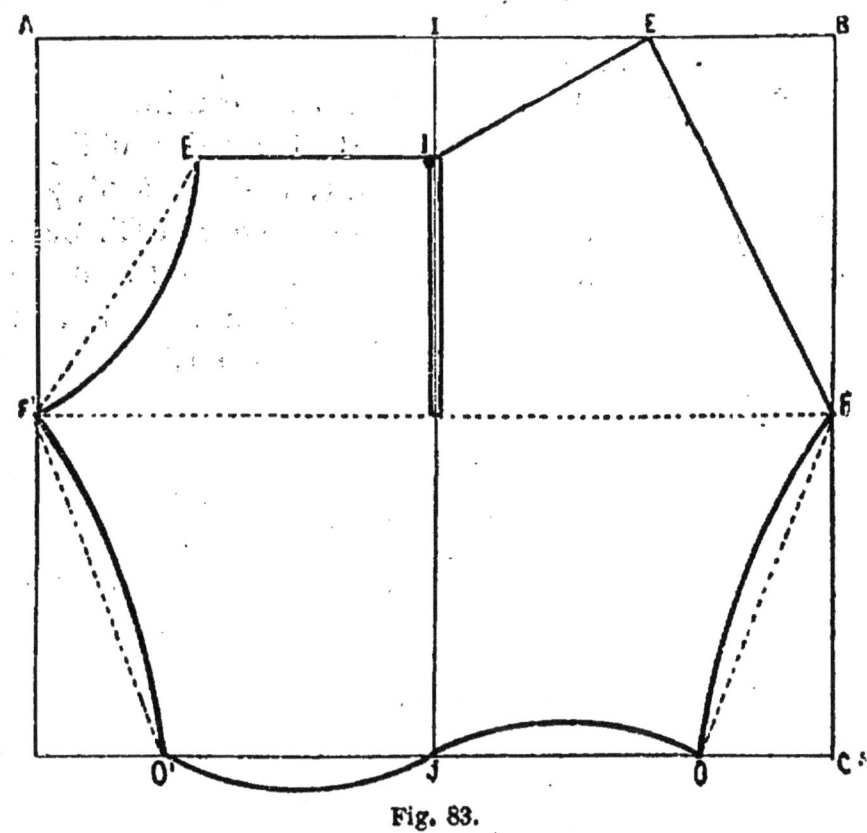

Fig. 83.

A gauche de J compter 30 centimètres, marquer O', tirer une ligne pointée de O' à F', puis faire une courbe de 1 centimètre 1/2 à droite et au milieu de la ligne pointée.

Partie inférieure du pantalon. Dessous de la jambe. — Si l'on veut que le pantalon soit échancré en dessous, on fait alors une courbe de J à O de 2 centimètres au milieu et au-dessus de la ligne du rectangle.

Dessus de la jambe. — De J à O' faire une courbe de 2 centimètres au milieu et au-dessous de la ligne du rectangle.

CEINTURE

Faire un rectangle d'une hauteur égale au quart du

tour de taille et d'une largeur égale au quart du tour de taille plus 2 centimètres. Placer le point A' à 5 centimètres 1/2 au-dessus de D.

Mettre le point C' à 2 centimètres 1/2 au-dessous de B et le point B' à 3 centimètres 1/2 à gauche de B. Tirer des obliques pointées de D à C' et de A' à B', puis une oblique pleine de B' à C'. De A' à B' faire une courbe de 2 centimètres au-dessous et au milieu de la ligne pointée. De D à C' faire une courbe de 3 centimètres au-dessous et au milieu de la ligne pointée.

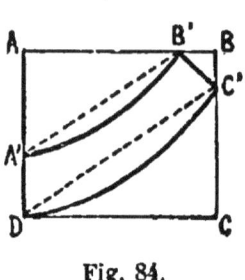

Fig. 84.

GÉNÉRALITÉS

Pour les mesures d'un tour de taille de 60 à 70, on donne toujours au rectangle 90 à 92 centimètres de largeur, et à la ligne EF, 46 à 47.

Pour les mesures au-dessus de 70, on augmente de 4 centimètres la largeur du rectangle, et de 2 centimètres la ligne EF. Pour les mesures au-dessous de 70, on diminue de 4 centimètres la largeur du rectangle, et de 2 centimètres la ligne EF.

CONFECTION

Ce pantalon se confectionne comme le pantalon d'enfant, avec ou sans poignets. On peut le garnir avec une broderie ou avec une dentelle.

CORSAGE OU BRASSIÈRE POUR ENFANT DE 5 A SIX ANS

Pour le tracé du patron on prend deux mesures :
1° Longueur de taille, soit 30 centimètres ;
2° Tour de poitrine, soit 60 centimètres.

Former le rectangle ABCD de la longueur de la taille

plus 4 c., soit 34, et d'une largeur égale à la moitié du tour de poitrine plus 3 c., soit 33. Tracer une parallèle A'D' à 3 centimètres et à droite de AD; partager en deux parties égales le nouveau rectangle A'BCD'.

Tracé du dessus d'épaule.
— Sur la ligne IJ compter 2 centimètres à partir de I, placer le point O; de ce point tirer une horizontale pointée, ayant 3 centimètres de longueur à droite et à gauche de la ligne IJ. Placer à l'extrémité gauche de cette horizontale le point F, à l'extrémité droite le point F'.

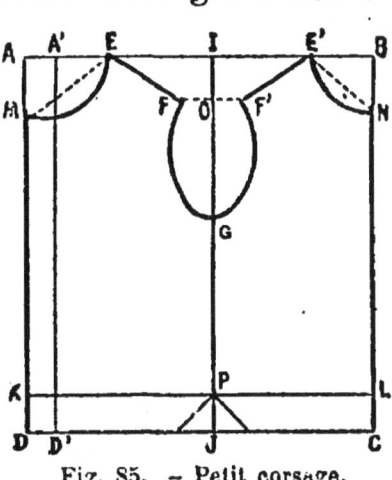

Fig. 85. — Petit corsage.

Largeur de l'encolure. — Sur la ligne AB prendre une longueur de 8 centimètres de A, mettre le point E; sur BA compter 8 centimètres et placer E'. Réunir par des lignes obliques EF et E'F'.

Profondeur de l'encolure. — Compter 6 centimètres en dessous de A, placer M, et mettre le point N à 5 centimètres au-dessous de B.

Tracé de l'encolure du devant. — Unir le point M au point E par une oblique pointée; puis, en partant de M, rejoindre de nouveau ces points, d'abord par une horizontale de 3 centimètres, ensuite par une courbe s'écartant de 2 centimètres au-dessous et au milieu de l'oblique pointée.

Tracé de l'encolure du dos. — Tirer une ligne oblique pointée de N à E', puis tracer une courbe s'écartant de 1 centimètre 1/2 au milieu et au-dessous de l'oblique pointée.

Entournure. — Prendre une longueur de 16 centimètres sur la ligne IJ, et placer le point G.

Tracer l'entournure en commençant une ligne courbe du point F, passant par le point G et rejoignant F'. Cette courbe doit avoir 5 centimètres environ d'écartement à gauche de la ligne IJ et à sa droite de 3 à 3 centimètres 1/2.

A 4 centimètres au-dessus de DC tracer une horizontale KL. Sur la ligne JP sera pratiquée la fente pour placer le gousset.

Confection du corsage. — Ce corsage se taille d'une seule pièce. Il faut placer la ligne BC sur le pli de l'étoffe.

Une seule couture suffit pour assembler ce petit corsage.

On réunit les points EE', FF', qui forment les dessus d'épaule. Cette couture peut être faite à couture rabattue ou à couture retournée. On replie la ligne AD sur A'D' (à la droite), ce qui formera le pli où devront être placées les boutonnières. A gauche on ne fait pas de rempli; on place un faux ourlet destiné à consolider la partie sur laquelle on coudra les boutons à 3 centimètres du bord.

Gousset à la partie inférieure du corsage. — On pratique à cet effet une fente du point J au point P.

On coupe un morceau d'étoffe de 5 centimètres de long sur 4 de largeur; on replie dans sa largeur l'étoffe en deux parties égales, ayant chacune 5 centimètres de hauteur sur 2 de largeur; on enlève un surplus d'étoffe aux deux côtés, de façon à former un triangle rectangle. On observera que le droit fil doit être la ligne médiane du gousset. Les deux parties du gousset peuvent être coupées à la fois; pour cela il suffit de doubler l'étoffe.

On fixe le gousset en réunissant ses bords en biais aux côtés droit fil de la fente par une piqûre à l'endroit, et l'on rabat la couture à l'envers.

Pour achever la confection du corsage, il faut faire à la partie inférieure un ourlet d'un demi-centimètre, et placer un liséré, avec cordon à l'intérieur, à l'encolure et à l'entournure des bras.

Généralités. — Mesures relatives à l'entournure et à l'encolure pour les différentes tailles. — Nous avons indiqué les mesures, longueur et largeur, qui servent à construire les principales lignes du tracé; reste à indiquer comment on détermine les profondeurs d'encolure, ainsi que les proportions de l'entournure.

Supposons une taille de 25 centimètres de longueur, avec un tour de poitrine de 56, l'encolure sera diminuée de 1 centimètre en profondeur et d'autant en largeur.

Les points M et N, qui déterminent la profondeur d'encolure, seront élevés de 1 centimètre, c'est-à-dire placés à 4 et 5 centimètres de A et de B.

L'entournure sera de 2 centimètres moins longue, soit 14 centimètres au lieu de 16 de I à G.

Si l'on doit faire le patron pour la taille d'une enfant de huit à neuf ans, on augmentera les proportions de 1 à 1 centimètre 1/2 pour l'encolure et l'entournure. le tour de poitrine étant supérieur à 60, il sera indispensable de faire une pince au-devant du corsage, afin de diminuer le tour de taille.

BRASSIÈRE ANGLAISE

Mesures: Longueur 22 centimètres. Largeur 50 centimètres.

Tracer un rectangle d'une longueur égale à la première mesure plus 2 centimètres 1/2 et d'une largeur égale à la moitié de la seconde mesure plus 5 centimètres. A 2 centimètres 1/2 de A sur D et de B sur C tirer une ligne EF parallèle à AB. Sur AB et DC compter

5 centimètres et tirer une ligne A'D' parallèle à AD.

Partager les lignes A'B et D'C par une verticale pointée IJ, parallèle à A'D'.

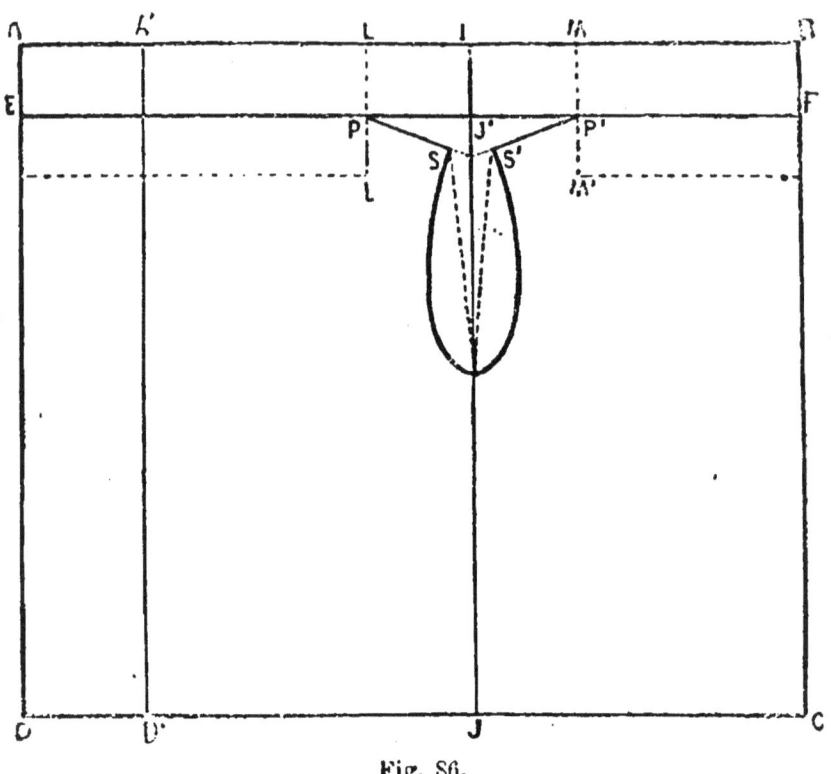

Fig. 86.

Sur IJ compter 12 centimètres 1/2 et marquer G. A gauche de I et à 4 centimètres marquer L.

Placer M à 4 centimètres à droite de I. Descendre des perpendiculaires pointées partant de L et de M jusqu'à la rencontre de la ligne EF et marquer P au-dessous de L et P' au-dessous de M; marquer J' à 4 centimètres au-dessous de I.

Tirer des obliques pointées de J' à P et de J' à P'. Sur l'oblique J'P marquer S à 1 centimètre à gauche de J'. Mettre S' sur l'oblique J'P' et à 1 centimètre à droite de J'. Réunissez SG et GS' par des lignes pointées. A droite de l'oblique GS' faire une courbe de

1 centimètre 1/2 au tiers de la ligne pointée en partant de G. De G à S faire une courbe de 12 à 13 millimètres et au tiers de la ligne pointée en partant de G.

De P descendre une verticale pointée de 2 centimètres et marquer L'.

De P' descendre également une verticale de 2 centimètres et marquer M'.

MANCHE

Mesures : Longueur, 18 centimètres. Largeur à la partie supérieure, 18 centimètres. Largeur à la partie inférieure, 14 centimètres.

Rectangle d'une longueur égale à la 1re mesure; largeur égale à la 1/2 de la 2e mesure. Sur BC compter 2 centimètres et marquer B'.

A gauche et à 2 centimètres de C placer C', mettre C" à un demi-centimètre au-dessus de C'. Tirer des lignes pointées de C" à B' et de B' à A.

De B' à A faire une courbe de 1 centimètre au milieu et au-dessus de la ligne pointée, et de B' à C" une courbe de 1/2 centimètre à gauche et au milieu de la ligne pointée.

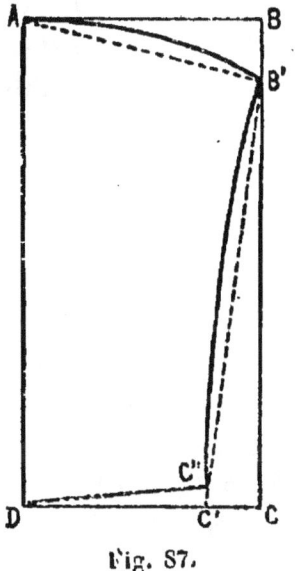

Fig. 87.

Réunir les points C"D par une oblique.

CONFECTION

Cette brassière est ouverte derrière. On la taille en mettant la ligne BC sur le pli de l'étoffe. Pour l'encolure on fend l'étoffe, d'abord du point L à L', puis du point M à M'.

Ces parties repliées en droit fil sur la brassière forment revers. Après avoir fait les coutures du dessus d'épaule, on coupe une bande d'environ 6 centimètres de largeur et dont la longueur sera déterminée par

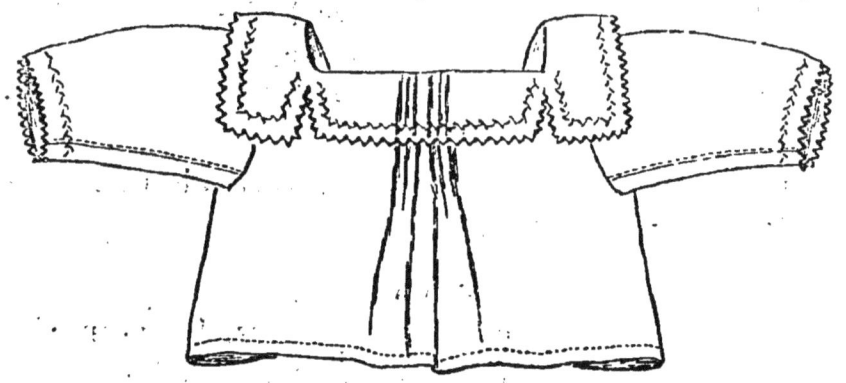

Fig. 88. — Brassière.

l'encolure du dessus d'épaule, plus la hauteur des revers formés dans le corps de la brassière.

Si l'on veut faire des petits plis sur le devant de la brassière comme l'indique la figure, il suffit de donner au devant 1 ou 2 centimètres de plus pour les former.

On fixe les manches par une couture rabattue.

PANTALON-LANGE

Tracer un carré de 57 centimètres de côté. Placer les points suivants : E à 22 centimètres de D sur A; F à 17 centimètres au-dessus de E; G à 19 centimètres à droite de A; G' à 19 centimètres et au-dessus de C; F' à 18 centimètres et à gauche de C; E' à 22 centimètres et à droite de D.

Tirer une diagonale de D à B; sur cette diagonale, placer le point I à 30 centimètres de B à D; sur la diagonale DI placer I' à 3 centimètres 1/2 de D. A droite de F, tracer une horizontale pointée de 3 centimètres 1/2 et marquer H; élever une verticale de 3 centimètres 1/2 au-dessus de F'; placer H'.

Réunir les points suivants : I'E; HG; GI; IG'; G'H'; I'E'.

Tirer des lignes pointées de H' à E'; de E à H.

De H' à E' faire une courbe de 6 centimètres au-dessus et au milieu de la ligne pointée; de H à E faire également une courbe de 6 centimètres à droite de la ligne pointée.

CEINTURE

Faire un rectangle de 55 centimètres de largeur sur 5 centimètres de hauteur. Placer les points suivants :

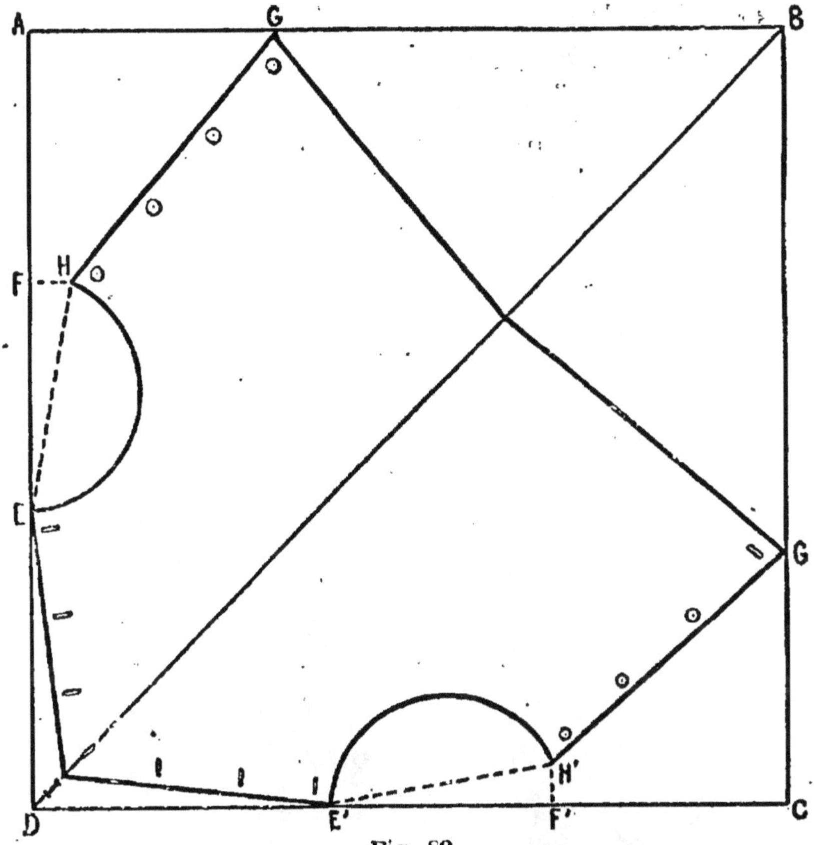

Fig. 89.

O au milieu de la ligne DC du rectangle et O' à 1 centimètre au-dessus de O.

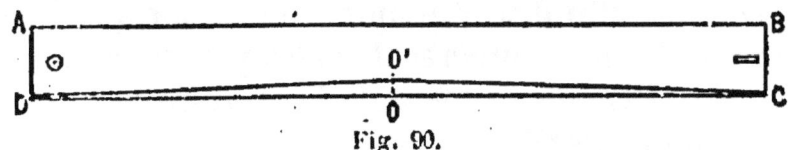

Fig. 90.

Réunir les points suivants par des lignes pleines : D à O' et O' à C.

CONFECTION

Pour tailler le pantalon-lange on place la ligne I I' dans le biais de l'étoffe. Il faut avoir le soin de laisser, pour faire des ourlets, un surplus d'étoffe de 2 centimètres environ en dehors des lignes GH; G'H'; EI' et I'E'. On place la ceinture sur la ligne GG'. Ce point O correspondra au point I du pantalon, c'est-à-dire que la ceinture est moins haute derrière que devant. On la fixe à l'envers par une couture au point arrière et on la rabat au point de côté.

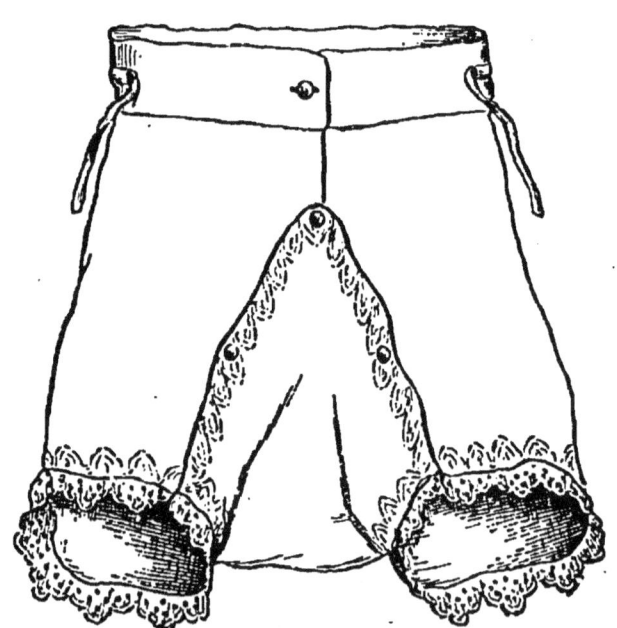

Fig. 91. — Pantalon-Lange.

A la ceinture on fait une coulisse dans laquelle on passe des cordons afin d'en diminuer le contour à volonté.

On fait des boutonnières dans les parties comprises entre EI'; I'E', de même qu'à la ceinture et une au-dessous du point G'.

On place les boutons de G à H; de H' à la boutonnière placée au-dessous du point G' ainsi qu'à la ceinture.

Les parties HE et E'H' qui forment le bas de la jambe seront bordées par un petit biais d'étoffe, semblable au pantalon-lange ou ornées d'une broderie.

On peut aussi, si l'on préfère, broder à même un feston.

BAVETTE

Mesures à prendre. — Longueur, 26 centimètres. Largeur, 16 centimètres.

Tracer un rectangle d'une longueur égale à la première mesure et d'une largeur égale à la moitié de la deuxième mesure.

Sur AD et BC compter 8 centimètres et tirer une ligne LM parallèle à AB, tirer 2 diagonales pointées de L à B, de A à M.

Marquer les points suivants : G à 2 centimètres et au-dessus de D; F à 4 centimètres et au-dessous de M, E à 4 centimètres au-dessus de M, H au milieu de la ligne LM, H' à 3 centimètres de A sur M.

Faire des courbes : de L à B une courbe passant par H'; de E à F tracer une demi-circonférence passant par H; de C à G, une courbe d'un demi-centimètre au-dessus et au milieu de l'oblique pointée; de G à L une courbe de 1 centimètre 1/2 à droite et au milieu de la ligne LG.

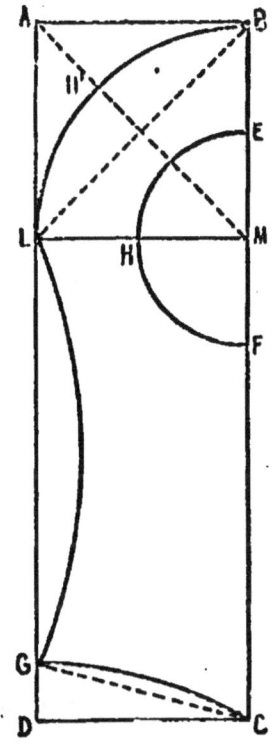

Fig. 92.

CONFECTION

On fait la bavette avec du piqué molletonné ou du piqué *sec*; pour la tailler, on place la ligne BC du patron sur le pli de l'étoffe. On confectionne cette bavette avec ou sans doublure; on l'orne selon le goût.

La bavette se ferme par derrière à l'aide de deux ganses et deux boutons.

BONNET D'ENFANT

Faire un rectangle de 22 centimètres de longueur

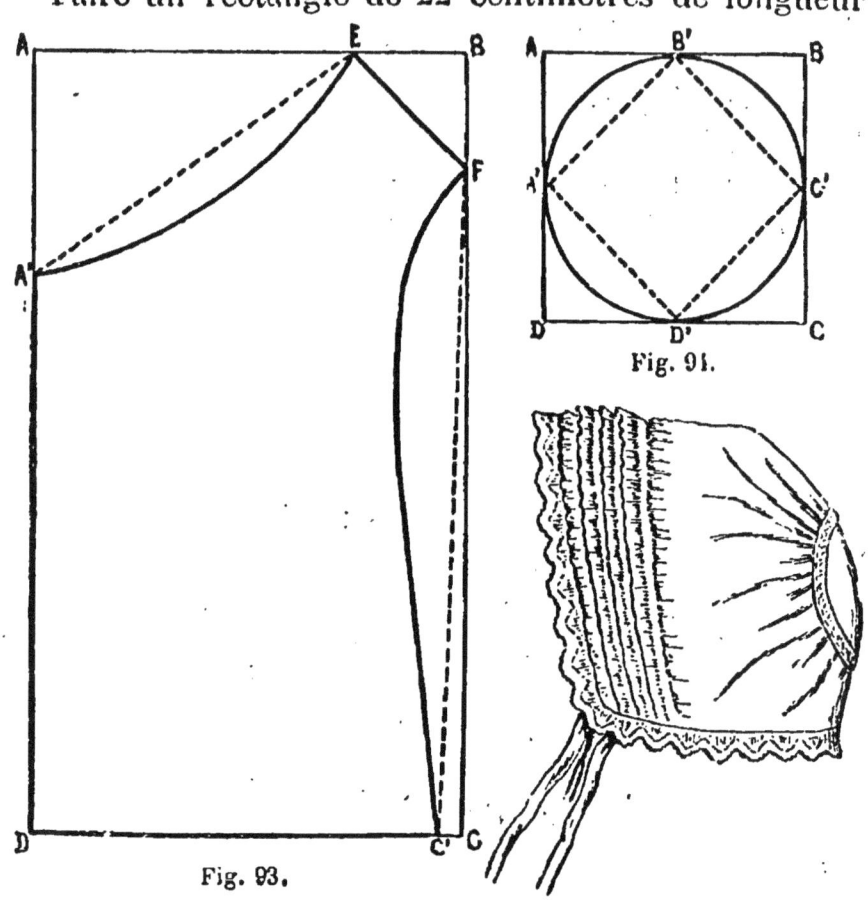

Fig. 93.

Fig. 91.

Fig. 95.

sur 12 centimètres 1/2 de largeur. Placer les points suivants : A' à 6 centimètres 1/2 au-dessous de A ; E à 3 centimètres 1/2 à gauche de B ; F à 3 centimètres au-dessous de B et C' à 8 millimètres à gauche de C.

Tirer des obliques pointées de A' à E et de F à C', puis une ligne pleine de E à F.

De A' à E faire une courbe de 8 millimètres au-dessous et au milieu de la ligne pointée ; de F à C' faire une courbe de 1 centimètre 1/2 à gauche et au 1/4 de la ligne pointée en partant de F.

Fond du bonnet. — Tracer un carré de 7 centimètres de côté.

Placer les points suivants : A' au milieu de la ligne AD; B' au milieu de la ligne AB; C' au milieu de la ligne BC; D' au milieu de la ligne DC.

Tirer des lignes pointées : de A' à B'; de B' à C'; de C' à D' et de D' à A', puis réunir de nouveau tous ces points par des courbes de 1 centimètre au milieu et en dehors des lignes pointées.

CONFECTION

Ce bonnet se confectionne toujours avec 2 ou 3 plis formant coulisses dans lesquels on passe une petite tresse ou un ruban.

Pour le tailler on place la ligne DC' sur le pli de l'étoffe et on laisse à gauche de la ligne A'D une largeur suffisante pour faire les plis, soit 4 centimètres 1/2 si l'on veut en faire 3 ou 3 centimètres si l'on en veut seulement deux.

La ligne EF est la partie où le bonnet sera fermé par une couture rabattue.

On fronce la partie FC' et on fixe le fond par une couture à l'endroit du bonnet. Cette couture est ensuite recouverte d'un biais fixé par deux piqûres.

On garnit le bonnet soit avec une dentelle, soit avec une broderie.

TABLIER D'ENFANT

On ne saurait trop insister sur l'attention que les jeunes filles doivent apporter à la confection de ce vêtement à la fois modeste et utile.

Le tablier est destiné à garantir la robe; le plus souvent il constitue la partie principale de la garde-robe de l'enfant.

Avant de commencer le tracé du patron, on doit

déterminer la longueur que l'on veut donner au tablier et la largeur de la partie inférieure; cette dernière doit toujours être proportionnée à la longueur.

Ce vêtement est ordinairement de la longueur de la robe; du reste, cette mesure est arbitraire, il est facultatif de l'augmenter ou de la diminuer de quelques centimètres, si la longueur de la robe était devenue insuffisante.

TABLIER D'ENFANT AVEC ÉPAULETTE RONDE

Tracé du patron de l'épaulette. — Pour faire le tracé de ce patron, une seule mesure suffit. Cette mesure se prend en entourant les épaules avec le ruban métrique, d'arrière en avant, à 2 centimètres au-dessous de la chute d'épaule, vers la partie supérieure des bras; cette mesure se prend sans serrer.

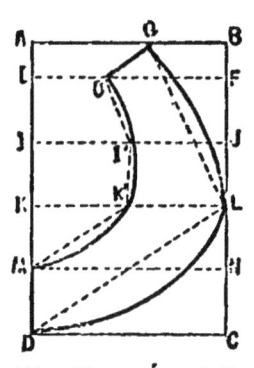

Fig. 96. — Épaulette.

On construit un rectangle ABCD, ayant un tiers du contour d'épaule plus 1 centimètre, soit 86/3 + 1 ou 29 1/2 et pour largeur les deux tiers de la longueur du rectangle.

De A à D et de B à C porter 1/6 moins 1 centimètre de la ligne AD et tracer une parallèle EF.

Diviser en quatre parties égales les lignes ED et FC, et tracer les parallèles pointées IJ, KL, MN.

Sur la ligne AB, en partant de A, porter la moitié de la longueur de cette ligne, plus 3, et placer G. Sur la ligne EF, à droite de E, porter la longueur de la ligne AE plus 2 centimètres, mettre O. Placer I' sur le milieu de la ligne IJ; mettre également K' au milieu de la ligne KL. Joindre le point G au point O par une ligne oblique (ligne médiane du devant de l'épaulette).

Tracé de la partie supérieure de l'épaulette; encolure. — Tracer des obliques pointées de O à I', de I' à K' et de K' à M. On rejoint de nouveau tous ces points par des courbes variant de 5 millimètres à 1 centimètre et formant entre elles un contour régulier.

Tracé de la partie inférieure de l'épaulette. — On trace une ligne pointée de G à L et de L à D. On rejoint de nouveau L à D par une courbe s'écartant de 3 à 4 centimètres au-dessous et au milieu de l'oblique pointée. On trace une courbe de G à L, écartée de 1 centimètre environ au-dessous et au milieu de l'oblique pointée.

Après le tracé du patron de l'épaulette on taille les diverses pièces du tablier.

Corps du tablier. — On donne à cette partie la longueur prise sur la robe de l'enfant.

Entournure. — On plie le corps du tablier en quatre, les deux lisières l'une sur l'autre et le pli du milieu superposé sur les lisières. Supposons que ces parties ainsi repliées soient à gauche : on taille les entournures sur le pli formé à droite.

On indique la profondeur à environ 10 ou 12 centimètres; on enlève à peu près 2 centimètres d'étoffe, en partant de la partie supérieure et en décrivant une courbe qui vient rejoindre le point marqué pour sa profondeur.

Épaulette. — Pour tailler l'épaulette, on plie l'étoffe en double; on place la ligne MD du patron sur ce pli. On peut facultativement replier l'étoffe de façon à avoir quatre fois le patron, l'épaulette étant composée d'un dessous et d'un dessus. Il y a quelquefois économie à tailler les pièces d'épaulette deux à deux, lorsqu'on a des entrecoupes.

Manche. — La manche doit être ample et taillée

dans le droit fil de l'étoffe. On lui donne, pour le tablier dont nous nous occupons, 42 centimètres de longueur sur 44 de largeur. On plie l'étoffe en deux parties ; la manche a alors la forme d'un rectangle ABCD de 42 centimètres de longueur sur 22 de largeur. On enlève à la partie inférieure et à la partie supérieure 2 ou 3 centimètres d'étoffe en suivant une ligne oblique, ainsi qu'il est indiqué dans la figure ci-contre.

Fig. 97. — Manche.

Confection du tablier. — On fait d'abord un ourlet de 3 à 4 centimètres à la partie inférieure du tablier. Les manches, dont le poignet mesure ordinairement de 16 à 18 centimètres, seront confectionnées suivant les indications données page 161.

On fixe une partie de la manche au tablier par une couture rabattue ou par une couture retournée. Il faut que la couture de la manche soit portée d'arrière en avant, à 2 ou 3 centimètres du point qui indique sur le tablier la profondeur d'entournure.

La manche ayant un contour plus considérable que cette entournure, le surplus de l'ampleur sera froncé en même temps que le dos ou le devant du tablier, et adapté à l'épaulette.

Froncis. — Avant de procéder au montage de l'épaulette, on fronce toute la partie supérieure du tablier, y compris la partie supérieure des manches. On prend à cet effet une aiguillée de fil assez solide pour résister au passage d'une quantité de points, et d'une longueur suffisante pour contourner la moitié de la partie inférieure de l'épaulette. On fait une première moitié du premier rang de froncis, de la lisière droite au milieu du devant. A l'aide d'une autre aiguillée de fil on continue du milieu du devant à la lisière gauche.

Montage de l'épaulette. — On plie l'épaulette en quatre parties égales. Ces divisions sont indiquées par un point ou par une épingle. On divise également la partie froncée en quatre parties. On réunit le droit fil de l'épaulette, ligne MD, à un des côtés du tablier, en partant de la lisière, puis on fixe le milieu du dessus de manche au quart du contour de l'épaulette; ensuite, le milieu du devant au milieu de l'épaulette, et ainsi de suite pour l'autre moitié du contour.

L'épaulette est cousue à l'aide d'une piqûre; quelquefois on attache un biais à la partie inférieure de l'épaulette. On monte alors le tablier à l'envers.

Pour la partie du dessous de l'épaulette on fait un petit rempli, puis on rabat de manière à couvrir la première couture.

L'encolure se termine par un biais avec ou sans cordon à l'intérieur.

Le tablier doit être fermé derrière; on place à cet effet des boutonnières à droite de l'épaulette, et des boutons à gauche.

TABLIER D'ENFANT FORME PRINCESSE

Mesures principales pour le tracé du patron. — 1° Longueur de la taille, qui se prend du dessus d'épaule (encolure) au milieu du devant (ceinture);

2° Longueur totale, du dessus d'épaule au bas de la robe;

3° Tour de poitrine;

4° Largeur d'épaule; on prend cette mesure en deux fois : de l'extrémité de l'épaule droite à l'extrémité de l'épaule gauche (partie supérieure des bras).

Tracé du patron. — Soient les mesures suivantes :
1° Longueur de taille, 34 ;
2° Longueur totale, 74 ;
3° Tour de poitrine, 70 ;
4° Largeur d'épaules, 32 ;
5° Largeur à la base, 130.

Devant. — Tracer un rectangle ABCD de la longueur totale 74, et d'une largeur égale au quart de 130.

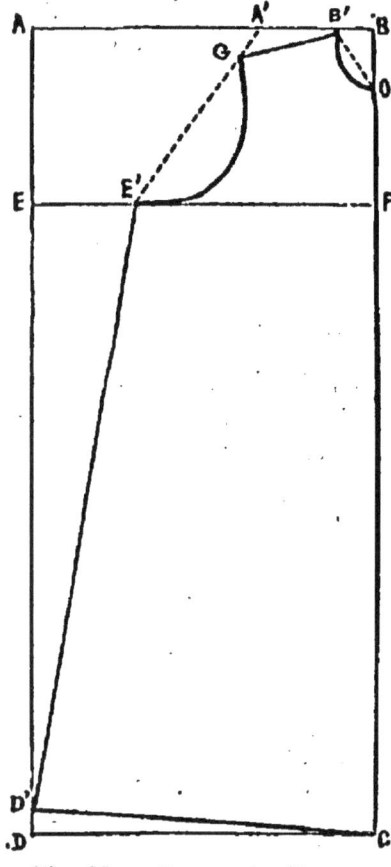

Fig. 98. — Devant du tablier.

De A à D et de B à C porter la moitié de la longueur de la taille moins 1 centimètre et tracer la ligne EF, parallèle à AB.

Encolure. — Porter une longueur de 4 centimètres sur BA, et placer B' ; mettre le point O à 5 centimètres au-dessous de B. Tirer d'abord une ligne oblique pointée de O à B', puis joindre à nouveau ces deux points par une courbe s'écartant de 2 centimètres à gauche et au milieu de l'oblique pointée.

Dessus d'épaule et entournure des bras. — Sur la ligne BA, en partant de B, porter le quart de la largeur d'épaule plus 3 c., placer A'. Porter le quart du tour de poitrine plus 3 c. de F sur E, mettre E', tirer une oblique pointée de E' à A', et sur cette ligne inscrire le point G à 3 centimètres au-dessous de A'. Pour le *dessus d'épaule*, joindre G à B' par une ligne oblique. Pour l'*entournure du bras*, tracer une courbe partant de G, rejoignant le point E' et s'écartant de 4 centimètres 1/2 à 5 centimètres environ et à droite de l'oblique pointée.

Remonter le point D de 2 centimètres, inscrire le point D'.

On termine le tracé du patron en tirant successivement deux lignes obliques, la première partant de D' à E', la seconde de D' à C.

Tracé du dos. — Ce tracé se fait à peu près de la même manière que celui du devant.

Construire un rectangle de 74 centimètres de longueur et d'une largeur égale au quart du tour de poitrine plus 7 au lieu de 3, afin de réserver 4 centimètres pour les ourlets.

Porter la moitié de la longueur de la taille, moins 1 centimètre, et tracer la ligne EF parallèle à AB. De A mesurer 4 centimètres, et mener une ligne IJ parallèle à AD.

Sur la ligne IJ porter 4 centimètres à partir de I, placer A', compter 5 centimètres au-dessous de I, placer O, tracer une oblique pointée de O à A'; puis joindre de nouveau ces deux points par une courbe s'écartant de 2 centimètres à droite et au milieu de la ligne pointée.

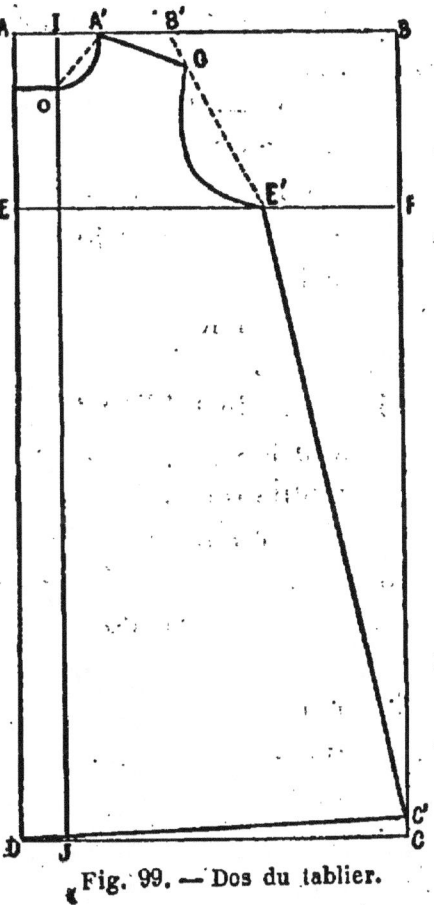

Fig. 99. — Dos du tablier.

Sur la ligne AB, en partant de I, mesurer le quart de

la largeur d'épaule plus 3, mettre B'; porter le quart du tour de poitrine plus 3 sur la ligne EF, en partant de la ligne IJ, et placer E'; tracer une oblique pointée de E' à B'.

De B' mesurer sur cette oblique 3 centimètres, mettre le point G. Pour le tracé du *dessus d'épaule* unir A' à G; pour l'*entournure du bras* unir G à E' par une courbe s'écartant de 4 centimètres environ du milieu et à gauche de la ligne pointée.

Pour finir le tracé du bas du tablier, on remonte le point C de 2 centimètres en C', et l'on réunit D à C' et C' à E'.

Manche. — La manche est taillée et confectionnée comme celle du tablier précédent.

Coupe et confection. — Il faut replier l'étoffe en double pour couper le devant et le dos du tablier.

Pour le devant on place la ligne BC sur le pli de l'étoffe. Pour le dos, la ligne AB doit reposer le long des lisières.

Une fois le tablier taillé, on bâtit les coutures, on assemble les points C' et D' à la partie inférieure du tablier, puis on vient rejoindre E' où finit l'entournure. Après avoir fait les deux coutures semblables, on assemble les dessus d'épaule, en réunissant A' et B' et en continuant la couture jusqu'à G, où commence l'entournure.

Pour réunir les différentes parties du tablier, on peut se servir de la couture rabattue ou de la couture retournée, dite couture anglaise.

Les ourlets du bas du tablier, ainsi que ceux du dos, doivent être faits au point de côté.

L'encolure se termine par une bande rapportée, coupée en biais, cousue en dedans, ou fixée par une piqûre à l'endroit.

Si l'on veut faire un col, il faut en dessiner le patron

sur le tablier même, on lui donne une hauteur de 5 à 6 centimètres, et l'on a soin de placer le droit fil sur les ourlets du dos. Sur le devant on enlève une pointe, afin de laisser un écart entre la partie droite et la partie gauche du col. Ce col se fait en deux parties, le tablier étant fermé par derrière.

Si l'on veut mettre une ceinture, on coupe une bande d'étoffe de 4 centimètres de hauteur et d'une longueur convenable, pour permettre d'attacher les bouts par derrière.

Pour terminer, on place à droite, sur l'ourlet du dos, un certain nombre de boutonnières, et des boutons sur la partie opposée.

CHEMISE D'HOMME

Mesures nécessaires. — Les mesures nécessaires pour le tracé du patron de la chemise d'homme sont les suivantes :

1º Longueur du corps de la chemise prise dans le milieu du dos, encolure, soit 1^m,04;

2º Largeur d'épaule, 42 centimètres;

3º Longueur du plastron, 48 centimètres;

4º Longueur de manche, 54 centimètres;

5º Encolure, 40 centimètres.

Tracé du dos. — Construire un rectangle ABCD, de la longueur que l'on veut donner à la chemise; supposons 104 centimètres de longueur sur 40 centimètres de largeur.

De A sur D compter 3 centimètres, placer la lettre E. Aux deux tiers de la ligne AB, en partant de A, mettre le point F. Tracer une oblique de E à F.

Porter une longueur de 26 centimètres de A sur D et de B sur C, et tirer une horizontale LM.

Entournure. — Mettre A' à 6 centimètres de E sur F.

Tirer une oblique pointée de A' sur L. De L sur M, compter 8 centimètres, inscrire M'. Porter également

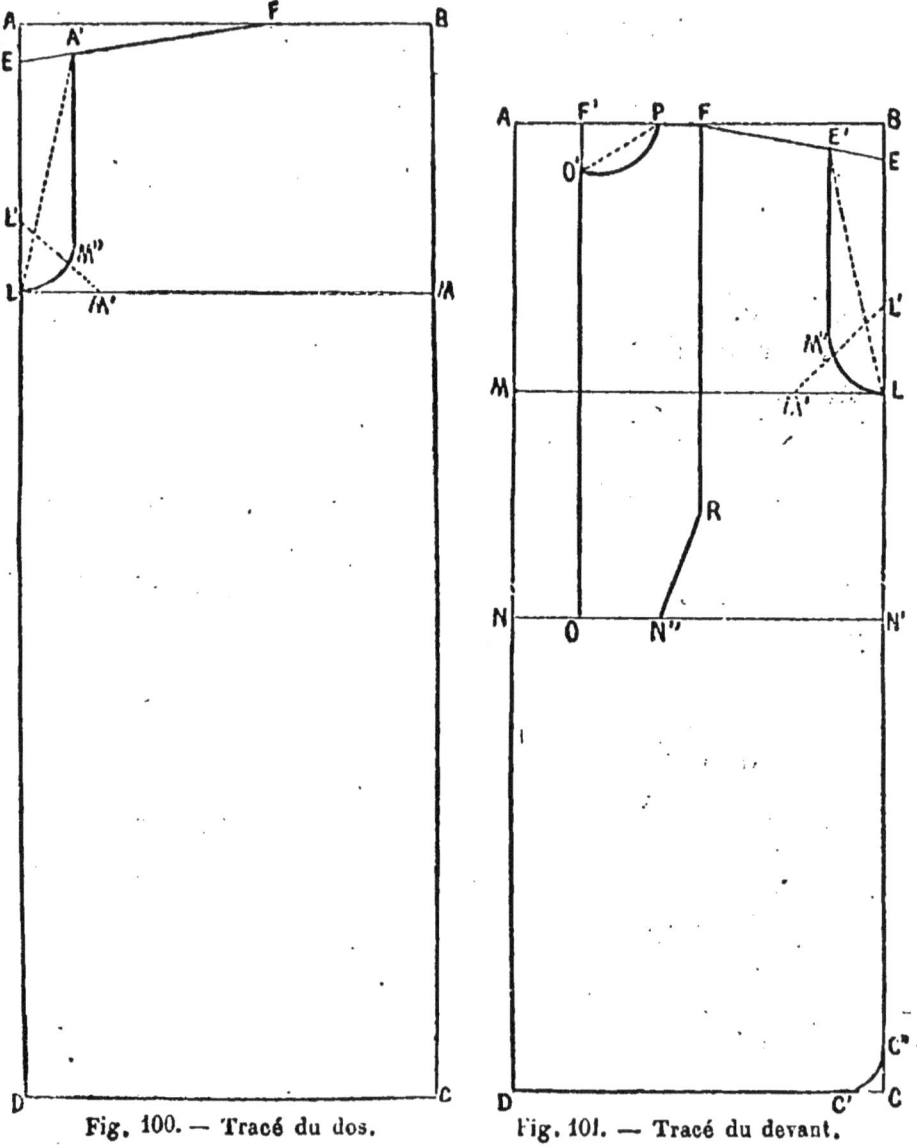

Fig. 100. — Tracé du dos.   Fig. 101. — Tracé du devant.

8 centimètres de L sur E, mettre L'. Joindre M' à L' par une oblique pointée.

Sur cette dernière ligne pointée mettre M'' à 4 centimètres de M' sur L'. En partant de A', tracer d'abord une verticale, puis une courbe passant par M″ et rejoignant le point L.

Tracé du devant de la chemise. — Le rectangle du devant est plus court de 10 centimètres que celui du dos, soit donc 94 centimètres; sa largeur est de 36 centimètres. Mettre E à 3 centimètres de B sur C. Inscrire F au milieu de la ligne AB; réunir EF par une oblique. Placer E′ à 6 centimètres de E sur F. De B sur C et de A sur D, compter 26 centimètres et tracer une ligne ML, parallèle à AB.

Entournure. — Porter une longueur de 8 centimètres de L sur E, mettre L′. Placer M′ à 8 centimètres de L sur M. Tirer des obliques pointées de E′ à L et de L′ à M′. Marquer M″ à 4 centimètres de M′ sur L′ et tracer, comme dans le patron précédent, la courbe formant entournure.

Plastron. — Porter la longueur du plastron sur les lignes AD et BC et tracer une horizontale NN′. Compter 6 centimètres de A sur B et de N sur N′ et tracer une verticale F′O. Du point F descendre une perpendiculaire à AB de 38 centimètres, soit FR. Mettre N″ à 8 centimètres de O sur N. Unir N″ à R par une oblique.

Encolure. — Marquer P à 8 centimètres et à droite de F′. De F′ sur O porter la longueur de F à P plus 1 centimètre, placer O′. Joindre O′ à P par une ligne pointée, puis par une courbe écartée de 2 1/2 à 3 centimètres à droite et au milieu de l'oblique pointée.

Manche. — Rectangle ABCD de 54 centimètres de longueur sur 30 de largeur. De A sur D compter 3 centimètres et inscrire A′. De B sur A porter une longueur de 8 centimètres et inscrire B′. Placer D′ à 8 centimètres de D sur C. Tracer une oblique de D′ à A′, et de A′ à B′ une ligne légèrement convexe.

Poignet. — Rectangle de 10 centimètres de hauteur

sur 14 centimètres de largeur. Placer B' à 2 centimètres de B sur A. Tirer une oblique de B' à C.

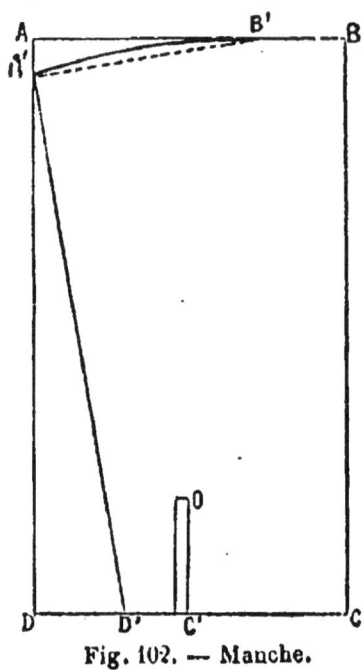

Fig. 102. — Manche.

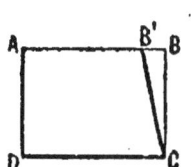

Fig. 103. — Poignet.

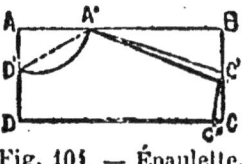

Fig. 104. — Épaulette.

Épaulette. — Rectangle ABCD de 22 centimètres de largeur sur 9 centimètres de hauteur. Mettre D' au milieu de la ligne AD, et C' 1 centimètre au-dessous du milieu de la droite BC.

Encolure. — Placer A' à 8 centimètres de A sur B, joindre A'D' par une ligne pointée, puis par une courbe de 2 centimètres au-dessous et au milieu de la ligne pointée. Tirer une oblique de C' à A'. Placer C" à 1 centimètre de C, joindre C' à C".

COL

Tracer un rectangle d'une largeur égale à la demi-largeur de l'encolure plus 1 centimètre et de 6 centimètres 1/2 de hauteur.

Fig. 105.

Placer les points suivants : D' à 1 centimètre 6 millimètres au-dessus de D; A' à 1 centimètre 1/2 à droite de A; B' à

1 centimètre 6 millimètres au-dessous de B; C' à 4 millimètres au-dessus de C. A gauche de C' tirer une horizontale de 8 centimètres, marquer F à l'extrémité, tirer des lignes pointées de A' à B' et de D' à F.

De A' à B' faire une courbe de 1 centimètre 1/2, au-dessous et au quart de la ligne pointée en partant de A'.

De D' à F faire une courbe de 1 centimètre au-dessous et au milieu de la ligne pointée.

Tirer une ligne pleine de A' à D'.

COUPE ET ASSEMBLAGE DE LA CHEMISE D'HOMME

Dos. — On coupe un lé d'étoffe d'après la mesure déterminée; on plie ce lé dans sa longueur, de manière que les deux lisières soient l'une sur l'autre; on place la ligne AD du patron sur le pli de l'étoffe.

Devant. — Comme pour le dos, on replie l'étoffe; on place la ligne AD du patron sur le pli.

Il faut enlever la partie double de l'étoffe comprise entre les points A et F' dans toute la longueur des lignes AN et F'O, en ayant soin de ne pas dépasser le point O. (Voir fig. 100 et 101.)

Manche. — Pour tailler la manche, on met la ligne BC du rectangle sur le pli de l'étoffe.

Confection. — On fixe par des coutures rabattues le lé du dos au lé du devant, en joignant le point L du dos au point L du devant; on continue la couture jusqu'à hauteur du point C' du devant.

Assemblage de l'épaulette au dos de la chemise. — Le dos de la chemise étant plus large que l'épaulette, on en fronce l'extrémité supérieure, en laissant à droite et à gauche une longueur d'étoffe non froncée, égale au quart de la largeur d'épaule. La partie froncée doit être cousue à l'épaulette par un point d'ourlet;

chaque point doit retenir un pli du froncis; ce qui reste d'étoffe unie est fixé par une piqûre.

Devant. — On commence par apprêter le plastron; à cet effet on coupe une partie d'étoffe qui doit être rapportée. On forme alors le plastron tel que l'indique la figure. Pour lui donner plus de fermeté, on place une triplure entre les deux étoffes.

Nous ne croyons pas utile de détailler une à une les coutures de la chemise d'homme; il suffit d'en avoir une sous les yeux pour comprendre comment ces coutures doivent être faites; nous indiquerons seulement la manière de monter la chemise, ainsi que le moyen de lui donner l'aplomb.

Après avoir ajusté les diverses pièces que nous venons de mentionner plus haut, le plastron étant tout à fait formé, on le fixe de manière que le côté gauche recouvre le côté droit de 3 centimètres environ. On replie l'épaulette de façon qu'une moitié fasse partie du dos, l'autre du devant. Le devant et le dos, appliqués sur l'autre, doivent avoir une largeur égale lorsque l'épaulette est ainsi repliée.

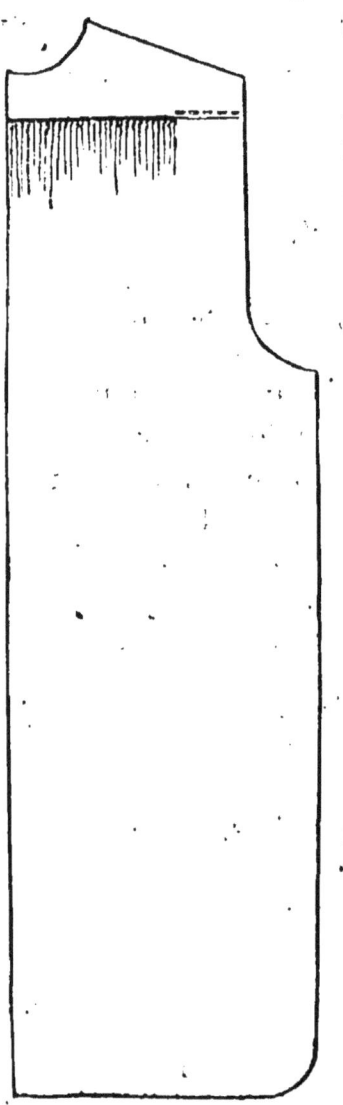

Fig. 106. — Dos.

Encolure. — Il restera à tracer l'encolure du devant d'après la mesure prise pour le tracé du patron.

Manche. — C'est par une couture rabattue que l'on

ferme la manche; à 8 centimètres (à droite pour la manche droite, à gauche pour la manche gauche) de la couture rabattue, on fait une fente C'O de 10 à 12 centimètres de longueur. On coupe deux bandes de l'étoffe de la longueur de cette fente plus 2 centimètres et d'une largeur de 3 centimètres pour l'une, de 4 centimètres pour l'autre. La première se place du côté de la couture rabattue, c'est-à-dire à gauche de la fente; la deuxième se met du côté opposé; elle fait recouvrement; on la fixe à l'endroit par une piqûre et on la rabat à l'envers par un point d'ourlet.

Poignet. — On prépare le poignet, qui doit être taillé en double; il est attaché à la manche sur le froncis par un point d'ourlet, sur la partie unie par une piqûre. Comme la doublure du poignet ne doit pas être prise dans la première couture, on la rabat à l'envers par un point d'ourlet.

EMPIÈCEMENT POUR TABLIER ET ROBE D'ENFANT

Mesure. — Prendre la largeur des épaules, de l'entournure du bras droit à l'entournure du bras gauche, soit 28 centimètres.

EMPIÈCEMENT

Largeur d'épaule : 28.

Tracer un rectangle d'une hauteur égale à la largeur d'épaules moins 7 centimètres 1/2 et d'une largeur égale à la largeur d'épaules moins 1 centimètre.

Placer les points suivants : B' à 9 centimètres à gauche de B; C' à 8 centimètres au-dessus de C; D' à 12 centimètres 1/2 à droite de D; A' à 8 centimètres au-dessus de D; F à 10 centimètres 1/2 au-dessous de A.

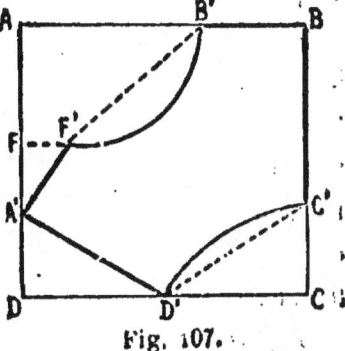

Fig. 107.

A droite de F tirer une horizontale pointée de 4 centimètres 1/2 : placer F'.

Tirer des lignes pointées : de F' à B' et de D' à C' ; de F' à B' faire une courbe de 4 centimètres au-dessous et au milieu de la ligne pointée.

De D' à C' faire une courbe de 2 centimètres au-dessus et au milieu de la ligne pointée. Tirer des lignes pleines de la ligne F' à A' et de A' à D'. Renforcer les lignes C'B et BB'.

COL MARIN

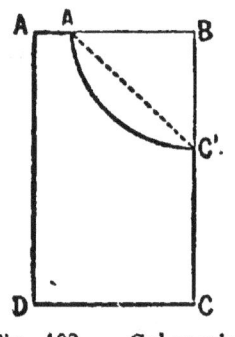

Fig. 103. — Col marin.

Rectangle ABCD de 26 centimètres de longueur sur 15 de largeur.

Placer C' à 15 centimètres de C sur B ; placer A' à 3 centimètres de A sur B ; joindre C'A' par une ligne pointée, puis par une courbe de 4 centimètres environ au-dessous et au milieu de l'oblique pointée.

CACHE-CORSET

Soient les mesures :
Longueur dos, 40 centimètres ;
Largeur, 35 centimètres ;
Longueur devant, 40 centimètres ;
Tour de poitrine, 96 centimètres.

Tracé du patron du dos. — Rectangle ABCD de la longueur de la taille et d'une largeur égale à la demi-largeur du dos. Prolonger les lignes AD, BC de la longueur que l'on veut donner à la basque, soit 15 centimètres, et placer C'D'. De A sur D et de B sur C compter 3 centimètres ; tracer une ligne ML parallèle à AB.

Ligne de taille. — Marquer S à 1 centimètre à droite de D ; O à 5 centimètres de S sur C.

Dessus d'épaule. — De A sur B porter une longueur de 10 centimètres, mettre E, tirer une oblique EL.

Encolure. — Tracer une ligne pointée ME, puis une courbe éloignée de 1 centimètre 1/2 au-dessous de l'oblique pointée.

Entournure. — Placer N à 7 centimètres de L sur C; mettre N' à 1/2 cent. à gauche de N; tirer une ligne de N' à L, légèrement rentrée à gauche.

Courbure du dos. — Tirer une oblique pointée du point O au point N, puis faire une courbe de 2 cent. au milieu et à gauche de l'oblique pointée.

Milieu du dos. — Tirer les obliques MS, SD', mettre un point à 10 cent. à droite de D', placer J à 1 cent. au-dessus de ce point. Tirer des obliques OJ, JD'.

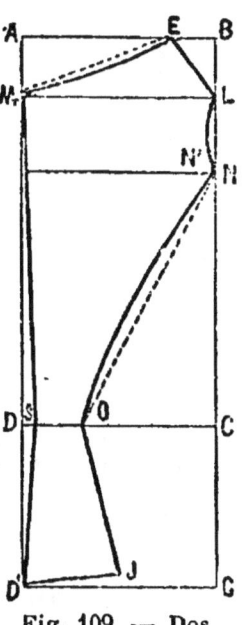

Fig. 109. — Dos.

Petit côté. — Rectangle ABCD d'une longueur égale à la ligne NC du dos et de 12 centimètres de largeur [1].

Prolonger les lignes AD, BC de la longueur de la ligne DD' CC' du dos. De C sur B porter la demi-longueur de la taille plus 1 centimètre, placer R. Marquer N à 7 centimètres de A vers B, et D" à 1 centimètre 1/2 à droite de D. Tirer une ligne pointée de D" à N, puis une courbe de 2 centimètres à gauche et au milieu de l'oblique pointée. Joindre les points NR par une ligne pointée, faire une courbe de 1/2 centimètre au milieu et au-dessous de l'oblique pointée. A 2 centimètres

---

[1]. On met 12 centimètres de largeur pour les mesures au-dessus de 90 centimètres de tour de poitrine, et 10 seulement pour les tours de poitrine inférieurs à 90.

de C sur D, mettre un point, placer H à 1 centimètre 1/2 au-dessus de ce point, réunir HR par une oblique, puis par une courbe écartée de 7 millimètres à gauche et au milieu de l'oblique pointée. Prolonger la ligne D'C' de 5 centimètres à droite du rectangle, mettre G à deux centimètres au-dessus de cette ligne prolongée. Tracer des lignes obliques de D" à D', de D' à G et de G à H.

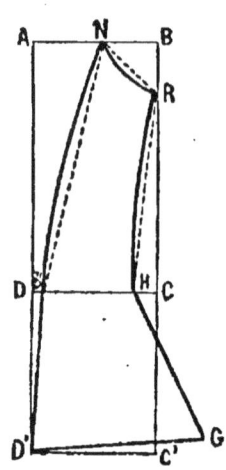

Fig. 110. — Petit côté.

Devant. — Rectangle ABCD de la longueur de taille et d'une largeur égale au quart du tour de poitrine plus 2 centimètres. Prolonger les lignes AD, BC de la longueur affectée à la basque, et tirer la ligne C'D'. A 2 centimètres 1/2 de A sur D et de B sur C, tracer une ligne NN'. Porter la moitié de la ligne de taille plus 2 centimètres de D vers N et placer R. Partager la ligne RN en deux parties égales par une ligne YX parallèle à AB. Mettre N" à $4^{cm},8$ à droite de N. Sur la ligne XY et à droite de Y, porter la longueur NN" plus 1 centimètre 1/2, inscrire Y'.

Encolure. — Placer E à 12 centimètres de B sur A; tracer une oblique pointée XE, puis une courbe de 2 centimètres au-dessous et au milieu de l'oblique pointée.

Dessus d'épaule. — Joindre N"E par une ligne oblique.

Entournure. — Tirer des obliques pointées N"Y', RY', faire une courbe partant de R à Y', écartée de 3 centimètres environ à droite et au milieu de l'oblique pointée. Achever l'entournure par une courbe légère de Y' à N".

Dessous de bras. — Placer un point à 2 centimètres

à droite de D, et le point H à 1 centimètre 1/2 au-dessus de ce point. Tirer une oblique pointée HR, puis une courbe écartée de 1/2 centimètre au milieu et à droite de l'oblique.

Ligne de pinces. — Tracer une horizontale pointée parallèle à AB à 4 centimètres de R sur D. A partir de BC, sur la ligne de pinces, compter 10 centimètres et placer le point 1; à 8 centimètres et à gauche du point 1, inscrire le point 2. Du point 1 et du point 2 abaisser deux perpendiculaires pointées à la base du rectangle. Sur la ligne de taille à droite et à gauche de la perpendiculaire 1, compter 2 centimètres et tirer des obliques rejoignant les extrémités de la perpendiculaire.

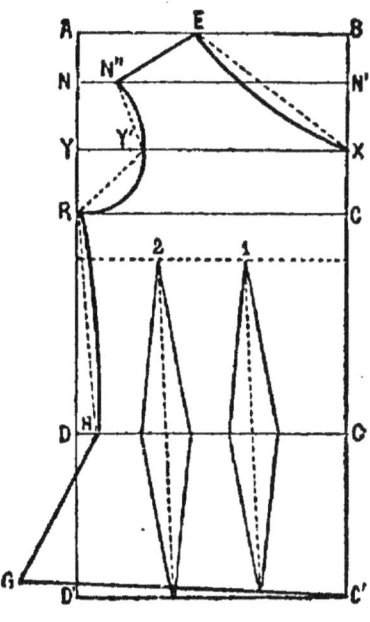

Fig. 111. — Devant.

Pour la deuxième pince, on compte 2 centimètres à droite de la perpendiculaire et 3 centimètres à gauche, puis, comme pour la première pince, on tire des obliques aux deux extrémités de la perpendiculaire. Prolonger la ligne C'D de 6 centimètres à gauche, mettre G à 2 centimètres au-dessus de la ligne prolongée. Tirer des obliques C'G et GH.

Manche. — Rectangle ABCD de 22 centimètres de hauteur sur 36 de largeur. De B sur A compter 1 centimètre 1/2, mettre B'. Inscrire E à 7 centimètres de D sur A, mettre D' à 6 centimètres à droite de D, tirer une oblique ED', porter la longueur de cette dernière ligne sur la ligne B'C et placer C'. Tirer des obliques B'C', D'C'.

Partie supérieure de la manche. — Placer A' au milieu de la ligne AB, tirer des obliques pointées EA' et A'B', puis faire une courbe de E à A' écartée de 3 centimètres au-dessus et au milieu de l'oblique pointée. De A' à B' tracer une courbe de 1 centimètre 1/2 environ au-dessous de la ligne.

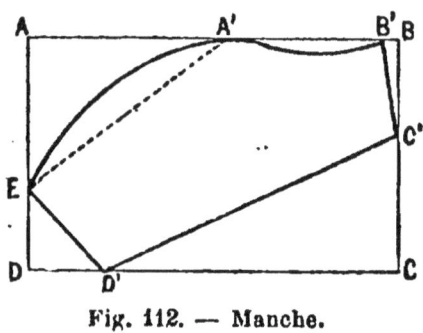

Fig. 112. — Manche.

Coupe et assemblage du cache-corset. — Il est essentiel d'apprendre aux élèves à placer le patron sur l'étoffe dans le sens où elle doit être taillée. Nous dirons donc, d'une façon générale, que la ligne verticale du rectangle indique le sens de la chaîne de l'étoffe; la ligne horizontale, le sens de la trame; la ligne oblique, le biais de l'étoffe. Avant de séparer le patron du rectangle, il faut avoir soin de laisser subsister, sur le patron même, les lettres qui ont aidé à en faire le tracé, et de le placer de manière qu'il ait sur l'étoffe une position correspondant à celle qu'il occupait dans le rectangle.

Nota. — On assemble les diverses pièces du cache-corset soit à l'aide de coutures rabattues, soit par des coutures au point arrière, suivant l'étoffe employée pour cet objet.

MATINÉE

Pour tailler la matinée on se sert du patron du corsage de robe.

Comme la matinée est un vêtement qui se fait moins ajusté que le corsage il faut laisser un surplus d'étoffe, d'un demi-centimètre environ au dos et au petit côté du dos.

Le devant de la matinée se fait le plus souvent avec des plis ou des fronces, il faut alors laisser une quantité d'étoffe nécessaire à cet effet. Lorsqu'ils sont formés, on place le patron sur l'étoffe et on taille le devant en donnant aux basques 10 ou 15 centimètres de plus suivant que l'on veut la matinée plus ou moins longue.

Patron d'un corsage de robe.

PRENDRE LES MESURES SUIVANTES :

1° Longueur du dos............. 39 centimètres.
2° Largeur d'épaules............ 35   —
3° Longueur du devant.......... 42   —
4° Tour de poitrine.............. 90   —
5° Hauteur de la basque.........   8   —

Tracé du dos. — Rectangle d'une longueur égale à la longueur du dos et d'une largeur égale à la demi-largeur d'épaules. Prolonger les lignes AD, BC de la longueur affectée à la basque et tirer une ligne D'C' parallèle à AB.

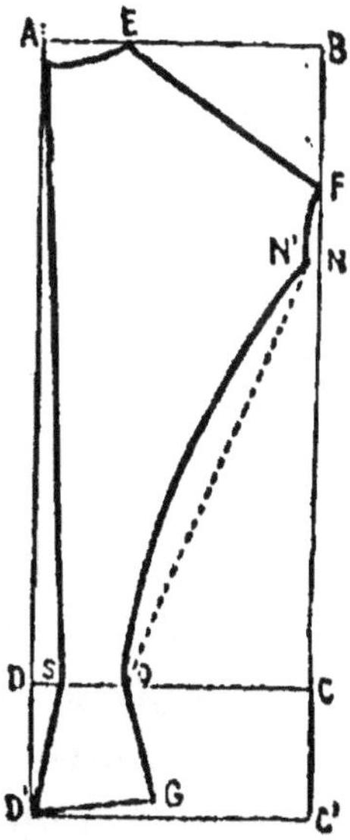

Encolure. — Marquer I à 1 centimètre de A à D, E à 5 centimètres de A sur B; tracer une oblique pointée de I à E, puis faire une courbe de 3 ou 4 millimètres au-dessous et au milieu de la ligne pointée.

Milieu du dos. — Compter 1 centimètre 1/2 à droite de D, marquer S. Réunir SI, D'I par des obliques.

Fig. 113. — Tracé du dos.

Dessus d'épaule. — Placer F à 8 centimètres de B à C et tirer une oblique FE.

Entournure. — Marquer N à 5 centimètres de F à C, N' à 1/2 centimètre et à gauche de N ; unir N' à F par une ligne légèrement rentrée à gauche.

Courbure du dos. — Mettre O à 4 centimètres et à droite de S ; tirer une oblique pointée de S à N', puis faire une courbe de 2 centimètres 1/2 à gauche et au milieu de l'oblique pointée. — *Basque.* Compter 8 centimètres à droite de D, mettre un point, placer G à 7 millimètres au-dessus de ce point. Tirer des obliques : SD' ; D'G ; GO.

Petit côté du dos. — Rectangle d'une longueur égale à la longueur de la ligne NC du dos et de 14 cent. de largeur. Prolonger les lignes AD et BC de la longueur affectée à la basque et tirer une ligne D'C' parallèle à AB. Inscrire N à 6 cent. et à gauche de B ; O à 2 cent. à droite de D ; D" à 1 cent. 1/2 à gauche de D'.

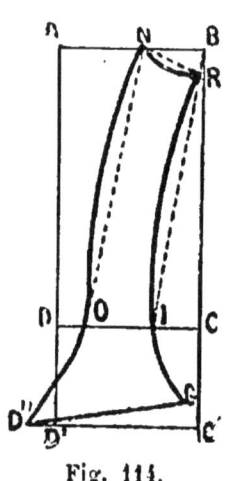

Fig. 114.

Tirer une ligne pointillée de O à N, puis faire une courbe de 1 cent. 1/2 à gauche et au milieu de cette ligne. Réunir O à D" par une oblique. A droite de O et à 7 cent. mettre un point, inscrire I à 1 cent. au-dessus de ce point. Tirer une ligne pointillée de I à B : sur cette ligne, en partant de I, porter la demi-longueur de taille du dos plus 2 cent., marquer R. Réunir R à N par une ligne pointillée : sur cette ligne, placer R' à 5 cent. à droite de N et tracer une courbe d'un demi-cent. au-dessous de l'oblique NR'. De I à R' faire une courbe légèrement rentrée à gauche. A gauche de C' et à 2 cent. mettre un point ; inscrire G à 1 cent. 1/2 au-dessus de ce point. Tirer des obliques : de I à G et de D" à G.

Petit côté du devant. — Rectangle d'une longueur égale à la longueur de la ligne RC du petit côté du dos et de 15 centimètres de largeur. Prolonger les lignes AD, BC et tirer une ligne D'C' parallèle à la ligne AB. Marquer les points suivants : R à 3 centimètres 1/2 et à droite de A; L à 3 centimètres 1/2 et à gauche de B; I à 3 centimètres et à droite de D; J à 3 centimètres et à gauche de C; L' à 1 centimètre au-dessus de L. Tirer des obliques pointées : de R à I; JL'; L'R. Faire des courbes : de R à I une courbe d'un 1/2 centimètre à droite et au milieu de l'oblique pointée; de J à L' une courbe d'un 1/2 centimètre à gauche et au milieu de la ligne pointée; de L' à R une courbe de 3 ou 4 millimètres au-dessous et au milieu de la ligne pointée. Réunir ID', D'C', C'J par des obliques.

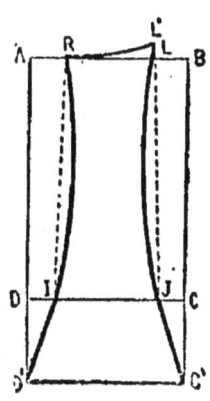

Fig. 115. — Petit côté du devant.

DEVANT

Rectangle d'une longueur égale à la longueur de taille de devant et d'une largeur égale au 1/4 du tour de poitrine plus 1 centimètre.

Encolure. — Compter 8 centimètres de B à C et marquer O; de B sur A porter la longueur de BO, mettre un point, inscrire E à 1 centimètre au-dessus de ce point. Unir EO par une oblique pointée, puis faire une courbe de 2 centimètres au-dessous et au milieu de la ligne pointée. De D sur A porter la 1/2 longueur de taille de devant plus 3 centimètres et tirer une ligne RR' parallèle à AD.

Dessus d'épaule. — Marquer F à 3 centimètres au-dessous de A; tirer une ligne oblique réunissant F à E; sur la ligne E F, en partant de E, porter la longueur de la ligne EF du dos, placer F'.

Entournure. Partager la ligne R F en deux parties

égales et tracer une ligne XY parallèle à RR'. Porter la 1/2 largeur d'épaules sur la ligne XY en partant de Y et marquer X'.

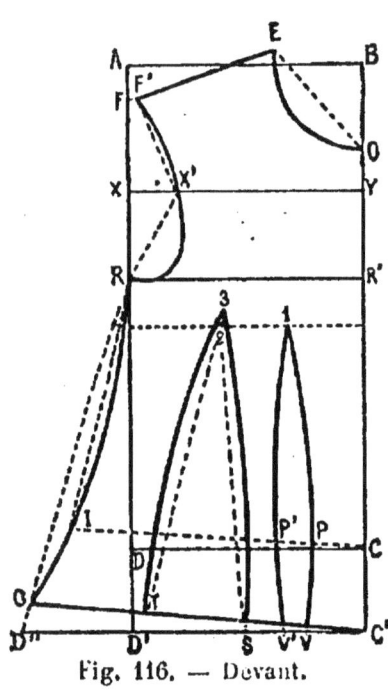
Fig. 116. — Devant.

Tirer des obliques pointées, de F' à X' et de X' à R. De F' à X' faire une courbe de 2 ou 3 millimètres à droite et au milieu de l'oblique pointée. De X' à R faire une courbe de 3 centimètres au milieu et à droite de la ligne pointée.

Pinces. — A 4 centimètres au-dessous de la ligne RR' tirer une horizontale pointée parallèle à cette ligne. Sur l'horizontale pointée, en partant de la ligne BC, compter 7 centimètres et marquer le point 1 ; inscrire le point 2 à 6 centimètres à gauche de ce point, placer le point 3 à 1 centimètre 1/2 au-dessus du point 2.

Mettre P à 5 centimètres et à gauche de C; P' à 4 centimètres et à gauche de P; V à 6 centimètres à gauche de C'; V' à 2 centimètres à gauche de V.

Tirer des obliques : du point 1 au point P; de P' au point 1 ; de P à V et de V' à P'.

Deuxième pince. — Inscrire les points suivants : S à 4 centimètres et à gauche de V'; T à 8 centimètres à gauche de S; le point 3 à 7 cent. à gauche du point 1. Tracer des obliques pointées du point 3 à S et de T au point 3. Faire des courbes; de S au point 3, une courbe de 5 ou 6 millimètres à droite et au milieu de la ligne pointée; du point 3 à T, une courbe de 1 centimètre à gauche et au milieu de la ligne pointée.

Prolonger la ligne C' D' de 10 centimètres à gauche du rectangle, marquer D" à l'extrémité de cette ligne prolongée. Tirer une oblique pointée de D" à R. Sur cette ligne pointée en partant de R porter la longueur de la ligne L' J du petit côté du devant, mettre un point, à droite de ce point marquer I à 2 centimètres. Tracer une ligne pointée de I à R, puis une courbe de 6 à 7 millimètres à droite et au milieu de l'oblique pointée. Du point I tirer une oblique de 8 centimètres de longueur qui viendra se terminer sur la ligne R D" et marquer G.

Réunir G C' par une ligne oblique.

MANCHE. MESURES :

1e Longueur du bras. . . . . 29 centimètres.
2e   —   53   —

Dessus de la manche. — Tracer un rectangle d'une longueur égale à la 2e longueur du bras plus 15 centimètres et d'une largeur égale au 1/3 du tour de poitrine plus 1 centimètre. A 15 centimètres au-dessous de A placer S et à 17 centimètres 1/2 au-dessous de B mettre R, réunir S à R par une ligne pleine.

Sur SD porter la 1re longueur du bras et tirer une ligne LM parallèle à AB jusqu'à la ligne BC du rectangle.

Placer les points suivants : O à 14 centimètres à droite de A ; Y à 4 centimètres 7 millimètres à gauche de R ; P à 9 centimètres à gauche de M ; V à 7 1/2 au-dessus de C ; H à 11 centimètres 1/2 à gauche de C ; E à 6 centimètres à droite de L.

Tirer des lignes pointées de S à O ; de O à Y ; de Y à P ; de H à E et de E à S.

Tirer une ligne pleine de H à V. Faire des courbes : de S à O, faire une courbe de 3 centimètres 3 millimètres à gauche et au milieu de la ligne pointée. De O à Y une courbe de 3 centimètres 1/2 à droite et au milieu de l'oblique.

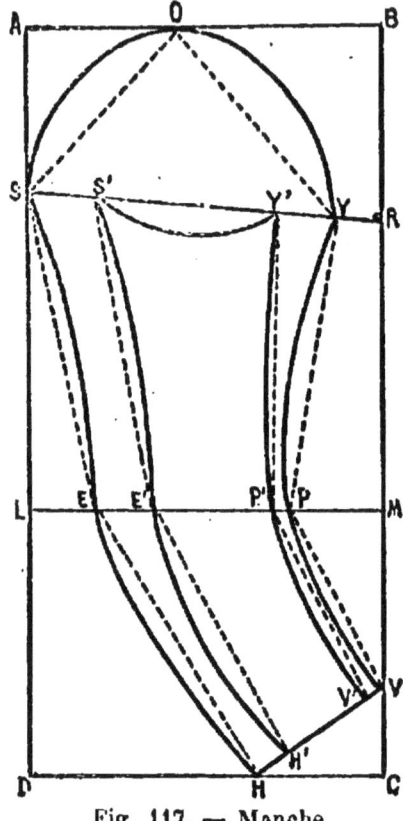

Fig. 117. — Manche.

De Y à P une courbe de 1 centimètre 8 millimètres à gauche et au milieu de l'oblique. De P à V une courbe de 8 millimètres à gauche et au milieu de la ligne pointée.

De H à E faire une courbe de 1/2 centimètre à gauche et au milieu de la ligne pointée. De E à S une courbe de 1 centimètre à droite et au milieu de la ligne pointée.

Dessous de la manche. — Placer les points suivants :

S' à 7 centimètres à droite de S; Y' à 5 centimètres à gauche de Y; P' à 1 centimètre à gauche de P; V' à 1 centimètre 1/2 à gauche de V; H' à 3 centimètres à droite de H; E' à 5 centimètres à droite de E.

Faire des courbes :

De S' à Y' faire une courbe de 1 centimètre 8 millimètres au-dessous et au milieu de l'oblique. De Y' à P' une courbe de 1 centimètre 3 millimètres à gauche et au milieu de la ligne pointée.

De P' à V' une courbe de 8 millimètres à gauche et au milieu de la ligne pointée.

De H' à E' faire 1 courbe de 1/2 centimètre à gauche et au milieu de l'oblique pointée. De E' à S' une courbe de 1/2 centimètre à droite et au milieu de l'oblique.

FIN.

TABLE DES MATIÈRES

Préface V

PREMIÈRE PARTIE

Notions préliminaires. — Organisation morale de la maison et qualités d'une bonne ménagère.

I.	— Étude de l'économie domestique..................	1
II.	— Conseils d'une grand'mère à ses petites-filles......	4
III.	— Lecture. Une petite ménagère....................	6
IV.	— Conseils d'une grand'mère à ses petites-filles (suite).	9
V.	— La femme économe.............................	10
VI.	— Lecture. Nos domestiques.......................	13
VII.	— Proverbes du ménage............................	14

DEUXIÈME PARTIE

Organisation matérielle. — Administration économique de la maison et travaux de la ménagère.

I.	— La pratique du ménage.........................	15
II.	— Lecture. Deux sœurs...........................	17
III.	— De la propreté dans la maison..................	18
IV.	— Entretien de la maison. — Le balayage, le nettoyage..	20
V.	— Lecture. Essuyez, n'époussetez pas...............	25
VI.	— Entretien du mobilier...........................	27
VII.	— De l'entretien de la cuisine et de ses accessoires.	31
VIII.	— De la literie. — Comment on fait un lit..........	35

- IX. — Blanchissage du linge : lessive, savonnage, repassage.. 37
- X. — Nettoyage des étoffes. — Taches................ 42
- XI. — Entretien du linge. — Raccommodage. — Remplacement. — Armoire à linge.................... 44
- XII. — Chauffage et éclairage. — Entretien de la lampe.. 46
- XIII. — Réponses à quelques questions sur les travaux du ménage.. 49

TROISIÈME PARTIE

Notions sur la tenue de la ferme, du jardin et de la basse-cour.

- I. — Conseils d'une vieille fermière.................. 53
- II. — Entretien de la basse-cour.................... 58
- III. — Quelques questions sur les travaux de la basse-cour et de la laiterie................................ 63
- IV. — Les jardins dans les villages................... 66
- V. — De la culture du jardin. — Choix d'un jardin. — Préparation du terrain. — Travaux du jardin. — Les semis. — Moyens de préserver les plantes. — Arrosage. — Récolte et conservation des graines. 68
- VI. — De la culture des légumes. — De la culture des fleurs.. 73
- VII. — Quelques questions relatives aux travaux du jardin. 75

QUATRIÈME PARTIE

Notions simples d'économie domestique applicables à la cuisine.

- I. — L'art de la cuisine dans les campagnes............. 79
- II. — Lecture. Une institutrice modèle................ 81
- III. — Conversation entre deux bonnes................ 82
- IV. — Anecdotes diverses.......................... 83

Simples notions de cuisine.

- I. — Des potages................................ 85
- II. — Des sauces................................ 86
- III. — Du boeuf. — Le pot-au-feu. — Des rôtis.......... 87
- IV. — Du veau.................................. 88
- V. — Du mouton. — Ragoût de mouton. — Côtelettes de mouton. — Gigot de mouton.................. 89
- VI. — Du porc. — Grillades de porc frais. — Boudin grillé. — Porc frais rôti............................ 90

VII.	— Du gibier. — Civet de lièvre. — Lièvre rôti. — Terrine de lièvre. — Lapin. — Perdreau..........	91
VIII.	— De la volaille. — Poulet. — Poulet rôti. — Poule au riz. — Canard aux navets..................	92
IX.	— Du poisson. — Raie au beurre noir. — Morue maître d'hôtel. — Brochet sauce moutarde...........	94
X.	— Des œufs. — Œufs sur le plat. — Œufs au lait. — Omelette aux fines herbes....................	95
XI.	— Des légumes. — Pommes de terre frites soufflées. — Purée de pommes de terre. — Haricots secs. — Lentilles et pois cassés. — Choux-fleurs. — Choux de Bruxelles au beurre. — Macaroni à l'italienne................................	96
XII.	— Des entremets sucrés. — Beignets de pommes. — Beignets de pêches et d'abricots. — Pommes au beurre...................................	98
XIII.	— De la patisserie. — Tarte aux cerises. — Tarte aux prunes, aux abricots, aux pommes............	99
XIV.	— Des conserves et confitures. — Gelée de groseilles. Gelée de framboises. — Marmelade d'abricots, de prunes ou de mirabelles..................	100
XV.	— Explication des termes culinaires les plus usités..	101
XVI.	— Questions et réponses sur les connaissances nécessaires à une cuisinière. — Catégories de viande dans le bœuf, le veau, le porc.................	102

CINQUIÈME PARTIE

Notions d'hygiène.

I.	— De l'hygiène rurale.........................	107
II.	— Hygiène des vêtements......................	113
III.	— Hygiène de l'alimentation. — Régime alimentaire. — Choix et préparation des aliments. — Assaisonnements................................	117
IV.	— Hygiène des boissons........................	121
V.	— Maximes et conseils sur l'hygiène, pris dans le carnet d'une grand'mère.....................	124
VI.	— Lecture. La petite garde-malade...............	126
VII.	— Maximes et conseils sur l'hygiène, pris dans le carnet d'une grand'mère (suite)................	127
VIII.	— Plantes vénéneuses.........................	128
IX	— Quelques questions sur l'hygiène..............	131

SIXIÈME PARTIE

Travaux à l'aiguille. — Couture, raccommodage. — Premières notions de coupe et d'assemblage.

Notions générales. — Matériaux nécessaires à la couture.. 135
I. — Etude des points. — *Points de couture.* — Point glissé ou point devant. — Point arrière. — Point de surjet. — Point de côté ou point d'ourlet. — Point de Saxe ou point de chausson. — Point de boutonnière. — Point de marque. — *Points d'ornement*... 137
II. — Application des différents points aux coutures. — Différents sens de l'étoffe. — Ourlet. — Surjet. — Couture rabattue. — Couture retournée. — Couture-ourlet. — Petits plis. — Froncis. — Montage du poignet. — Biais........................... 149
III. — Raccommodage. — Pièce. — Reprise. — Remmaillage. Maille à l'envers. — Tricots à côtes.............. 163
IV. — Premières notions de coupe et de confection. — Confection d'un drap. — Taie d'oreiller. — Chemise de femme. — Chemise de fillette. — Chemise de femme dont la manche fait épaulette......... 177
    Pantalon d'enfant. — Pantalon de femme. — Ceinture. — Généralités. — Confection. — Corsage ou brassière pour enfant de cinq à six ans. — Brassière anglaise. — Manche. — Confection. — Pantalon-lange. — Ceinture. — Confection. — Bavette. — Confection. — Bonnet d'enfant. — Confection. — Tablier d'enfant avec épaulette ronde. — Tablier d'enfant forme princesse............. 191
    Chemise d'homme. — Col. — Coupe et assemblage de la chemise d'homme. — Empiècement pour tablier et robe d'enfant. — Col marin. — Cache-corset. — Matinée....................... 215
    Patron d'un corsage de robe. — Devant. — Manche. — Mesures............................ 227

LIBRAIRIE HACHETTE ET Cie
79, BOULEVARD SAINT-GERMAIN, PARIS.

LE LIVRE
DE
COMPOSITION FRANÇAISE
DES JEUNES FILLES

190 SUJETS DE RÉDACTION

NARRATIONS ET DESCRIPTIONS. — RÉDACTIONS SUR IMAGES
SUJETS SUR L'HISTOIRE, LA GÉOGRAPHIE
LA MORALE ET L'INSTRUCTION CIVIQUE, L'ÉCONOMIE DOMESTIQUE, L'HYGIÈNE
LES SCIENCES PHYSIQUES ET NATURELLES
PROVERBES ET MAXIMES
COMPTES RENDUS DE LECTURES ET DE LEÇONS DE CHOSES
LETTRES. — TRADUCTIONS DE POÉSIES EN PROSE

200 EXERCICES DE LANGUE, D'INVENTION, D'INTELLIGENCE ET D'ÉLOCUTION

PRÉPARATION AU CERTIFICAT D'ÉTUDES PRIMAIRES

MODIFIÉ PAR L'ARRÊTÉ DU 29 DÉCEMBRE 1891

PAR

C. WIRTH

(2ᵉ ÉDITION)

PARTIE DE L'ÉLÈVE, 1 vol. in-16, avec 60 gravures, cartonné.   1 fr.
PARTIE DE LA MAÎTRESSE, 1 vol. in-16 de 397 pages, cartonné.   2 fr. 50

Il suffit de parcourir la liste des sujets de composition française donnés, chaque année, aux divers examens de l'enseignement primaire, pour constater que des textes spéciaux sont choisis d'ordinaire pour les jeunes filles.

Le choix des sujets donnés aux élèves pour les préparer à la rédaction est de la plus grande importance. « Souvent on décuple les difficultés de la composition, dit M. Gréard, par le choix des matières à traiter, de sujets peu à la portée de l'enfance. Il faudrait les prendre dans le *milieu où son existence s'écoule;* ils seront simples comme elle, des épisodes de sa vie, une scène de famille, un travail des champs, etc. Les enfants s'habitueront ainsi à dire à leur manière ce qu'ils voient, ce qu'ils sentent. »

Librairie **HACHETTE** et **C**ⁱᵉ, 79, boul. St-Germain, Paris.

La droite raison prescrit de donner aux élèves un enseignement pratique, de tenir compte de leurs besoins futurs, dans le choix des devoirs scolaires. Or la destinée des jeunes filles, leurs occupations, leurs tendances ne sont pas les mêmes que celles des garçons; la plupart des sujets de composition qu'elles auront à traiter seront donc différents. N'y a-t-il pas lieu de s'étonner cependant que, dans nos écoles de filles, il n'existe pour ainsi dire aucun recueil spécial de compositions françaises?

C'est pour répondre à ce besoin et faciliter la tâche des institutrices et des directrices de pensionnats, que nous avons publié le *Livre de composition française des jeunes filles*. Cet ouvrage a été conçu également pour répondre au programme de l'examen du certificat d'études, modifié récemment.

D'après cette modification, l'épreuve de la rédaction portera désormais sur l'une des matières suivantes :

1° *Instruction morale ou civique;*
2° *Histoire et Géographie;*
3° *Des notions de Sciences avec leurs applications à l'Agriculture et à l'Hygiène.*

« De cette manière, a-t-on dit, les enfants rendront compte de choses apprises et comprises et, par suite, possédant le fond, ils chercheront la forme, c'est-à-dire ils *écriront*. » Mais pour en arriver là, il faut : 1° que la rédaction ne se réduise pas à une simple récitation écrite dont la mémoire fait tous les frais; 2° que l'élève ait été exercée, dès la première heure, à *penser*, et préparée à la composition par des exercices gradués et toujours à sa portée.

Tels sont les principes dont l'auteur s'est inspiré. L'ouvrage que nous présentons aux maîtresses et à leurs élèves, ne comprend pas moins de 190 sujets, partagés en deux années, et rigoureusement conformes, et par la lettre et surtout par l'esprit, au programme officiel. Une large part a été accordée aux sujets se rapportant aux incidents de la vie de la jeune fille à l'école et dans la famille, aux devoirs et aux occupations de la femme, aux notions de sciences appliquées à l'agriculture, à l'horticulture et à l'hygiène.

Chaque rédaction est accompagnée d'*exercices de langue*, de *vocabulaire ou d'élocution*, choisis avec soin, qui habituent les élèves à former des phrases, et les familiarisent avec la *signification des mots* et la *propriété de l'expression*, condition essentielle de la justesse de la pensée comme de la clarté du langage.

Livre de Lecture courante des Jeunes Filles chrétiennes, par Mlle E. WIRTH.

PREMIÈRE PARTIE. *Cours élémentaire et Cours moyen.*
17ᵉ édition. 1 vol. in-16, illustré, cartonné. . . . . 90 c.

DEUXIÈME PARTIE. *Cours supérieur.* 10ᵉ édition. 1 vol.
in-16, cartonné. 1 40

Librairie **HACHETTE** et Cie, 79, boul. St-Germain, Paris.

LA
FUTURE MÉNAGÈRE

Par Mlle Ernestine WIRTH

7ᵉ édit. Un vol. in-16, avec figures, cart. Prix : 1 fr. 80.

Voici un livre dont l'objet est nettement indiqué par le titre même : *La Future ménagère*, lectures et leçons sur l'économie domestique, la science du ménage, l'hygiène, les qualités et les connaissances nécessaires à une maîtresse de maison.

Destinée à être épouse et mère, il est nécessaire que la jeune fille emporte de l'école les connaissances qui lui seront indispensables dans ces deux conditions. C'est pour ce motif que Mlle Wirth a réuni dans un seul volume les notions utiles à la femme de ménage et à la mère de famille, qui se trouvent dispersées dans les ouvrages spéciaux, en les mettant à la portée des élèves.

Nous donnons ci-dessous un abrégé de la table des matières qui indiquera avec assez de précision la nature des questions traitées par l'auteur et l'ordre dans lequel elle les aborde.

I. *Notions préliminaires.* — La famille et le foyer domestique; — La femme de ménage; De l'esprit de famille; — De l'économie domestique.

II. *Organisation morale de la maison et qualités d'une bonne ménagère.* — La prévenance; — Les fêtes et les réunions de famille; — Devoirs du voisinage; — Visites et soirées d'amis; — La lecture et la bibliothèque de la maîtresse de maison; — Du rôle de la femme dans l'éducation des enfants.

III. *Organisation matérielle et administration économique de la maison.* — Apprentissage de l'économie domestique; — Des qualités de la bonne ménagère; — De l'économie; — Emploi de la journée d'une maîtresse de maison; — Installation d'un ménage; — Cuisine, office, boulangerie, ustensiles et accessoires de cuisine; Des domestiques; — Blanchissage et entretien du linge; — Entretien et conservation des vêtements; — Des travaux à l'aiguille; — Des provisions; — Manière d'ordonner un dîner; — De l'apprentissage de la cuisine; — Notions élémentaires de cuisine; — La ferme et la fermière; — Le jardin potager; — Chauffage et éclairage; — Recettes et connaissances utiles; — De la comptabilité; — Conseils d'hygiène.

Librairie **HACHETTE et Cie**, boulevard Saint-Germain, 79, à Paris.

PETITE ENCYCLOPÉDIE DES CONNAISSANCES ENFANTINES

GEORGES LEBRETON

LE PREMIER LIVRE
DE
LECTURE COURANTE
DES ENFANTS

Un volume grand in-16, en caractères gradués, illustré de 102 gravures en couleurs et de 51 gravures en noir, cartonné. . . . . 1 fr. 20

JULES MASSON
Directeur d'École communale à Paris.

LE LIVRE DE LECTURE
DES PETITS ENFANTS
5ᵉ ÉDITION

1 volume in-16, avec 65 gravures, cartonné. . . . . 60 cent.

Mme MURIQUE
Directrice de l'École normale d'institutrices de Versailles

MAMAN ET PETITE JEANNE
PREMIER LIVRE DE MORALE
A L'USAGE DES ÉCOLES PRIMAIRES DE FILLES
COURS ÉLÉMENTAIRE
DEUXIÈME ÉDITION

Ouvrage illustré de 64 gravures tirées en couleurs dans le texte

1 volume in-16, cartonné. . . . . 1 fr.

Il faut aux enfants, après le syllabaire, un livre de lecture unique renfermant
  Des sujets simples et clairs sur toutes les matières,
  Des sujets variés et amusants,
  Des sujets expliqués par des gravures en couleurs.

Ces petits livres, rédigés d'après ces principes, ne peuvent manquer de plaire au public auquel ils s'adressent. Ils instruiront les enfants et ils les instruiront sans qu'ils s'en aperçoivent, en les amusant.

LIBRAIRIE HACHETTE & Cie
BOULEVARD SAINT-GERMAIN, 79, PARIS

ENSEIGNEMENT DES JEUNES FILLES

L'ART
D'ÉCRIRE UNE LETTRE

NOUVEAU MANUEL ÉPISTOLAIRE

COMPRENANT :

125 sujets pratiques de lettres appropriés aux circonstances ordinaires de la vie, avec des conseils généraux pour chaque genre de lettres, et des directions spéciales amenant l'élève à trouver elle-même, pour chaque sujet, les idées convenables, à les disposer et à les développer,

PAR

H. FERTÉ

Ancien professeur de rhétorique, Ancien chef d'Institution
Lauréat de l'Académie française

Deux volumes in-16, brochés :

 Partie de l'élève. 1 vol. . . . . « 60
 Partie de la maîtresse. 1 vol. 1 50

Le genre épistolaire étant le plus utile dans un cours de composition destiné aux jeunes filles, nous en avons fait l'objet d'un traité spécial, où nous suivons une méthode que le bon sens indique, et dont l'expérience nous a prouvé les excellents résultats.

Au lieu de donner pour chaque lettre, comme on le fait généralement,

Librairie **HACHETTE** et C¹ᵉ, 79, boul. St-Germain, Paris.

un *canevas* indiquant les idées à développer, ce qui réduit le travail de l'élève à une simple amplification et ne met nullement son intelligence en éveil, nous amenons, par des conseils et des directions, la jeune fille à trouver elle-même les idées que contiendra sa lettre, à élaguer les mauvaises, à choisir les bonnes, à les bien disposer et à les rendre en bon style.

Amplifier est certainement un exercice utile, mais d'importance secondaire ; le grand point est d'*inventer* : c'est à cela que nous visons, et nous y arrivons en donnant d'abord des conseils généraux s'appliquant à toutes sortes de lettres et, en second lieu, des directions particulières appropriées non seulement à chaque genre de l'art épistolaire, mais encore à chacun des 125 sujets que comprend notre recueil.

Ainsi dirigée, l'élève réfléchit, suit la bonne voie que nous lui traçons, et fait un travail qui lui est personnel. Toutes les lettres que comprend ce volume sont, du reste, sauf quelques retouches indispensables, l'œuvre de jeunes filles à qui nous les avons données à composer. On s'en convaincra facilement à la tournure d'esprit et au style d'allure féminine qui les caractérisent.

Ajoutons qu'en obligeant les jeunes filles à réfléchir, à chercher les idées qui conviennent aux sujets qu'elles ont à traiter et qui se rapportent tous aux devoirs qu'elles auront à remplir dans la société, elles se pénètrent de ce qui est bon à mettre en pratique, de ce qu'elles doivent éviter, et elles se font ainsi à elles-mêmes, à leur insu, un cours de morale usuelle.

OUVRAGES DU MÊME AUTEUR

EN VENTE A LA MÊME LIBRAIRIE

Enseignement des jeunes filles

Cours élémentaire de composition française à l'usage des jeunes filles. Premiers sujets pratiques de style appropriés à chaque saison, avec de nombreuses gravures et deux cents exercices de grammaire, d'orthographe et d'invention.

(*Ouvrage honoré d'une souscription du Ministère de l'Instruction publique.*)

    Livre de l'élève. 1 vol. in-16, cartonné . . . . 1 fr. 20
    Livre de la maîtresse. 1 vol. in-16, cartonné . . . . 1 fr. 80

Pour paraître prochainement : *Cours moyen.*
En préparation . . . . *Cours supérieur.*

Petite **histoire sainte**, comprenant *l'Ancien et le Nouveau Testament*, illustrée de 48 gravures, accompagnée d'une géographie sacrée et d'une carte en couleurs de la Palestine ; 12ᵉ édition. 1 vol. in-16, cartonné. 70 c.

(*Ouvrage approuvé par NN. SS. les évêques de Rodez, de Beauvais et de Versailles.*)

Librairie **HACHETTE** et Cie, 79, boul. St-Germain, à Paris.

ÉLÉMENTS
DE
GÉOGRAPHIE

PAR

HENRY LEMONNIER | **F. SCHRADER**
Professeur | Directeur des travaux cartographiques
à l'École des Beaux-Arts | de la librairie Hachette et Cie.

AVEC LA COLLABORATION DE
MARCEL DUBOIS
Professeur de Géographie à la Sorbonne.

NOUVELLE ÉDITION ENTIÈREMENT REFONDUE

Cours élémentaire : **Premières notions de géographie.** 6e édition. 1 volume in-4 contenant 13 cartes en couleurs et 82 gravures ou cartes dans le texte. Cartonné. . . . . **1 fr. 10**

Cours moyen : **Géographie de la France** et Étude sommaire des cinq parties du monde. 1 volume in-4 contenant 30 cartes en couleurs et de nombreuses figures ou cartes dans le texte et une carte de France en phototypie, avec un résumé aide-mémoire. Cartonné. . . **1 fr. 75**

Cours supérieur : **Géographie des cinq parties du Monde** et Géographie sommaire de la France. 1 volume in-4 avec 24 cartes en couleurs et des gravures. Cartonné. . . . . **3 fr.**

Cours général de géographie, par les mêmes auteurs, contenant en un seul volume les matières indiquées par les programmes de 1882, et répondant au programme du certificat d'études. 1 volume in-4, avec 42 cartes et 18 gravures, cartonné. . . . . **2 fr.**

Nous appelons l'attention de MM. les Membres de l'Enseignement sur ces nouvelles éditions dont les cartes ont été gravées à nouveau et dont l'exactitude géographique et l'exécution typographique ont été l'objet de soins tout particuliers.

Outre les cartes en couleurs, les cartes et les gravures en noir, le *Cours moyen* de cet ouvrage comprend une carte muette de la France exécutée en phototypie, analogue à celle qui a obtenu un si grand succès dans notre Atlas de géographie moderne de MM. Schrader, Prudent et Anthoine.

Librairie **HACHETTE et C**ⁱᵉ, 79, boul. St-Germain, à Paris.

COURS
DE
GRAMMAIRE FRANÇAISE
FONDÉ SUR L'HISTOIRE DE LA LANGUE
THÉORIE ET EXERCICES
PAR

A. BRACHET	J. DUSSOUCHET
Lauréat de l'Académie française et de l'Académie des inscriptions	Agrégé des classes de grammaire Professeur au Lycée Henri IV

6 volumes in-16, cartonnés

I. *Cours élémentaire.*	Livre de l'élève.	1 vol.	75 c.
—	Livre du maître.	1 vol.	1 fr. 25
II. *Cours moyen.*	Livre de l'élève.	1 vol.	1 fr. 25
—	Livre du maître.	1 vol.	1 fr. 50
III. *Cours supérieur.*	Livre de l'élève.	1 vol.	1 fr. 50
—	Livre du maître.	1 vol.	2 fr.

EXERCICES DE COMPOSITION FRANÇAISE
ET DE RÉCITATION
PAR
M. MASSON
Directeur d'École communale à Paris

3 volumes in-16, avec gravures, cartonnés

Cours élémentaire. 1 volume . . . . 1 fr. 25
Cours moyen. Préparation au certificat d'études primaires.

  Livre de l'élève. 1 volume . . . . 90 c.
  Livre du maître. 1 volume . . . . 1 fr. 50

NOUVEAU RECUEIL
DE
SUJETS DE COMPOSITIONS
ÉCRITES ET ORALES
Donnés dans les examens du certificat d'études primaires
par plusieurs rédacteurs du *Manuel général de l'instruction primaire*

2 volumes in-16, cartonnés

  Livre de l'élève. 1 volume . . . . 30 c.
  Livre du maître. 1 volume . . . . 2 fr.

Librairie **HACHETTE et Cie**, 79, boul. St-Germain, à Paris.

BARRAU

LIVRE DE MORALE PRATIQUE
OU
CHOIX DE PRÉCEPTES ET DE BEAUX EXEMPLES
Un volume in-16, avec 32 gravures, cartonné. . . . 1 fr. 50

LA PATRIE
DESCRIPTION ET HISTOIRE DE LA FRANCE
Un volume in-16, avec 19 gravures, cartonné. . . . 1 fr. 50

BARRAU-HEUZÉ

SIMPLES NOTIONS SUR L'AGRICULTURE
NOUVELLE ÉDITION REFONDUE, PAR M. G. HEUZÉ
Un volume in-16, avec 78 figures, cartonné. . . . . 1 fr. 50

Ch. BIGOT

LECTURES CHOISIES DE FRANÇAIS MODERNE
QUATRIÈME ÉDITION
Un volume in-16, cartonnage toile. . . . . . . 1 fr. 50

DURAND
Ancien inspecteur d'Académie

Lectures choisies sur l'Histoire de notre Patrie
Un volume in-16, avec gravures, cartonné . . . 1 fr. 50

Librairie **HACHETTE** et Cie, 79, boul. St-Germain, à Paris.

LITTRÉ ET BEAUJEAN

ABRÉGÉ
DU
DICTIONNAIRE DE LA LANGUE FRANÇAISE
CONTENANT

TOUS LES MOTS QUI SE TROUVENT DANS LE DICTIONNAIRE
DE L'ACADÉMIE FRANÇAISE

PLUS

Un grand nombre de néologismes et de termes de sciences et d'art

AVEC L'INDICATION DE LA PRONONCIATION, DE L'ÉTYMOLOGIE
ET L'EXPLICATION DES LOCUTIONS PROVERBIALES ET DES DIFFICULTÉS GRAMMATICALES

NEUVIÈME ÉDITION

*Entièrement refondue et conforme pour l'orthographe à la dernière édition
du Dictionnaire de l'Académie française*
AVEC UN SUPPLÉMENT HISTORIQUE, BIOLOGIQUE ET GÉOGRAPHIQUE

Un volume grand in-8 de 1300 pages, broché. . . . .   13 fr. »
Cartonnage toile. . . . .   14 fr. 50
Relié en demi-chagrin.. . . . .   17 fr. »

PETIT
DICTIONNAIRE UNIVERSEL
OU
ABRÉGÉ DU DICTIONNAIRE DE LA LANGUE FRANÇAISE

AVEC UNE PARTIE MYTHOLOGIQUE, HISTORIQUE, BIOGRAPHIQUE ET GÉOGRAPHIQUE
FONDUE ALPHABÉTIQUEMENT AVEC LA PARTIE FRANÇAISE

HUITIÈME ÉDITION

*Conforme pour l'orthographe à la septième et dernière édition
du Dictionnaire de l'Académie française*

Un volume in-16 de 912 pages, cartonnage classique. . . .   2 fr. 50
Le même ouvrage, cartonnage toile rouge.. . . . .   3 fr.

Librairie HACHETTE et Cie, boulevard Saint-Germain, 79, à Paris.

G. JOST
Inspecteur général de l'Instruction publique

V. HUMBERT	P. BRAEUNIG
Professeur à l'École Alsacienne	Sous-Directeur à l'École Alsacienne

LECTURES
PRATIQUES

Cours élémentaire. Éducation et Instruction. Leçons sur les choses usuelles. 15ᵉ édit. 1 vol. grand in-16, avec 55 grav. en noir et 18 grav. en couleurs. 1 fr.
Cours moyen et supérieur. Éducation et Enseignement. Instruction morale et civique. 8ᵉ édition. 1 vol. in-16, avec 72 grav. ou cartes en noir. 1 fr. 50

G. JOST	ET	A. CAHEN
Inspecteur général de l'Instruction publique		Professeur de Rhétorique au lycée Louis-le-Grand

LECTURES COURANTES
EXTRAITES
DES ÉCRIVAINS FRANÇAIS

PUBLIÉES
AVEC UNE INTRODUCTION, DES NOTES ET DES EXERCICES
A L'USAGE DES ÉCOLES PRIMAIRES
2 Volumes in-16, avec gravures, cartonnés.

PREMIÈRE SÉRIE 1 fr. 50	DEUXIÈME SÉRIE 2 fr.
Contes. — Fables. — Proverbes et Récits moraux. — Scènes de la vie scolaire et de la vie de famille. — La nature et les bêtes. — La patrie et l'histoire. — La comédie.	Les fables, les récits et les contes. — Scènes de la vie familière. — La nature et les bêtes. — A travers les pays, l'histoire et la légende. — La patrie. — La comédie.

G. JOST	ET	LEFORT
Inspecteur général de l'Instruction publique		Directeur d'école publique à Paris.

RÉCITS PATRIOTIQUES
LIVRE DE LECTURE COURANTE
à l'usage des écoliers qui veulent devenir de bons Français

Librairie HACHETTE et C¹ᵉ, boulevard Saint-Germain, 79, à Paris.

A.-F. CUIR
Inspecteur de l'Enseignement primaire.

LES PETITES ÉCOLIÈRES
LECTURES MORALES SUR LES DÉFAUTS ET LES QUALITÉS DES ENFANTS
2ᵉ ÉDITION

1 vol. grand in-18, avec gravures, cart. **60 cent.**

LES PETITS ÉCOLIERS
LECTURES MORALES SUR LES DÉFAUTS ET LES QUALITÉS DES ENFANTS
12ᵉ ÉDITION

1 vol. grand in-18, avec 38 gravures, cart. **60 cent.**

E. PÉCAUT

PETIT LIVRE DE LECTURES
EN PROSE ET EN VERS ET DE LEÇONS ORALES
NOUVELLE ÉDITION

1 volume in-16, avec 102 gravures, cartonné. . . **90 cent.**

H. MALOT

CAPI ET SA TROUPE
ÉPISODE EXTRAIT DE Sans Famille

*Livre de lecture courante à l'usage des Écoles primaires,
contenant des notes et des devoirs.*

Par C. MULLEY, Directeur d'École communale à Paris.

1 volume in-16, cartonné. . . . . **1 fr. 20**

A LA MÊME LIBRAIRIE

NOUVEAU COURS
DU
CERTIFICAT D'ÉTUDES PRIMAIRES
Sous la direction de M. G. DUCOUDRAY

Histoire et civilisation de la France, par M. G. Ducoudray. Nouvelle édition conforme au programme du 4 janvier 1894.
 Cours élémentaire. Histoire et civilisation de la France des origines jusqu'à la fin de la guerre de Cent Ans. 1 vol. avec 51 gravures en noir et 2 gravures en couleurs. Nouvelle édition *en gros caractères*, augmentée de *Rédactions historiques*. Gr. in-16, cartonné.   60 c.
 Cours moyen. Histoire et civilisation de la France moderne et contemporaine depuis la fin du xv\ :sup:`e` siècle jusqu'à nos jours. 1 vol. avec 86 gravures en noir et 9 gravures en couleurs. Nouvelle édition augmentée de 150 *Rédactions historiques*. Gr. in-16, cartonné.   1 fr.
 Cours élémentaire et moyen. Livre unique à l'usage des *Écoles à un seul maître*. 1 vol. de 148 pages, illustré de 109 gravures en noir, de 12 cartes historiques et de 10 gravures en couleurs. Nouvelle édition augmentée de 150 *Rédactions historiques*. Gr. in-16, cartonné.   1 fr. 20

Arithmétique et calcul mental, par M. J. Lefranc.
 Cours élémentaire. Numération. Notions préparatoires du système métrique. Les quatre opérations. Premières notions de géométrie. 1 vol. illustré de 41 gravures en noir et 1 gravure en couleurs. Gr. in-16, cartonné.   75 c.
 Cours moyen. Revision de la numération et des quatre règles. Système métrique. Fractions. Règle de trois et d'intérêts. Notions de géométrie. 1 vol. illustré de 100 gravures en noir et 1 gravure en couleurs. Nouvelle édition augmentée de 600 *problèmes du Certificat d'études*. Gr. in-16, cart.   1 fr.
 Cours élémentaire et moyen, livre unique, à l'usage des Écoles à un seul maître. 1 vol. de 164 pages, illustré de 150 gravures et figures en noir et de 2 gravures en couleurs. Nouvelle édition augmentée de 600 *problèmes du Certificat d'études*. Grand in-16, cart.   1 fr. 20

Grammaire-lexique de la langue française, par M. A. Duplessis.
 Cours élémentaire. 1 vol. de 96 pages illustré de 2 gravures en couleurs et de 48 gravures en noir. Nouvelle édition en *gros caractères*, renfermant un *lexique* de 3000 mots, 450 *Exercices* variés et augmentée de sujets et modèles de *Rédactions*, Gr. in-16, cart.   75 c.
 Cours moyen. 1 vol. illustré de 2 gravures en couleurs et de 29 gravures en noir, renfermant un *lexique* de 3000 mots, 700 *Exercices* variés et 100 sujets de *Rédactions*, choisis suivant les prescriptions de l'arrêté ministériel du 29 décembre 1891. Grand in-16, cartonné.   1 fr.
 Cours élémentaire et moyen, livre unique, grammaire complète, à l'usage des *Écoles à un seul maître*. 1 vol. de 166 pages, illustré de 71 gravures en noir et de 4 gravures en couleurs, renfermant un *lexique* de 5000 mots, 850 *Exercices* variés et des sujets et modèles de *Rédactions*. Grand in-16, cart.   1 fr. 20

LE JOURNAL DE CLASSE
LIVRE DU MAITRE
Leçons et exercices de Morale, d'Arithmétique, de Grammaire, d'Histoire, etc., pour tous les jours de la semaine
Par G. DUCOUDRAY
OUVRAGE COMPLÉMENTAIRE DU COURS DU CERTIFICAT D'ÉTUDES

Cours élémentaire. 1 volume in-16 de 432 pages, cart.   4 fr.
Cours moyen et Certificat d'études. 1 vol. in-16 de 560 pages, cart.   5 fr.

Coulommiers. — Imp. PAUL BRODARD. — 924-11-96.